Nadie nace en un cuerpo equivocado

Nadie nace en un cuerpo equivocado

Éxito y miseria de la identidad de género

JOSÉ ERRASTI
MARINO PÉREZ ÁLVAREZ

Prólogo de Amelia Valcárcel

EDICIONES DEUSTO

© Centro de Libros PAPF, SLU., 2022
Deusto es un sello editorial de Centro de Libros PAPF, SLU.
Av. Diagonal, 662-664
08034 Barcelona

www.planetadelibros.com

ISBN: 978-84-234-3332-2
Depósito legal: B. 51-2022
Primera edición: febrero de 2022
Quinta edición: marzo de 2022
Preimpresión: Realización Planeta
Impreso por Gómez Aparicio Grupo Gráfico

Impreso en España - *Printed in Spain*

El papel utilizado para la impresión de este libro está calificado como papel ecológico y procede de bosques gestionados de manera sostenible.

A los estudiantes universitarios, con la esperanza de que encuentren en las páginas de este libro un espacio inseguro para sus ideas, una fuente de desestabilización de prejuicios, y un ejercicio en el que aprecien la diferencia entre la disciplina del trabajo académico y la comodidad de la retórica publicitaria.

Sumario

Prólogo

por Amelia Valcárcel

> *The time is out of joint: O cursed spite!*
> *That ever I was born to set it right.*
>
> Shakespeare,
> *Hamlet*, acto I

Éste es un libro escrito con rigor y con humor. Un libro informado y claro, obra de dos académicos, lo que lo hace especial. En buena parte, consiste en recordar y poner ante nuestros ojos asuntos elementales que parecen andar perdiéndose de vista. El principal es el sexo, en realidad, el dimorfismo sexual. Nos asegura que el sexo existe y que se divide en dos: masculino y femenino. Que su finalidad es la reproducción y la ha venido cumpliendo perfectamente. El sexo fundamenta el éxito reproductivo del que disponen los organismos vivos, ya que permite el intercambio génico y en consecuencia diversifica. Existe desde hace unos seiscientos millones de años. Como pareciera que todo ello comienza a diluirse, los autores insisten en recordarnos que si tomamos un libro de biología de cuarto de la ESO, allí nos lo vamos a encontrar. En sus propias palabras: «Para que Judith Butler pueda existir y decir que los bebés nacen sin sexo, han tenido que estar naciendo crías con sexo durante seiscientos millones de años de reproducción sexual binaria. Ella misma es un ejemplo de lo que niega. Cada tuitero que se declara "sexualmente no binario" en su perfil de Twitter es el eslabón final de una cadena de decenas de millones de generaciones sexualmente binarias y, en caso de que se reproduzca, continuará esa cadena». Es así porque los sexos son la mejor estrategia reproductiva y vienen perpetuándose precisamente por ello. Pero ¿acaso hay que afirmar que el sexo existe? Pues sí, por extravagante que parezca, ha llegado la hora de tener que defender que la Tierra es redonda y que el sexo existe. Dejando a un lado el sistema solar, que tiene sus detractores, debe señalarse que, desde 1993, el sexo ha entrado en insolvencia ontológica.

A menudo leemos, como si tuviera algún sentido, que «el sexo se asigna». La frase parece apuntar a que determinar el sexo de cualquier ser viviente es un problema abstruso de compleja solución. Un enigma. Pero la verdad es que el sexo no se asigna, se observa. Hacerlo es bastante sencillo en la mayor parte de los animales vertebrados. Su observación meramente genital suele ser suficiente y el margen de error es escasísimo. El sexo se observa, y se obra en consecuencia. ¿Cuántos sexos hay? La respuesta, cuestionada aunque obvia, es que de momento, y desde los mentados seiscientos millones de años, hay dos: uno que pone un gameto, el masculino, y otro que pone otro gameto y además en muchos casos gesta, el femenino. Y esta verdad no tiene salvedades. El sexo no es un continuo ni las criaturas intersexuales son sexos diferentes, sino variantes que todo hecho biológico presenta, por cierto, estadísticamente inapreciables. Empero, desde hace unos cuantos años, cualquier seguridad sobre este asunto se está licuando. No sólo se escucha que el sexo se asigna, sino que en realidad no existe. ¿Tan victorioso ha sido el feminismo en su afirmación de que el sexo no importa o no debería importar como para que tal novedad se haya vuelto moneda corriente? ¿Estamos descreyendo de él?

Asistimos a un extenso y turbador fenómeno social: en la mayor parte de las sociedades abiertas, dos ideas contrarias —una, que el sexo es un constructo; otra, que es una vivencia interna innegable— vienen extendiéndose. Van juntas, aunque no se soportan mutuamente. Pero no se limitan a temas debatibles, sino que se encarnan en prácticas legislativas, médicas, escolares. Las sociedades abiertas, todas, en mayor o menor medida, han escuchado este doblete queer. Muchas están sucumbiendo o bien intentando salir de una evidente fase delirante. Llamo «delirio queer» a algo fácil y señalable: a mantener que el sexo no tiene existencia real, sino que es un constructo, más específicamente, una construcción performativa. Y, a la vez, una revelación espiritual que, desde el interior de cada quien, no cabe negar.

Durante muchas décadas de trabajo y amistad con Carlos Castilla del Pino, el más eminente de nuestros psiquiatras, siempre logró que me interesara por uno de sus temas favoritos: la personalidad delirante, a la que llegó a dedicar un libro completo. En el delirio asistimos a una progresiva desconexión de la realidad. La personalidad delirante se «desentrena» de ella y deja libre curso a la fantasía y la creación de un lenguaje que pueda apoyarla. En la doctrina queer hay tractos, y sobre todo hay glosolalia en las personas afectadas, que responden perfectamente a la descripción del delirio. Sin embargo, lo que venimos observando estos últimos tiempos tendría más bien la impronta del delirio colectivo. Del hecho de que existan personalidades delirantes no cabe dar el paso mecánico a la existencia de delirios colectivos, no sería epistémicamente honesto, pero cabe ver las condiciones de posibilidad. El delirio colectivo es un síndrome que afecta a colectivos sociales y que se caracteriza por integrar una creencia como si fuera un hecho objetivo. La gente ha creído en brujas y, de paso, las ha quemado. A veces, por el contrario, la creencia delirante puede partir de algo real y estar distorsionada en cómo afecta ese hecho y las consecuencias que se derivan de él. El delirio individual puede tener un desencadenante cierto en alguna condición colectiva que le dé alas. Podemos no conocer a la perfección la naturaleza de un delirio colectivo pero saber cuándo existen sus condiciones de posibilidad. Y aquí quiero apuntar un rasgo de los tiempos que nuestros dos autores señalan: el narcisismo.

Errasti y Pérez afirman más de una vez a lo largo del libro que el narcisismo, aliado muchas veces de la cursilería, es el signo rotundo de los tiempos. Es más, aseguran que se ha convertido en una auténtica epidemia. A decir verdad, añaden una concausa: el sexo, esta vez como actividad sexual, ha perdido el quicio en nuestras sociedades, lo que no ha ocurrido con otros elementos como, por ejemplo, la edad. El sexo humano no es funcional, socialmente hablando; no tiene ya gozne firme y se ha convertido en casi completamente autónomo. En las sociedades abiertas, la actividad sexual no está tabuizada y casi podríamos decir que forma parte del entretenimiento. Por su parte, el narcisismo es autorreferente. Quien lo padece se contempla como la suma de todas las perfecciones sin mezcla de defecto alguno y también sin deberes contraídos o deudas que solventar. Nada a nadie debe, y los demás, al contrario, a veces le escatiman vilmente su debida admiración. La personalidad narcisista no ve fuera de sí ni da las gracias. Este tiempo que vivimos nos trata como a clientes, por lo tanto, cultiva nuestro narcisismo adrede, fundamenta en él sus ganancias.

«El cliente siempre tiene razón», y además, como a menudo no tiene dónde ponerla, hay que darle y venderle voluntad de virtud, mostrarle actitudes y creencias, no importa si son algo extravagantes, para que las compre, se distinga y se infle de gusto en su originalidad. «Tú lo vales», aunque no se sepa qué o cuánto. Una sociedad de consumidores, que lo es, sucumbe al eco narcisista fácilmente. Nos lo venden y lo compramos. ¿Qué sucedería si precisamente algunas personalidades delirantes nos fueran ofrecidas como ejemplo, ya se hiciera con buena voluntad o con acusada malicia? Digamos que contaríamos con apoyos interesados, y otro tipo de personalidades, especialmente manipuladoras, que, no creyendo lo que predican, sacarían de ello su provecho. Tal actividad, que posee innúmeros precedentes religiosos, no es descartable.

Lo que los autores de este ensayo llaman «epidemia de narcisismo» tiene también las características de un delirio colectivo buscado. Y, siguiendo de nuevo a Castilla del Pino, aun siendo todo delirio un error, casi siempre contiene algo inevitable: es «un error necesario». Para abrir un diálogo importante e inteligente con ellos planteo una disyuntiva: ¿el motivo es la cultura narcisista o el terror creado por la inseguridad de las normas de género?

El sexo son las actividades sexuales, cierto, y biológicamente son dos. Pero en nuestra especie, que es locuaz, el sexo se dobla de género: un conjunto a menudo coherente aunque cambiante de normas que dictan qué corresponde a cada uno de los sexos ser y hacer. Esa normativa está fragilizada en la civilización feminista. Más que fragilizada, casi hecha añicos. En consecuencia, tenemos un estado de «anomia de género». Éste creo yo que es el motivo principal del delirio que nos sobrevuela. Según andamos en lo que va de milenio nadie o casi nadie es ya binario normativo aunque absolutamente todos tengamos sexo, que lo es de todas. El delirio se alimenta de la falta de seguridad en las normas de género, no en que no sepamos que el sexo es binario. Porque en el fondo de todo delirio hay un terror, un terror que precisamente el delirio permite salvar. Lo malo es que el remedio es peor que la enfermedad.

El porqué del delirio queer es la civilización feminista y sus características igualitarias. Todo el *queerismo* es un desentendimiento del fenómeno de la innovación normativa, combinado con un salto lateral de sentido. «El género ya no es claro..., entonces el sexo no existe.» Pero temo que no baste con afirmar, lo que es bien cierto, que Butler no ha entendido el concepto de performatividad de Austin. Porque el hecho de que tales discursos adquieran celebridad no es la causa, sino un síntoma más de lo que ocurre. No es el sexo, sino las normas que le aseguraban su puesto, lo que se ha desquiciado por muy diversas causas.

Se está produciendo un proceso de infantilización del saber del que los autores de este libro nos avisan con toda razón. Flota en nuestro ambiente una interesada candidez por medio de la cual nos intentamos separar de algunas cosas que ocurren. Todo es porque sí, como si a través de la investigación de sus causas no se entendiera cualquier fenómeno, sino que para todo se nos exigiera una comprensión emocional y ninguna otra. Se pide demasiado a la inteligencia emocional para poder aparcar la inteligencia en sí, pues de vez en cuando resulta molesta. La doctrina queer es la orden de abdicar de cualquier atisbo de solvencia intelectual para no molestar. La candidez interesada vive del imperativo «déjalo, a ti qué te importa». Pero es que a la inmensa mayoría nos importa, y mucho, todo lo que está sucediendo, intelectual y políticamente. Queremos conocerlo, saberlo, investigarlo, analizarlo. Este ensayo es de un valor indiscutible para ello. No sé qué debemos agradecerles más, si la honestidad intelectual o la valentía de mantener firmes las verdades que ahora resultan molestas. Evitemos confundir los deseos con derechos y los temores con razonamientos. Se necesita mucha luz sobre este asunto y en este libro la hay excelente.

AMELIA VALCÁRCEL,
catedrática de Filosofía Moral y Política y
Consejera Electiva de Estado

Introducción

Un fantasma recorre los países más desarrollados: el generismo queer. Después de las grandes aportaciones del activismo en favor de la visibilidad, el respeto y los derechos de las personas que no se identifican con el género asignado de nacimiento ni con el género binario varón/mujer, un nuevo activismo parece estar destruyendo logros alcanzados, recayendo en concepciones retrógradas y generando problemas donde no los había. Un ejemplo de destrucción es el borrado de la mujer como sujeto político que el feminismo había logrado. Un ejemplo de retroceso es el fortalecimiento paradójico de las repercusiones biomédicas de la disforia de género, con la excusa de su despatologización. Un ejemplo de nuevos problemas es el importantísimo crecimiento de la disforia de género en la infancia y la adolescencia.

Ninguno de estos cambios está fundado en conocimientos de la medicina, la neurociencia, la psiquiatría o la psicología. Tampoco existe ninguna filosofía sólida que permita afirmar que se puede nacer en un cuerpo equivocado. Por el contrario, parecen estar fundados en una filosofía que ya debería estar superada, como es el constructivismo posmoderno, y en un activismo con una particular idea de justicia social y una agenda política más allá de los problemas reales de las personas. La mezcla de esta filosofía con este peculiar activismo da lugar a la teoría queer, toda una ideología que ha trascendido de los tradicionales estudios de género y campus universitarios al mundo real del lenguaje ordinario, las instituciones educativas y sanitarias, y la política legislativa y gubernamental. Si alguien pensaba que la filosofía no tiene aplicaciones prácticas, aquí tiene el posmodernismo aplicado, ahora convertido en narrativa dominante y portador de verdades indiscutibles, cuya puesta en duda implica ser acusado de transfobia. Curiosamente, el posmodernismo había declarado la defunción de los grandes relatos y de la verdad. En su lugar, decía, habría discursos y juegos de la verdad. Y ahora se presenta como la nueva ortodoxia.

¿Cómo es posible que semejante discurso —antirracionalista, relativista, subjetivista, nominalista— haya tenido tanto éxito en una sociedad que por lo demás admira la ciencia, sin que ni siquiera cuente con el apoyo de ser la filosofía más representativa de nuestro tiempo? Se comprenderá que no es fácil responder a esta pregunta, pero plantearla es un gran paso. Para responderla, se han de considerar al menos dos tipos de razones: una inesperada convergencia entre la izquierda y la derecha, y la aparición de nuevas formas de censura en tiempos democráticos.

La inesperada convergencia entre la derecha y la izquierda se refiere a la deriva de la izquierda hacia las políticas de las identidades subjetivas y sentidas, en detrimento de las realidades y contradicciones objetivas de la sociedad capitalista, y al aprovechamiento que el capitalismo neoliberal, que es el mayor productor de subjetividades, realiza capitalizando dichas políticas de izquierdas. Ahí está la bien pensante izquierda, con su particular justicia social, haciendo buena parte del «trabajo sucio» del denostado capitalismo neoliberal, tomando las identidades y los cuerpos de los niños y adolescentes como campo de batalla y mercado.

Por su parte, las nuevas formas de censura democrática incluyen el lenguaje políticamente correcto, la infantilización de la universidad como «espacio seguro», donde nada choque con las opiniones de los estudiantes, y la «fobia», el «odio», la «ofensa», la «violencia epistémica» y la «violencia de las palabras» como armas arrojadizas y acusaciones morales, incluso legales. ¿Qué podría pensar alguien que haya sufrido propiamente violencia —violación, maltrato, tortura, vejación— cuando se la coloca al mismo nivel de la llamada «violencia epistémica» y «de las palabras»? La teoría y el activismo queer han logrado crear un «terror» hacia la ya temible acusación de «transfobia», «odio» y «violencia epistémica» contra quienes digan algo que no sea la aceptación de la identidad sentida como evidencia de una condición natural exenta de influencias sociales y el enfoque afirmativo de la transición de género como la única alternativa aceptable. Cualquier crítica a la teoría queer se considera un ataque a los derechos humanos que desautoriza al crítico para poder opinar. La teoría queer puede ser debatida, pero curiosamente sólo entre quienes la defienden, a pesar de que obviamente las críticas a dicha teoría no van en absoluto en contra de ningún derecho de las personas trans.

Dado este contexto hostil y punitivo, se puede entender que lo políticamente correcto prime sobre lo correcto científicamente en las declaraciones de las sociedades científicas y profesionales, así como en las instituciones académicas y políticas, amén de las corporaciones, en lo tocante a la identidad transgénero. Se entiende también la autocensura de profesores y científicos por miedo a la acusación de transfobia a la hora de hablar del tema transgénero. No sería la primera vez que la acusación de transfobia y la expresión de un sentimiento de ofensa zanjaran un debate o paralizaran una discusión científica y académica para perplejidad de muchos. Al final, este activismo queer termina por generar miedo e hipocresía, y por dividir al propio colectivo de personas transgénero, que, por cierto, está lejos de ser unánime a este respecto.

Para abordar esta problemática, supuesto que es mejor hacerlo que no hacerlo, se hace necesario movilizar una serie de delicados temas, algunos casi anatema, entre ellos el dimorfismo sexual y la discusión sobre si hay más de dos sexos a resultas de la diversidad de género, el narcisismo como característica constitutiva del individuo actual, la abigarrada filosofía posmoderna, la posibilidad de «nacer en un cuerpo equivocado», el «enfoque afirmativo» como única alternativa aceptable, el movimiento queer como *lobby* capaz de influir en las políticas nacionales y el encantamiento de la sociedad con todo ello. El éxito del movimiento de la identidad de género no ha de ocultar su miseria, el lado que tiene que ver con personas descontentas y perjudicadas con daños irreversibles. La buena noticia es que hay alternativas. Nuestro argumento cuenta con la palabra y el análisis de las personas trans en las que nos hemos basado.

No estamos ante un problema sencillo ni unidimensional. El generismo queer aparece desde muchos frentes diferentes, y todos ellos serán abordados en este libro, cada uno al nivel que le corresponda. Estamos hablando de un movimiento que tiene presencia en la filosofía y en los platós de televisión, en la legislación internacional y en las redes sociales. Sobre él hablan actores de Hollywood y doctores en medicina. Así que, paralelamente, habrá capítulos de discusión filosófica académica y otros que parezcan más un hilo de Twitter. Habrá momentos de ironía y otros de gravedad, se explicarán conceptos psicológicos relevantes, y no olvidaremos que esta cuestión tiene a la vez aspectos macrosociales, personales e ideológicos. Trataremos de ponernos a la altura de las distintas caras del problema argumentando a su nivel.

Al mismo tiempo, tampoco es un problema que permita ser abordado desde un único punto de vista. La crítica a la visión queer de la identidad de género se ha ejercido mayoritariamente desde el feminismo, lo que es perfectamente comprensible dado el notable ataque a los derechos de las mujeres que supone su implantación política. Pero además de los perjuicios para las mujeres y la infancia, esta ideología resulta ser psicológica y filosóficamente muy cuestionable, por lo que también cabe plantear una crítica desde estas disciplinas académicas que se una a la crítica ejercida desde el feminismo. Comienzan a oírse voces que acertadamente critican que la universidad se ponga de perfil y se inhiba ante el grave problema social que las políticas queer implican, mientras únicamente las feministas dan la cara en público, en no pocas ocasiones con un alto coste personal. Este libro no está escrito desde el feminismo, pero es perfectamente complementario de sus planteamientos y pretende acabar con el silencio de la academia ante estas cuestiones.

Sabemos que, junto a la polémica ideológica, nos enfrentamos a la pereza intelectual y a un *buenrollismo* basado más en emociones inmediatas que en actitudes éticas fundamentadas. Nadie puede negar que, por el momento, el generismo queer está ganando la batalla del lenguaje mediante un bombardeo mediático ante el que es difícil resistirse. La ideología queer es un producto más a la venta, cuyos compradores tienen un perfil de edad muy específico, y que se publicita con las mismas herramientas que los móviles o la ropa, aunque el seguidor es diferente: sofisticado y firme defensor de grandes causas —tolerancia, inclusión, derechos—. Está a favor de la tolerancia, pero ¿de qué?; de la inclusión, pero ¿de qué?, y de los derechos, pero ¿de cuáles? La generación menos amenazante para el poder político y económico de la historia reciente es la que considera que ha alcanzado la mayor altura moral nunca vista en la civilización occidental. De la teoría queer se sale, pero el camino es cuesta arriba y a contracorriente. Se necesita pensar.

En el capítulo 1 («De dónde vienen los niños») planteamos directamente la cuestión de si en verdad hay más de dos sexos, cuántos, si el género redefine el sexo y si éste al final no es más que un constructo social. El capítulo 2 («Diferente como tú, especial como tú, único como tú») analiza los mitos urbanos y neoliberales de la identidad y del sentimiento como supuestas fuentes de la autenticidad y la verdad que emanan de uno mismo. El capítulo 3 («Los mil frentes de la invasión queer») repasa los importantísimos ámbitos en donde la (i)lógica queer se ha ido imponiendo: política y leyes, educación, empresas y corporaciones, televisión, así como la importante financiación internacional de este movimiento. El capítulo 4 («Dándole la vuelta al espejismo queer») resitúa la imagen invertida que se suele tener de los sentimientos y la identidad, entendiéndolos ahora más como algo que va desde la sociedad hacia el individuo, que como algo que brota espontáneamente del interior de la persona hacia la sociedad.

El capítulo 5 («La teoría queer a examen: Judith Butler y Paul B. Preciado») revisa la filosofía de las dos figuras probablemente más prominentes de la teoría queer. El capítulo 6 («Cómo hemos llegado hasta aquí y cómo podemos salir») «pone en su sitio» a esta filosofía, en vez de tomarla como la última palabra, mostrando que la filosofía actual va por otro lado. El capítulo 7 («Infancias trans: ¿nacido en un cuerpo equivocado?») estudia el fenómeno de la creciente disforia de género en la infancia y la adolescencia, se pregunta si los niños están atrapados en un cuerpo equivocado o en realidad están atrapados en discursos equivocados que les complican la vida. El capítulo 8 («Desmontaje del enfoque afirmativo: abrir alternativas») desmonta el enfoque afirmativo de «talla única» como la única alternativa aceptable, sin descartarla cuando sea el caso, en favor de enfoques centrados en los problemas reales de cada uno, sin convertirlos en patologías. El capítulo 9 («Neolengua, neogéneros, neoargumentos») analiza esta potentísima sinergia que se ha establecido entre un nuevo lenguaje y el nuevo medio que suponen las redes sociales, sin las que nada de lo que está pasando puede entenderse. Por último, el capítulo 10 («Transfobofobia e *inqueersición*») denuncia los miedos y censuras que a veces las buenas intenciones terminan creando, y los intentos de dispensar a la teoría queer del examen que suponen los debates regidos por la libertad de expresión, a los que toda teoría académica o política debe someterse.

¿Por qué nos hemos metido en esto?

¿Por qué os habéis metido en esto?, nos preguntan, y nos preguntamos también nosotros, teniendo en cuenta que ya estamos satisfactoria y sobradamente ocupados como profesores de psicología en la Universidad de Oviedo. Primero, como universitarios, asistimos a una preocupante tendencia, ya observada en muchas universidades del mundo, que se viene identificando como «infantilización de la universidad». La universidad como «espacio seguro», donde el estudiante no se encuentre con opiniones que choquen con la suya y los sentimientos como argumento serían aspectos de esta tendencia. Ambos coartan el análisis, estudio y exposición de temas «sensibles» como los concernientes a las «identidades sentidas». Los profesores se autocensuran dejando de hablar de ciertos temas o, lo que sería peor, contribuyen a ellos con los mantras de turno. De esta manera, la universidad deja de ser el lugar donde se desafían las opiniones y los estudiantes aprenden a mirar más allá del ombligo. De hecho, la universidad debería ser un lugar inseguro para todas las opiniones, empezando por las de los estudiantes y terminando por las de los propios docentes e investigadores.

Como profesores de asignaturas como Psicología de la Personalidad y Tratamientos Psicológicos, nos conciernen temas y problemas que tienen que ver con la identidad sentida. En nuestras clases hablamos sobre si la identidad sentida se funda a sí misma o se aprende socialmente, y sobre si las ayudas psicológicas pueden ser de «talla única» o requieren el estudio pormenorizado de cada caso. Nos preocupan el esencialismo de las identidades sentidas y la patologización del sufrimiento. Como psicólogos, profesamos una concepción de la psicología centrada en la persona y sus circunstancias: cómo la subjetividad, incluyendo la experiencia del propio cuerpo y el comportamiento tanto funcional como disfuncional, se constituyen y tienen su sentido en el contexto social, histórico y cultural en el que los individuos están situados. Concebimos la psicología como una ciencia crítica de la sociedad y vigilante de sus propios conocimientos. Como trabajadores de la universidad pública española que asistimos a un fenómeno social de graves implicaciones prácticas relacionado con nuestras materias académicas, entendemos que debemos presentar públicamente, fuera de las aulas, las reflexiones que llevamos décadas exponiendo a nuestros estudiantes.

1

De dónde vienen los niños

«¿Existen los hombres y las mujeres? ¿Qué es ser hombre o mujer? [...] ¿Cuánto nivel de hormonas tenemos que tener para ser considerados hombres o mujeres? ¿Cuánta talla de pecho tenemos que tener para ser un hombre o una mujer? ¿El sexo son sólo los genitales externos o es también el nivel de hormonas tradicionalmente llamadas masculinas o femeninas, y que en la biología se consideran masculinas o femeninas? ¿Es el sexo algo genético? Entiendo este debate», Irene Montero, ministra de Igualdad del Gobierno de España, agosto de 2020.

Seis meses antes, Dawn Butler, secretaria de Mujeres e Igualdad del Partido Laborista británico, está siendo entrevistada para el programa «Good Morning Britain», de la cadena ITV, acerca de la posición de su partido respecto a las personas trans. El entrevistador está diciendo: «Al nacer, a un bebé se le identifica y se le obser...», cuando la entonces «ministra en la sombra» le interrumpe y dice: «Los bebés nacen sin sexo». Dos meses más tarde, Dawn Butler fue relevada de su cargo.

Teen Vogue es la revista juvenil de la centenaria publicación *Vogue*, considerada la revista de moda más importante del mundo. Cuenta asimismo con un canal de YouTube que ronda los dos millones de suscriptores. El vídeo titulado «Cinco errores acerca del sexo y el género» comienza con la frase: «Hola, soy Hannah

Gabby y estoy aquí para decirte que el binarismo es una mierda», tras lo que varios participantes van defendiendo que la distinción varón/mujer no es mantenible en ningún ámbito y que lo que suele llamarse «sexo biológico» no es en realidad más que el resultado de elecciones políticas e ideológicas.

Claire Ainsworth, periodista especializada en divulgación científica, tras repasar toda la variabilidad biológica que rodea los aspectos anatómicos, hormonales, celulares y cromosómicos del sexo, concluye que «si quieres saber si alguien es macho o hembra, lo mejor es preguntárselo». En la misma línea, Eric Vilain, director del Centro de Biología Basada en el Género de la Universidad de California, señala que, a la hora de registrar el sexo, «dado que no existe un parámetro biológico que destaque sobre los demás, siento que al final la identidad de género es el parámetro más razonable».[1]

Según Lena Holzer: «El registro del género/sexo [en los certificados de nacimiento] hace algo más que recoger naturalmente diferencias corporales sexuales; de hecho, produce y moldea los cuerpos para que se desarrollen conforme con la comprensión del dimorfismo sexual. Los cuerpos sexuados no son objetos estáticos y prediscursivos, sino que están constantemente en un proceso de formación, influidos por procedimientos sociolegales, incluido el registro del sexo. [...] Se concluye que asignar legalmente un género/sexo tiene un efecto intrínsecamente violento sobre los cuerpos».[2]

Y, finalmente, el *New England Journal of Medicine* abogó recientemente por suprimir el sexo de los certificados de nacimiento en un artículo en el que se repasan todos los pros y los contras de dicha práctica, concluyendo que éstos superan claramente a aquéllos.[3] Cualquier clasificación dicotómica del sexo ha de ser abolida, se defiende, pero «en el caso de que el Gobierno man-

1. Claire Ainsworth, «Sex redefined», *Nature*, 518, 7539 (2015), pp. 288-291.

2. Lena Holzer, «Sexually Dimorphic Bodies: A Production of Birth Certificates», *Australian Feminist Law Journal*, 45, 1 (2019), pp. 91-110, <https://doi.org/10.1080/13200968.2019.1649002>.

3. Vadim M. Shteyler, Jessica A. Clarke, y Eli Y. Adashi, «Failed Assign-

tenga el sistema de clasificación dicotómico, éste debería estar basado en la autoidentificación hecha en edades posteriores, más que en una evaluación médica hecha al nacer». Resulta interesante destacar que la propuesta del NEJM en 2020 coincide con el contenido de un tuit humorístico publicado en 2018 por la cuenta *fake* de Titania McGrath, un conocido personaje de Twitter dedicado a parodiar el tono y las afirmaciones de la cultura posmoderna.[4] En sólo dos años ha pasado de ser un chiste a ser una postura defendida desde una de las revistas de medicina más importantes del mundo.

¿Qué tienen en común los seis ejemplos que acabamos de ver? Que ninguno de ellos sugiere, ni siquiera de forma secundaria, que el sexo tenga algo que ver con la reproducción. Nadie que se informara sobre el sexo viendo los vídeos de Irene Montero, Dawn Butler o *Teen Vogue*, o leyendo los textos de Claire Ainsworth, Lena Holzer o la NEJM, terminaría aprendiendo que esas realidades difusas de las que hablan desempeñan el papel fundamental en la conservación de la especie. Los ojos sirven para ver; el estómago, para hacer la digestión; los genitales para..., eh..., para...

Sexo 101: ¿es niño o niña?

Érase una vez un diminuto país, habitado por hadas que tenían un delicado trabajo: desvelar al doctor si los bebés que estaban a punto de nacer serían niños o niñas. Un día sucedió algo inesperado: todas las hadas estaban ocupadísimas, así que mandaron a un hada novata al nacimiento de un bebé. Ésta llegó justo cuando asomaba su cabecita. Como estaba muy nerviosa, sólo miró el

ments — Rethinking Sex Designations on Birth Certificates», *New England Journal of Medicine*, 383 (2020), pp. 2399-2401.

4. Titania McGrath [@TitaniaMcGrath], «TITANIA'S PREDICTIONS (part 1). On 22 December 2018, I called for biological sex to be removed from birth certificates. On 17 December 2020, the *New England Journal of Medicine* concurred [Tweet]», Twitter, 18 de diciembre de 2020, <https://twitter.com/TitaniaMcGrath/status/1339977972401516546>.

cuerpo del bebé y no el cerebro, que era donde le habían enseñado que tenía que mirar, ya que ésa es la parte más importante del cuerpo. Así que susurró al oído del doctor que era un niño. ¡Vaya lío se montó! Porque todo el mundo empezó a tratarle como un niño, pero no era feliz porque su cabecita le recordaba todo el tiempo que era una niña.

Así arranca el cuento *La gran equivocación*, que la asociación de familias de menores trans, Chrysallis, ofrece en su página web como material educativo de libre descarga. Pueden acudir a él padres o profesores de Educación Infantil para explicar a sus hijos y alumnos la forma como los recién nacidos son considerados varones o mujeres.[5] Es esperable que los cuentos infantiles simplifiquen, no sean especialmente rigurosos o se permitan ciertas licencias a la hora de iniciar a los pequeños en los grandes temas sociales y personales. Pero el (des)propósito de este cuento va mucho más allá, y de forma intencionada y flagrante desvirtúa, tergiversa e invierte hasta el absurdo la realidad a la que se refiere. Ofrecerlo como material didáctico y educativo para niños de tres o cuatro años tiene la misma lógica que ofrecer un cuento sobre un dios que crea a las especies animales inmutables como forma de introducir a los niños en la teoría de la evolución, u otro cuento sobre un niño que se cae al llegar al borde de un planeta plano como forma de ir familiarizando al menor con la esfericidad de la Tierra.

Se hace muy raro tener que explicar lo que viene a continuación: en la totalidad de las sociedades humanas los recién nacidos son considerados de sexo femenino o de sexo masculino tras observar los órganos genitales con los que han nacido. No estamos dejando de lado a las personas intersexuales, asunto que retomaremos después. Tal categorización no es el resultado de un complejo peritaje a cargo de un técnico, que informa a la madre del resultado de su evaluación, y aunque en las sociedades actuales lo habitual es que sea el personal médico el que rellene la ficha

5. Chrysallis, *La gran equivocación*, <http://chrysallis.org.es/wp-content/uploads/2015/06/La-Gran-equivocacion-mod.pdf>. [Consulta: 9 de marzo de 2021]

oportuna con una u otra categoría tras el nacimiento, este reconocimiento del sexo se ha venido realizando unánimemente en todas las épocas históricas por todos los presentes en el momento de dar a luz, dada su extrema sencillez. El facultativo, como responsable del acto médico que tiene lugar, hoy en día constata el sexo del bebé que ha nacido, no se lo asigna, como si fuera algo que el bebé no tuviera hasta que el médico se lo otorga. El sexo se asigna al nacer tanto como la fecha o la ciudad de nacimiento. Los médicos no escuchan lo que las hadas, ni las experimentadas ni las novatas, le susurran al oído tras haber observado si el bebé posee un cerebro rosa o azul. Por el contrario, observan sus órganos genitales externos.

No se conoce ninguna sociedad humana en donde no se pronuncie la frase «ha sido niña» o «ha sido niño» tras un parto. No se conoce ninguna sociedad humana cuya lengua no recoja la distinción niño/niña. Es difícil encontrar la referencia de un artículo científico que concluya algo tan obvio. El lenguaje recoge distinciones relevantes, funcionalmente útiles para sus hablantes. Es convencional, pero no es arbitrario. Tiene sentido que el léxico de los esquimales distinga entre muchos tipos diferentes de nieve, diferencia que no vamos a encontrar en los idiomas hablados en el Caribe. Aun así, algunas diferencias son tan universalmente relevantes que no encontraremos ninguna lengua que no las recoja. Animamos a los cazadores de excepciones a que encuentren un idioma en el que no haya palabras que distingan el día de la noche, el frío del calor, lo vivo de lo muerto y, claro está, los niños de las niñas.

No hará falta explicar la utilidad de las distinciones día/noche, frío/caliente o vivo/muerto en relación con aspectos absolutamente elementales de la vida social y personal. Sin embargo, parece necesario recordar el motivo por el que lo primero que se pregunta tras el nacimiento de un bebé es si es niño o niña. Buena parte de las cuestiones que se van a discutir en este libro se resolverían si se tuviera claro que el sexo de nacimiento indica con una exactitud elevadísima, aunque no perfecta, la función reproductiva que la persona desempeñará en el futuro, independientemente de que, por infinidad de razones, se ejercite o no. El sexo no trata sobre esencias, experiencias íntimas o identificaciones. El sexo tiene que ver ante todo con la reproducción, no sólo en términos evolutivos, sino también sociales, de acuerdo con los valores de cada momento, incluyendo su devaluación según las sociedades y las épocas. Recordando aquel «¡Es la economía, estúpido!» que se popularizó durante la campaña de Bill Clinton en 1992, cabría ahora exclamar «¡Es la reproducción, estúpido!».

Por supuesto que este índice no tiene en cuenta las mil circunstancias que decidirán si finalmente la función reproductiva de un individuo se ajusta a lo que predijeron sus genitales al nacer, pero el Premio Nobel espera a la persona que encuentre un índice con mejor relación calidad-precio acerca de tal predicción —en general, el Premio Nobel aguarda a cualquiera que encuentre un índice con el mismo valor predictivo sobre cualquier aspecto social/psicológico/médico como el que tienen los genitales sobre la reproducción—. Puede parecer insólito para parte de la sociedad actual, pero alguien tiene que decirlo: la reproducción es un aspecto de primerísima importancia en todos los ámbitos humanos micro, psico, bio, socio, político, macro... a lo largo de la historia de la humanidad. La época actual no es una excepción.

La reproducción es una función tan importante que no hay cultura que, de una u otra forma, en función de sus propias circunstancias, no reconozca de alguna manera a mujeres y varones para ir encaminándolos ya desde bebés hacia los estereotipos sexuales que cada sociedad practica en relación con ambas funciones sexuales. Obviamente, tales estereotipos no son inocentes ni neutros en cuanto a su ideología y las relaciones de poder que perpetúan; tampoco son *naturales*, si con esta palabra queremos defender la conexión inmediata e inevitable entre los sexos y los estereotipos sexuales. A lo largo de la historia ha sido este «sexo en tanto que reproducción» el que ha decidido mucho más de lo que parece a primera vista: si el individuo irá o no a la escuela, qué tipo de juegos se le permitirá hacer, qué lecturas se le facilitarán, qué modelos de comportamiento adulto se le ofrecerán, qué conductas serán castigadas y cuáles premiadas, qué actitudes serán promovidas y cuáles afeadas... Y mucho más: cómo se le habla, cómo se le escucha, cómo se le ayuda, cómo se le viste, y tantas y tantas cosas que no cabrían en este volumen, todas ellas puestas en marcha a partir del mismo momento en el que a los padres se les contesta a la pregunta «¿es niño o niña?», es decir, a partir del primer segundo de vida del recién nacido.

De esta manera, la distinción entre sexos es una realidad social universal en todas las culturas humanas dada la relación entre esta distinción y la reproducción de los individuos. Después vendrá la biología y empezará a hablar de cromosomas, gametos, gónadas, receptores andrógenos, gen SRY, genitales o alteraciones del desarrollo sexual. Y, como veremos en el siguiente apartado, lo que dirá la biología completará, precisará y dará fundamentación científica a esa función reproductiva del sexo. Este enfoque científico no sólo no rebatirá la percepción empírica funcional sobre el binarismo del sexo, sino que la confirmará. No podía ser que la ciencia desmintiera la función que el sexo lleva cumpliendo cientos de miles de años y la distinción funcional que está recogida en el lenguaje.

Pero, al igual que las personas usamos la distinción día/noche para regular, por ejemplo, nuestras horas de sueño sin necesidad de poseer conocimientos de astronomía, cabe entender que el sexo, como categoría presente en la vida de las personas y las culturas, recogido en el léxico de todos los idiomas del mundo, está vinculado de forma casi exacta con la reproducción en tanto base de la organización y perpetuación social. Es una realidad antropológica tanto como biológica. Es ese sexo, el vinculado empíricamente a la reproducción, el que está colapsando ahora, el que está siendo discutido en las redes sociales, el que se ha convertido en un campo de batalla política. Es ahora, en una sociedad donde la reproducción está devaluada, donde también el sexo comienza a borrarse y a desquiciarse de forma disfuncional. Se puede discutir si esto es señal de una sociedad progresista o decadente. De acuerdo con Ross Douthat, la baja natalidad sería uno de los «cuatro jinetes» de la sociedad decadente que se avecina, junto con el estancamiento, la esclerosis política y la repetición.[6]

6. Ross Douthat, *La sociedad decadente. Cómo nos hemos convertido en víctimas de nuestro propio progreso*, cap. 2, Ariel, Barcelona, 2021.

Anisogamia: *it takes two, baby*

La eficacia de la distinción entre varones y mujeres como mecanismo básico de la organización social no impide que convenga detenerse un momento para entender la realidad biológica de la reproducción sexual. A este respecto, la estrategia del movimiento generista pasa por desvalorizar al máximo el fundamento biológico del sexo, en un intento por presentarlo como un elemento supeditado al género, y, en este sentido, regido por su misma lógica. El sexo, desde este punto de vista, igual que los estereotipos sexuales de nuestra sociedad, será un mero constructo social, un continuo, el resultado de una mera asignación que el poder institucional impone a los individuos. Tendremos ocasión de revisar en el capítulo 4 la filosofía posmoderna en la que se basa la noción de «constructo social» como sinónimo de algo arbitrario, caprichoso o eliminable, pero ahora procede hacer un poco de historia de la vida en nuestro planeta.

Abramos un libro de texto de Biología de cuarto de la ESO. Hace miles de millones de años, la vida en la Tierra estaba formada únicamente por organismos extremadamente simples, unicelulares, cuya reproducción se limitaba a la mera división en dos de la célula procariota para dar lugar a dos nuevos organismos genéticamente semejantes al original. Este tipo de reproducción tiene una eficacia nada desdeñable para conseguir el objetivo de la perpetuación de la línea hereditaria y la proliferación de los organismos dentro de sus colonias. Seguimos observándola en la actualidad, por ejemplo, en las bacterias, ciertos hongos o ciertas algas, y estaría relacionada con otras formas de reproducción igualmente asexual que tienen lugar en organismos pluricelulares, por ejemplo, en esponjas, medusas o incluso ciertos anélidos.

Sin embargo, el carácter clónico de la reproducción asexual se aviene mal con un mundo en permanente cambio. Y la adaptación de los organismos a dichos entornos cambiantes se mejoraría sustancialmente mediante algún tipo de reproducción que facilitara la variación de la progenie, haciendo recaer sobre tal variación la selección natural. Hace aproximadamente mil millones de años aparece una nueva forma de reproducción en los organismos pluricelulares, donde el nuevo organismo es el resultado de la mezcla genética de dos individuos previos. Conviene destacar que esta nueva forma de reproducción combina el material de dos organismos, no de tres, ni de cuatro, ni de un espectro variable e indefinido. Siempre dos. Este sistema es energéticamente más costoso: requiere de dos células para producir una, en vez de una célula para producir dos. Sin embargo, tiene una ventaja que compensa el inconveniente señalado: permite una adaptación mucho más eficaz al entorno mediante mecanismos que potencian el cambio y la evolución de las especies. Todos nosotros somos el resultado de esta innovación reproductiva. Ha aparecido la reproducción sexual.

Pero no el sexo, o, al menos, no los sexos todavía. Durante cientos de millones de años, la reproducción sexual es isogámica, un tipo de reproducción sexual en la que los dos gametos son iguales, como la que vemos en la actualidad en algunas algas y protozoos. Cada progenitor aporta una célula sexual muy especial, con una sola serie de cromosomas, una célula haploide, por oposición a las células diploides, todas las demás del organismo, que poseen dos juegos de cromosomas. Esta célula tan particular se llama «gameto» y va a ser la protagonista de esta historia. La clave está en que en ese momento ambos gametos aportados por ambos progenitores son del mismo tipo todavía, de forma que no cabe considerar que uno de ellos posea sexo masculino y el otro femenino —por ejemplo, cuando tiene lugar la reproducción sexual de las levaduras, los dos gametos intervinientes se denominan «alfa» y «a».

La reproducción isogámica, aun siendo una gran novedad respecto de la reproducción asexual, no va a ser la forma mayoritaria y, por ahora, definitiva que se va a imponer en el reino animal. Así, hace alrededor de seiscientos millones de años, comienza a extenderse un nuevo tipo de reproducción sexual, en el que cada uno de los dos ascendientes aporta una categoría diferente de gametos. Dos progenitores, dos tipos de gametos. Por un lado, gametos pequeños, habitualmente móviles, poco valiosos individualmente considerados y producidos en grandes cantidades.

Por otro, gametos grandes, habitualmente poco móviles, muy valiosos individualmente considerados y producidos en pequeñas cantidades. En efecto, estamos hablando, respectivamente, de gametos masculinos, que en la especie humana, y en muchas otras, se llaman espermatozoides, y de gametos femeninos, que en la especie humana, y también en muchas otras, se llaman óvulos. La reproducción pasa de ser isogámica a anisogámica.

La biología aún no ha aclarado completamente la ventaja que tiene la reproducción anisogámica respecto de la reproducción isogámica. Se proponen modelos matemáticos sofisticados que explican por qué tal asimetría maximiza el número de contactos entre los gametos de uno y otro progenitor, facilitando la fecundación.[7] Se considera que probablemente la solución anisogámica maximiza al mismo tiempo el número de cigotos y el contenido citoplasmático óptimo para que éstos sobrevivan.[8] Sea por el motivo que sea, el caso es que en el momento actual de la evolución de la vida animal en nuestro planeta, la reproducción sexual es de tipo anisogámico —también entre las hienas manchadas y en el pez payaso—, donde el macho aporta un gameto pequeño y la hembra aporta un gameto grande. Para encontrar la primera excepción a este principio más cercana a nuestra especie, tendríamos que irnos hasta algunas algas unicelulares.

En particular, en los humanos —y en todos los mamíferos—, la reproducción sexual es oogámica, un tipo de reproducción anisogámica en el que el pequeño gameto masculino se introduce en el cuerpo de la mujer y viaja hasta encontrarse con el gran gameto femenino inmóvil, lo que da lugar a la fecundación y al inicio de una gestación que ocurrirá dentro de dicho cuerpo. En la oogamia, la anisogamia ya es clamorosa: el óvulo puede llegar a ser cien mil veces más grande que el espermatozoide. El sexo del embrión resultante será uno u otro en función de que el es-

7. Jussi Lehtonen y Geoff A. Parker, «Gamete competition, gamete limitation, and the evolution of two sexes», *Molecular Human Reproduction*, 20, 12 (2014), pp. 1161-1168, <https://doi.org/10.1093/molehr/gau068>.

8. Rahul Kumar, Mukesh Meena, y Prashant Swapnil, «Anisogamy», en Jennifer Vonk y Todd Shackelford (eds.), *Encyclopedia of Animal Cognition and Behavior*, Springer, Nueva York, 2019.

permatozoide haploide contenga o no el cromosoma Y, conocido por contener el famoso gen SRY en su brazo corto, tal y como aisló David Page en uno de los descubrimientos más importantes de la historia de la biología del sexo.[9] Este gen, junto con la presencia o ausencia de receptores andrógenos, marcará el tejido gonadal del nuevo individuo, lo que a su vez determina el tipo de gametos que producirá.

Conviene destacar, por tanto, el carácter binario del sexo, y suspirar aliviados al confirmar que, desde el Paleolítico, cada vez que se dijo «es una niña» o «es un niño» tras un parto no se estaba cometiendo un error fruto del cisheteropatriarcado. Ahora entendemos que estas sentencias quieren decir «en la reproducción aportará un gameto grande e inmóvil y gestará el embrión en su interior» o «en la reproducción aportará un gameto pequeño y móvil que se introducirá en el cuerpo del otro progenitor para fecundar el otro gameto». También podemos ratificar la definición de «sexo» que ofrece el *Oxford English Dictionary*: «Cada uno de los dos grupos en los que se dividen personas, animales y plantas de acuerdo con su función para producir descendencia». No hay un tercer tipo de gametos. No hay ni espermatóvulos ni ovulozoides. Los gametos no forman un espectro. La fecundación y la gestación no son los extremos de un continuo de funciones. La negación de esta evidencia biológica por intereses políticos o ideológicos espurios sólo puede traer confusión y problemas a la sociedad.[10]

Un ejemplo destacado de estos problemas ocurre en el ámbito de la medicina. Un revelador y exhaustivo artículo publicado por *The Lancet* en 2020 expone la gran dificultad de encontrar un área de la medicina en la que la distinción varón/mujer no sea relevante.[11] La variable «sexo» ha de ser tenida en cuenta en epidemiología,

9. David C. Page, Rebecca Mosher, Elizabeth M. Simpson, Elizabeth M. C. Fisher, Graeme Mardon, *et al.*, «The sex-determining region of the human Y chromosome encodes a finger protein», *Cell*, 51 (1987), pp. 1091-1104, <https://doi.org/10.1016/0092-8674(87)90595-2>.

10. Colin Wright y Emma Hilton, «The Dangerous Denial of Sex», *The Wall Street Journal*, 13 de febrero de 2020.

11. Franck Mauvais-Jarvis, Noel Bairey Merz, Peter J. Barnes, Roberta D.

patofisiología, manifestaciones clínicas, curso de las enfermedades y respuesta a los tratamientos. La variable «género», entendida como una construcción social alrededor del sexo, también afecta a la conducta de pacientes y profesionales sanitarios que, de nuevo, repercute e interactúa con los aspectos médicos antes señalados. De esta manera, el sexo resulta ser un importante determinante de la fisiología y de la enfermedad a través de regulaciones genéticas, epigenéticas y hormonales.

Si el sexo es binario, no puede ser un continuo bimodal, una distribución continua, por mucho que se acepte que los valores más altos se registran en sus extremos. Si aceptamos que ser varón o mujer no son variables cuantitativas sino cualitativas, no podrían formar un continuo. ¿Cuál sería la magnitud cuantitativa que figuraría en el eje de abscisas sobre el que se distribuiría tal continuo bimodal? ¿Los defensores del carácter continuo bimodal del sexo se dan cuenta de que inevitablemente eso implica que hay mujeres más mujeres que otras y varones más varones que otros?

Da igual que se sea Don Juan o Juana de Arco, alguien que se identifica como no binario o la persona del mundo que mejor encaja en los estereotipos sexuales, ya sea Julio César o cualquier participante de un *reality show*: en cualquier caso, se producirán gametos grandes o pequeños. Y no importa cómo se identifique la persona: gametos grandes o pequeños. Se puede poseer cualquiera de las identidades L, G, T, B, I, Q o incluso +: se producirán espermatozoides u óvulos. El día previo al cambio del registro del sexo en el carnet de identidad, el individuo posee espermatozoides u óvulos, y al día siguiente los sigue poseyendo. Para que Judith Butler pueda existir y decir que los bebés nacen sin sexo, han tenido que estar naciendo crías con sexo durante seiscientos millones de años de reproducción sexual binaria. Ella misma es un ejemplo de lo que niega. Cada tuitero que se declara «sexualmente no binario» en su perfil de Twitter es el eslabón final de una cadena de decenas de millones de generaciones se-

---

Brinton, Juan-Jesús Carrero, *et al.*, «Sex and gender: modifiers of health, disease, and medicine», *The Lancet*, 396 (2020), pp. 565-582.

xualmente binarias y, en caso de que se reproduzca, continuará esa cadena.

Mientras la reproducción sea binaria, el sexo será binario. Si en un futuro lejano la evolución genera una forma de reproducción terciaria, que se base en tres individuos, tres tipos de gametos, tres funciones, empezará a haber tres sexos.[12] Y si en un futuro remoto, de alguna manera que ahora no alcanzamos a adivinar, la evolución da lugar a una forma de reproducción de los seres vivos a través de un espectro continuo de funciones reproductivas actuando de formas diversas, entonces, y sólo entonces, el sexo será un espectro. Mientras tanto, la idea de que el sexo es un espectro, un continuo, es en sí misma un espectro, un fantasma.[13] Otra cosa es el género.

Las personas intersexuales no están entre sexos

El mayor argumento contra el sexo binario apunta a las personas intersexuales, pertenecientes a un supuesto continuo o espectro situado entre los varones y las mujeres. ¿Cuán comunes son las personas intersexuales? ¿Por qué se insiste tanto en el continuo intersexual? Las cifras de variantes intersexuales van del 1,7 por ciento al 0,018 por ciento. De acuerdo con un criterio laxo, que define a una persona intersexual como cualquier «individuo que se desvía del ideal platónico de dimorfismo absoluto cromosómico, gonadal, genital y hormonal», habría un 1,7 por ciento de nacidos que se desvían del ideal de varón o mujer.[14] Esta cifra se ha asumi-

12. Cuando se habla de «tres padres» se refiere bien a una técnica de reproducción asistida en la que hay una aportación mitocondrial de una donante, pero el 99,9 por ciento del material genético del embrión vendría de la madre y el padre, o bien al caso de mellizos de padres diferentes cuando una mujer en estado de ovulación tiene relaciones sexuales con dos hombres distintos en un período de tiempo corto. Nada de esto altera el sexo binario.

13. La página web de Paradox Institute, a cargo de Zach Elliot, reúne una notable cantidad de referencias documentales acerca de la biología del sexo. Sin sus sólidas contribuciones, este epígrafe no hubiera sido posible.

14. Melanie Blackless, Anthony Charuvastra, Amanda Derryck, Anne

do a partir de los datos que se encuentran en el libro de Anne Fausto-Sterling *Cuerpos sexuados*, del año 2000, y que se mantienen en su segunda edición de 2020.[15]

Fausto-Sterling ya había proclamado en 1993, de forma provocativa, como reconocería después, la existencia de cinco sexos: además del masculino y femenino, la autora propuso «hermes» —hermafroditas, gente nacida con un testículo y un ovario—, «merms» —varones pseudohermafroditas, que han nacido con testículos y algunos rasgos de genitalidad femenina— y «ferms» —mujeres pseudohermafroditas, que tienen ovarios combinados con algunos aspectos de genitalidad masculina—. «A decir verdad —añade—, iré más lejos en mi argumentación: diré que el sexo es un continuo vasto e infinitamente maleable que desafía los límites de incluso cinco categorías.»[16] La cifra de 1,7 por ciento deriva de una serie de condiciones cuyas cifras ofrece la propia autora:[17]

- Hiperplasia adrenocortical congénita tardía: 1,5 por ciento.
- Síndrome de Klinefelter: 0,0922 por ciento.
- No XX o no XY (salvo síndrome de Turner y Klinefelter): 0,0639 por ciento.
- Síndrome de Turner: 0,0369 por ciento.
- Hiperplasia adrenocortical congénita clásica: 0,00779 por ciento.
- Síndrome de insensibilidad a los andrógenos: 0,0076 por ciento.
- Hermafroditas verdaderos: 0,0012 por ciento.

Fausto-Sterling, Karl Lauzanne, y Ellen Lee, «How sexually dimorphic are we? Review and synthesis», *American Journal of Human Biology*, 12, 2 (2000), pp. 151-166, <https://doi.org/10.1002/(SICI)1520-6300(200003/04)12:2<151::AID-AJHB1>3.0.CO;2-F>, p. 161.

15. Anne Fausto-Sterling, *Cuerpos sexuados. Política de género y construcción de la sexualidad*, 2.ª edición ampliada, p. 74, Melusina, Santa Cruz de Tenerife, 2020.

16. Anne Fausto-Sterling, «The Five Sexes: Why Male and Female Are Not Enough», *The Sciences*, 33 (1993), pp. 20-24, <https://doi.org/10.1002/j.2326-1951.1993.tb03081.x>.

17. Anne Fausto-Sterling, *op. cit.*, 2020, p. 75.

- Idiopáticos: 0,0009 por ciento.
- Síndrome de insensibilidad parcial a los andrógenos: 0,00076 por ciento.

El principal problema de esta lista, de acuerdo con Leonard Sax, es que las cinco condiciones más comunes citadas no se consideran intersexuales, sino que pivotan sobre uno u otro de los sexos, de manera que, restadas, la cifra de Fausto-Sterling sería en realidad cien veces menor, del 0,018 por ciento, dos de cada diez mil nacidos.[18] El 99,98 por ciento de los nacidos serían de uno u otro sexo, por lo que un exiguo 0,018 por ciento quedarían sin poder ser ubicados claramente. Sin embargo, la cuestión no está tanto en las cifras como en lo que significan, esto es, si realmente hay un continuo y un tercer sexo o incluso más.

Por lo pronto, las cifras significan que la inmensa mayoría —del orden del 98,3 por ciento al 99,98 por ciento— tiene un sexo masculino o femenino. Por otra parte, las categorías intersexuales son discretas, no continuas ni fluidas. Análisis más sofisticados que el de Fausto-Sterling, como el de Amanda Montañez en *Scientific American*, enfáticamente titulado «Visualizando el sexo como espectro»,[19] no dejan sin embargo de mostrar que las condiciones intersexuales son discretas entre sí, patrones reconocibles como el síndrome de Turner u otros. De acuerdo con Nathan Hodson: «Estos patrones muestran que el desarrollo del sexo, sea típico o atípico, se manifiesta en grupos discretos, más que a lo largo de una escala continua, y esto hace que sea absurdo llamar al sexo un espectro. Su modelo [de Montañez] sitúa el patrón de desarrollo típico femenino y masculino en los extremos del diagrama, dando la impresión errónea de que la gente se distribuye igualmente a lo largo de un espectro».[20]

18. Leonard Sax, «How common is Intersex? A response to Anne Fausto-Sterling», *Journal of Sex Research*, 39 (2002), pp. 174-178, <https://doi.org/10.1080/00224490209552139>.

19. Amanda Montañez, «Visualizing Sex as a Spectrum», *Scientific American*, 29 de agosto de 2017, <https://blogs.scientificamerican.com/sa-visual/visualizing-sex-as-a-spectrum/>.

20. Nathan Hodson, «Sex development: beyond binaries, beyond spec-

Las personas intersexuales no están «entre» el sexo masculino y el femenino, y la etiqueta «intersexual» comete el mismo error que en su día cometió la arcaica etiqueta de «hermafrodita»: no estamos ante personas que sean a la vez Hermes y Afrodita, ni ante personas que están en medio de Hermes y Afrodita. Una mujer que presente el síndrome de Turner no es un 90 por ciento mujer y un 10 por ciento varón. Es tan mujer como cualquier otra. Un varón que presente el síndrome de Klinefelter no es un 90 por ciento varón y un 10 por ciento mujer. Es tan varón como cualquier otro. Lo que determina el sexo de un individuo es la función que cumple en la reproducción sexual anisogámica, es decir, el tipo de gameto que aporta a la reproducción. *Intersexual* es un término que puede dar lugar a equívocos, porque no existen los *intergametos*, células que estén a medio camino entre los espermatozoides y los óvulos. No hay situaciones intermedias entre fecundar y gestar. En rigor, la intersexualidad sólo tiene de «inter» el nombre. Hay un equívoco en igualar la complejidad de procesos y mecanismos que intervienen en la determinación del sexo con una supuesta complejidad de los sexos resultantes de dichos procesos y mecanismos. Las distintas vicisitudes del desarrollo sexual no implican distintos sexos.

Sin embargo, con frecuencia nos encontramos con la falacia de considerar a las personas intersexuales como individuos intermedios entre varones y mujeres, siempre como una forma de demostrar que la lógica del género —su carácter continuo, borroso, difícil de operativizar e inherentemente discutible y subjetivo— es la que caracteriza también al sexo biológico. Esta interpretación literal del término *intersexual* está presente en la discusión política, instrumentalizando a estas personas para objetivos espurios. Como ha señalado Rae, una conocida activista británica a favor de los derechos de las personas intersexuales, en un tuit: «¿Qué somos? Variaciones de varones o variaciones de mujeres. ¿Qué no somos? Tus armas, tu propiedad, tus jugue-

---

trums», en Michele Moor y Heather Brunskell-Evans (eds.), *Inventing Transgender Children and Young People*, pp. 108-120, Cambridge Scholars Publishing, Cambridge, 2020, p. 117.

tes. Deja de usar nuestros problemas médicos, a menudo traumáticos, para apuntarte un tanto de forma rastrera».[21]

El sistema reproductor humano no presenta una mayor casuística de variantes que el sistema locomotor o el circulatorio. Nadie negará que la especie humana es bípeda o que el corazón humano tiene cuatro cavidades. La existencia de estos casos llamados «intersexuales» no niega la realidad de que el sexo es funcionalmente binario. Las declaraciones que hacen las revistas, como la citada *Scientific American* y *Nature*, contra el sexo binario, proclamando el sexo como un continuo o espectro, están políticamente motivadas, no científicamente fundadas. De acuerdo con el biólogo evolucionista Colin Wright: «Podemos reconocer la existencia de casos muy raros en humanos en los que el sexo es ambiguo, pero esto no niega la realidad de que el sexo en humanos es funcionalmente binario. Estos editoriales (*Scientific American* y *Nature*) no son más que una forma de sofistería científica con motivaciones políticas. La fórmula de cada uno de estos artículos es sencilla. Primero enumeran una multitud de condiciones intersexuales. En segundo lugar, detallan los genes, las hormonas y los complejos procesos de desarrollo que conducen a estas afecciones. Y, en tercer y último lugar, alzan las manos e insisten en que esta complejidad significa que los científicos no tienen idea de qué es realmente el sexo. Todo esto es muy falaz y engañoso, ya que los procesos de desarrollo involucrados en la creación de cualquier órgano son enormemente complejos, pero casi siempre producen productos finales completamente funcionales. Hacer una mano también es complicado, pero la gran mayoría de nosotros terminamos con la variedad funcional de cinco dedos».[22]

21. Aphrodite's Offspring [@RaeUK], 12 de febrero de 2021: «What we are: variations of male OR variations of female. What we are not: Your weapon. Your prop. Your toy. Stop using our often traumatic medical conditions as a means to try and score cheap points. #NoIntersexAlly #IntersexMatters #WeAreHumanToo [Tweet]», Twitter, <https://twitter.com/RaeUK/status/1360032427595431938>.

22. Colin Wright, «The New Evolution Deniers», *Quillette*, 30 de noviembre de 2018, <https://quillette.com/2018/11/30/the-new-evolution-deniers/>.

¿Por qué se insiste tanto en el continuo intersexual? Porque, según se supone, ver el sexo como un continuo ayudaría a eliminar la discriminación de las personas trans —aunque irónicamente muchas personas trans se adhieren a uno u otro sexo— y de las personas que se declaran no binarias. Sin embargo, no sería necesario tergiversar la biología para exigir el respeto y defender los derechos debidos a las personas trans y a las personas que no se consideran binarias. La insistencia en el continuo sexual puede que tenga que ver también con una agenda política más allá del bienestar de las personas concretas, como veremos en el capítulo 5 a propósito del activismo.

Imaginemos que la comida no tuviera que ver con la nutrición

Permítasenos abrir un paréntesis en la línea argumentativa de este capítulo; pronto se entenderá por qué. Imaginemos por un momento que la comida no tuviera que ver con la nutrición. De hecho, en buena medida la comida es muchísimo más que una forma de nutrirnos: cumple importantes funciones sociales, divide y ordena las horas del día, distingue entre clases sociales y, sobre todo, supone una constante fuente de placer sensorial que, a primera vista para el individuo, no está relacionada con su función nutritiva. Pero vayamos más allá y juguemos un minuto con esta idea: gracias a algún extraño avance tecnológico de ciencia ficción se implanta en los recién nacidos un chip que irá liberando todos los nutrientes que necesitará el organismo a lo largo de su vida; a su vez, el aparato digestivo se vuelve impermeable y deja de absorber los componentes de los alimentos, que salen por el final del tubo en el mismo estado en el que fueron tragados tras la masticación. Ridículo, estamos de acuerdo. Propio de una serie muy imaginativa de Netflix, es verdad. Pero sigamos unos párrafos con este juego.

De esta manera, el acto de comer, es decir, la ingesta de alimentos a través de la boca, perdería su función nutritiva. En cierto sentido, podríamos decir que la comida se desquiciaría, es decir, se saldría de su quicio, de la función principal que controla su lógica básica, poniéndose al servicio en exclusiva de sus otras funciones secundarias, más directa o indirectamente relacionadas con la principal. Imaginemos que nos ausentamos dos o tres generaciones y volvemos cuando esta increíble novedad ya estuviera asentada y vista con toda normalidad por la población. ¿Con qué nos encontraríamos?

Es probable que la conducta de comer se hubiera modificado sustancialmente respecto a la actual, tanto en lo referente a su distribución temporal y a su cantidad, como en lo relativo al propio contenido de los alimentos ingeridos. Cien años es poquísimo tiempo para que se modifiquen unas preferencias gustativas como las de nuestra especie, formadas en condiciones de escasez y dirigidas hacia la acumulación de reservas de lípidos e hidratos de carbono, así que es muy probable que la mayoría de la población practicara una dieta basada exclusivamente en grasas y azúcares de índice glucémico alto, movido exclusivamente por el placer del gusto. El consumo de otros tipos de alimentos descendería. El horario y la cantidad de comida ingerida también se alterarían de forma notable, perdiendo la regularidad que tienen en la actualidad para la mayoría de las personas y pasando a depender de factores del momento vinculados a la disponibilidad de los manjares o al ocio de los individuos.

No faltarían, por otro lado, comportamientos minoritarios de todo tipo, en ocasiones incluso extravagantes, al menos a los ojos de las personas actuales: individuos en ayuno perpetuo, comedores compulsivos cuya vida entera giraría alrededor de las sensaciones del gusto, gente que eligiera su comida por motivos insospechados, políticos, ideológicos, de imagen social, identitarios, gente que comiera cosas verdaderamente extrañas... Podrían aparecer nuevas variantes de la conducta alimentaria que alguien, desconocedor de las nuevas reglas del juego, podría considerar patológicas o desviadas. Desprovista de su función básica, la conducta de comer caería bajo el control de funciones más volátiles, más cambiantes y ocasionales, con mayor variabilidad individual y menor rigidez en su aparición, y así quedaría muy a mano para que las personas la revistiéramos de significados simbólicos y comenzáramos a tomarla como una expresión del yo, especialmente en sociedades rabiosamente individualistas como la nuestra, tal y como comentaremos en el próximo capítulo. No cabe juzgar como correctas o incorrectas estas nuevas conductas alimentarias, en tanto no serían más que la prueba de la prodigiosa capacidad adaptativa del comportamiento humano. Entiéndase que no estamos condenando ni absolviendo a nadie, sino intentando entender por qué las personas nos comportamos como lo hacemos.

Cuando cambia el equilibrio de las funciones —biológicas, psíquicas, sociales— que cumplen los comportamientos más elementales, éstos cambian y arrastran en su cambio todo el universo de referencias simbólicas, ideológicas y fenoménicas que los acompañan. Aunque ha sido un juego especulativo, hemos podido entrever qué ocurriría si la comida dejara de tener que ver con la nutrición. Imaginemos ahora que el sueño no tuviera que ver con el descanso. Imaginemos también que el sexo no tuviera que ver con la reproducción. Un momento..., ¿y si esto último, al menos en cierta medida, ya estuviera ocurriendo en los países ricos?

No es país para recién nacidos

La natalidad no está en su mejor momento. Ni en España, ni en la Unión Europea, ni en el planeta tomado en su conjunto. Ni cuantitativamente, en relación con los registros de la evolución de la natalidad en las últimas décadas y las prospecciones de lo que habrá de ocurrir en décadas futuras, ni cualitativamente, en relación con la valoración social que flota en el ambiente respecto a la reproducción y la natalidad.

No se pretende abrumar aquí con un aluvión de cifras cuyo resumen es conocido por todos: según datos del Instituto Nacional de Estadística, cada año desde 2008 España ha registrado un total de nacimientos menor que el del año anterior —con un único empate técnico entre 2014 y 2013—, alcanzando en 2019 la natalidad más baja desde que hay registros sobre este índice. El número medio de hijos por mujer anotó también en 2019 el valor mínimo de 1,25, lo que determinó que ese año fuera el quinto consecutivo en el que nuestro país registró un crecimiento vegetativo negativo —es decir, mayor cantidad de defunciones que de nacimientos—. En los últimos diez años, el número de nacimientos en nuestro país ha descendido un 40 por ciento.

La media de edad para dar a luz al primer hijo se ha retrasado cuatro años desde 1980. En la actualidad se encuentra en los treinta y dos años. Esto supone que, por término medio, pasan alrededor de veinte años desde la primera menstruación hasta la llegada del primer hijo, es decir, el primer parto tiene lugar en la segunda mitad de la etapa fértil de la vida de las mujeres, tras dos décadas en las que el sexo ha sido intencionalmente desvinculado de la reproducción. El crecimiento de la curva relativa a este dato es firme y monótono desde hace cuarenta años, y no parece estar decelerándose, lo que permite prever que la edad a la que ocurre el primer parto seguirá aumentando en los próximos años.

Si los registros de las últimas décadas no son especialmente halagüeños, las estimaciones prospectivas demográficas que se realizan mediante modelos matemáticos van en la misma dirección. Cambiando ahora el punto de mira y ampliándolo a todo el planeta, *The Lancet* publicó en 2020 un ambicioso estudio en el que se realizan estimaciones demográficas relativas a 195 países para el período que va desde 2017 a 2100.[23] Se calcula que 151 países de los 195 estudiados no alcanzarán la tasa de natalidad necesaria para que se produzca el reemplazo generacional en 2050. Y en 2100 la cifra ascenderá a 183 países sobre 195, 23 de los cuales verán reducida su población por debajo del 50 por ciento de la que alcanzaron en 2017. España es uno de esos países, al que el estudio de *The Lancet* asigna en 2100 una población que no superará los veintitrés millones de habitantes. Cabe señalar que España se encuentra con tasas de natalidad por de-

23. Stein Emil Vollset, Emily Goren, Chun-Wei Yuan, Jackie Cao, Amanda E. Smith, *et al.*, «Fertility, mortality, migration, and population scenarios for 195 countries and territories from 2017 to 2100: a forecasting analysis for the Global Burden of Disease Study», *The Lancet*, 396 (2020), pp. 1285-1306.

bajo de las necesarias para asegurar el reemplazo generacional desde 1980. A lo largo de todo el planeta será habitual encontrar países que tienen mayor número de habitantes mayores de sesenta y cinco años que menores de veinte años. Tras muchas décadas en las que los demógrafos alertaban acerca de los males que nos sobrevendrían debido a la superpoblación mundial, las estimaciones empiezan a avisar del fenómeno contrario: aunque todavía nos esperan unos años de cierto crecimiento, a medio y largo plazo es esperable un descenso pronunciado de la población en todo el planeta, que tendrá buenas y malas consecuencias en todos los ámbitos políticos, económicos y sociales.[24]

Junto a estas tendencias demográficas, la reproducción ha experimentado igualmente una serie de cambios en su valoración social durante las últimas décadas, tanto desde instancias académicas como mundanas. Tras siglos y siglos en los que estuvo implícitamente asumido que la labor principal en la existencia de toda mujer, aquélla a la que estaba destinada por encima de cualquier otra si no quería considerar su vida como un fracaso, era la maternidad, el movimiento feminista comenzó a defender que la realización personal de las mujeres no ha de pasar necesariamente por ese trámite, cuestionando el modelo de mujer centrado a todos los niveles, biológico, emocional, familiar, alrededor de su condición de madre.

Referentes indiscutibles del feminismo de la igualdad como Simone de Beauvoir o Betty Friedan se alzaron en contra de la mística de la maternidad, denunciando la ideología que, a través de imposiciones sociales implícitas, y a menudo bien explícitas, pretendían no dejar lugar para que la mujer optase por otros cursos vitales aparte de los propios de su función reproductiva.[25] En el camino hacia la autonomía laboral y económica de la mujer, la maternidad sería, en el mejor de los casos, una opción per-

24. Darrell Bricker y John Ibbitson, *El planeta vacío. El shock del declive de la población mundial*, Ediciones B, Barcelona, 2019.

25. Betty Friedan, *La mística de la feminidad*, Cátedra, Barcelona, 1963/2016. Simone de Beauvoir, *El segundo sexo*, Cátedra, Barcelona, 1949/2017.

sonal tan adecuada como su contraria, y, en el caso más habitual, una dificultad añadida para librarse de la servidumbre y poder alcanzar un estado pleno de derechos y ciudadanía. Aunque el feminismo ha ido produciendo nuevas olas desde la obra de Beauvoir o Friedan, se ha mantenido en la totalidad de los casos este rechazo a la visión tradicional de la maternidad al servicio de una estructura social que les privaba del control sobre sus cuerpos y deseos.

Gradualmente van convergiendo toda una serie de factores que presionarán en la misma dirección: la amplia aceptación social de estas posturas feministas, la incorporación de la mujer al mercado laboral, la extensión del uso de métodos anticonceptivos, la sucesión de crisis económicas que dificultan la independencia de los jóvenes, la defensa desde el mercado neoliberal de estilos de vida y sistemas de valores centrados en los placeres a corto plazo y la promoción de un furioso individualismo, van modificando todo el ámbito de connotaciones y cargas emocionales que rodean a la natalidad. El retraso de la edad del primer parto y el descenso global de nacimientos en todos los países occidentales no son ajenos a este tipo de devaluación de la reproducción. Las condiciones socioeconómicas objetivas que ponen cada vez más difícil la formación de nuevas familias se mezclan, en algunas ocasiones, con el atasco infantil propio de individuos que no pueden ni siquiera imaginarse como personas adultas responsables de hijos pequeños, y por tanto imposibilitados para dedicarse en exclusiva al entretenimiento de su «yo» diminuto. Ante tal sinergia de fuerzas, la maternidad, la paternidad, la reproducción pueden despertar en el individuo desde una distante extrañeza hasta una terrorífica repugnancia, e incluso pueden extender sus connotaciones negativas a todo lo que tenga que ver con el sexo. Para qué tener hijos pudiendo tener mascotas.

Al fin y al cabo, la reproducción es una necesidad colectiva. No estamos hablando de una necesidad que afecte a la supervivencia de los individuos, sino de un proceso de mantenimiento que afecta a la supervivencia de las sociedades en sus dinámicas históricas de relación y conflicto con otras sociedades circundantes, una vez que, cada vez en mayor medida, ha dejado de ser una necesidad para mantener la fuente de ingresos familiares. No parece que éstos sean valores por los que la ciudadanía pueda llegar a comprometerse fácilmente. Así, sólo en las circunstancias actuales podría haber aparecido un movimiento social como el que ha dado en llamarse, medio en serio y medio en broma, medio irónica y medio reivindicativamente, «malas madres», una comunidad que cuenta con casi setecientas mil seguidoras en las redes sociales y que funciona como un foro (Club de Malasmadres) en el que madres que declaran orgullosas ser alérgicas a la ñoñería y estar lejos de ser madres perfectas pueden obtener consejos y apoyo, compartir experiencias y desahogos varios. Ya con otro tono, más ligero en el caso de Lina Meruane,[26] más grave en el caso de Orna Donath,[27] comienzan a aparecer ensayos que estudian el fenómeno de las madres que se arrepienten de su maternidad y que se presentan como alegatos que buscan sacar a la luz un problema social oculto por la retórica dominante, sin que quede del todo claro hasta qué punto están describiendo este fenómeno y hasta qué punto están prescribiéndolo al darle naturaleza oficial y pública dentro del contexto que ha sido descrito en este apartado.

El sexo desquiciado

En una entrevista concedida en 2019, Paul B. Preciado, una de las principales referencias del movimiento queer, se refirió a la pancarta con la que acudió a una manifestación del 8-M, en la que podía leerse: «Paremos la reproducción».[28] El sexo nunca ha sido sinónimo de la reproducción, pero nunca como ahora ha estado

26. Lina Meruane, *Contra los hijos*, Literatura Random House, Barcelona, 2018.

27. Orna Donath, *Madres arrepentidas*, Reservoir Books, Barcelona, 2016.

28. Marta Borraz y Ana Requena Aguilar, «Paul B. Preciado: "El sujeto del feminismo es el proyecto de transformación radical de la sociedad en su conjunto"», *elDiario.es*, <https://www.eldiario.es/sociedad/entrevista-paul-preciado_128_1320669.html>. [Consulta: 13 de abril de 2021]

tan desvinculado de ella. Los cambios en las conductas sexuales y sus valoraciones sociales a lo largo del último siglo han permitido que se puedan escribir libros y libros acerca del sexo sin que aparezcan ni una sola vez palabras como *reproducción*, *embarazo*, *natalidad*, *maternidad* o *paternidad*. Los ejemplos con los que comienza este capítulo son prueba de ello.

Nadie ha de ver en estas palabras una crítica o un lamento que añore épocas pasadas donde la conexión entre el sexo y la reproducción era más estrecha. No existen motivos razonables para condenar la práctica de relaciones sexuales que no tienen más propósito que la obtención del placer que llevan asociado; bien al contrario, la generalización de métodos anticonceptivos que permiten separar inequívocamente aquellas relaciones con finalidad reproductiva de aquellas otras sin dicha finalidad ha supuesto un avance social indiscutible e irreversible del que todos los habitantes de las sociedades modernas nos hemos beneficiado. Simplemente, el mundo ya es inimaginable de otra manera. Afortunadamente. El reconocimiento elogioso de esta nueva situación no es incompatible con su señalamiento como un elemento crucial para la comprensión de los nuevos atascos en los que se encuentran enredados los asuntos públicos relacionados con el sexo, el género, las personas transexuales, las personas transgénero... Recordando a Spinoza, no escribimos este texto para reír o para llorar, sino para entender.

La larga duración de la gestación en los mamíferos impide que las conductas sexuales puedan mantenerse únicamente por el aliciente que supone su función reproductiva. Se hizo necesario vincular a la conducta sexual un importante incentivo biológico inmediato que la promoviera. Aunque no está claro el momento de la evolución en el que el placer se vincula a la reproducción sexual, sí está sobradamente demostrada la presencia de un sentimiento hedónico positivo asociado a las relaciones sexuales en primates y otros mamíferos cercanos evolutivamente a la especie humana.[29] También se ha señalado desde la zoología el

29. Jonathan Balcombe, «Animal pleasure and its moral significance», *Applied Animal Behaviour Science*, 118, 3-4 (2009), pp. 208-216.

valor de los contactos sexuales para el afianzamiento de lazos entre los miembros de un grupo que pueden aportar consecuencias altamente adaptativas y ventajosas. No consta la existencia de especies para las que la práctica de relaciones sexuales sea aversiva; seguramente no tendrían muchas probabilidades de evitar la extinción.

Obviamente, el sexo no es sólo reproducción. Algo semejante se puede decir de muchas otras funciones corporales. Ya hemos comentado en un apartado previo que la comida es mucho más que la nutrición. Los ojos van mucho más allá de la visión, y tienen importantes funciones expresivas y comunicativas, sociales, estéticas. El propio Sigmund Freud mostró en alguna ocasión su sorpresa, escribiendo acerca de los besos, ante el extraño papel que el extremo superior del tubo digestivo desempeña en las relaciones sexuales. El sexo es un elemento fundamental de la vida social de los individuos, tiene implicaciones emocionales de primer orden, es un fortísimo creador de vínculos entre las personas. Resuena en la ética y la estética, y tiene suficiente autonomía para ser uno de los grandes y eternos temas de la literatura y las artes plásticas. El primer fogonazo deslumbrante con el que aparece en la pubertad no remarca especialmente su dimensión reproductiva, sino que se enmarca dentro de toda la serie de cambios —biológicos, psíquicos, sociales, existenciales— que implica la transición del niño hasta la edad adulta, sorprendiendo al adolescente en un momento de su vida especialmente autocentrado e hiperreflexivo. El sexo, finalmente y por encima de cualquier otra consideración, es una potentísima fuente de placeres corporales para sus practicantes. Entre sus diversísimas prácticas llevadas a cabo por personas de todo tipo de preferencias y orientaciones sexuales, heterosexuales, homosexuales, bisexuales, encontramos abundantísimos ejemplos de conductas que nunca terminarían dando lugar al encuentro entre espermatozoides y óvulos.

Pero, de la misma manera que lo que la comida tiene añadido a su aspecto nutritivo lo tiene de forma derivada precisamente de este aspecto, y todo lo que los ojos ven más allá de la visión lo obtienen secundariamente gracias a ser el órgano de la visión, así también todo el conjunto de las funciones no reproductivas del sexo se encuentra vinculado más o menos directamente a los aspectos biológicos, sociales y culturales de la reproducción. Y necesariamente, de una forma u otra, deberá presentar algún tipo de modificación respecto a sus valores anteriores cuando la función principal que los controlaba se difumina. El sexo sigue presente en las grandes narraciones que producen las sociedades, pero el sexo que recorre *Fortunata y Jacinta* no es el que recorre *Friends*. El sexo sigue creando lazos y vínculos afectivos entre las parejas sexuales, pero diferentes en significado y en intensidad si hablamos de una mujer de veintidós años que aún no se plantea ni remotamente la maternidad, o si hablamos de esa misma mujer diez años después cuando decide dejar de usar métodos anticonceptivos con su pareja.

Dislocado de la reproducción, el sexo queda desquiciado. Aunque mayoritariamente el comportamiento sexual sigue la inercia de épocas pasadas, el nuevo tablero de juego es propicio para la aparición de una casuística esporádica, pequeña en número, pero tan representativa del momento histórico, económico, social y cultural que estamos viviendo, que fácilmente se convierte en un arquetipo con poder normativo. El movimiento queer se caracteriza por una apología de la liberación de toda atadura, incluida en un lugar destacado la atadura de la lógica, y una exploración movida por un deseo flotante de cuantas posibilidades combinatorias permita definir la aritmética sexual. Se presenta como la victoria de la voluntad, el triunfo del espíritu sobre la materia, la exaltación de un «yo» por fin libre de toda restricción. Cortada su conexión con una reproducción devaluada, el sexo se vuelve un enemigo fácilmente abatible por el género. Está por ver si esta tendencia es signo de progreso o de decadencia.

La nueva regla del juego es que todo el mundo debe fingir que ya no hay reglas del juego, y que esto debe presentarse como un avance que la humanidad llevaba esperando desde el Paleolítico y el neoliberalismo finalmente ha conseguido. Como los gases, la subjetividad tiende a ocupar todo el espacio que el espíritu de los tiempos le concede, y la posmodernidad busca que ese espacio no tenga límite. Este sexo libre, flotante, fluido, orgullosamente irracional, más *des*-funcional que *dis*-funcional, no explica por completo todos los fenómenos relativos al sexo y al género que estamos intentando analizar en este trabajo. Hará falta además la ciudad moderna, con su publicidad, sus pantallas y, ahora, sus redes sociales. A este nuevo escenario se dedicará el próximo capítulo. Juntos configurarán el fondo y la figura que permitirán que el sexo sea cada vez menos algo que se hace y cada vez más algo que se es.

¿Por qué no hay personas transedad?

Un apunte final a este capítulo. Ahora podemos entender por fin por qué no existen personas transedad —al margen de contadísimos casos que recogen en ocasiones los medios más como extravagancias que como muestras de un nuevo fenómeno social—. Uno de los argumentos más recurrentes contra el movimiento generista se pregunta por qué no aplicar a la edad la misma lógica que se aplica al sexo. El argumento es formalmente impecable: el día del nacimiento se asigna al nacer; existen estereotipos de edad que normativizan cómo han de pensar, sentir y actuar las personas a los veinte, cincuenta u ochenta años; existen personas cuya experiencia interna e íntima de edad no se corresponde con la que tiene asignada en su carnet de identidad. ¿Cabría también defender el derecho a la libre autodeterminación de la edad? Esta cuestión se ha planteado miles de veces en las redes sociales sin que los defensores del generismo hayan acertado a dar ninguna respuesta más allá del insulto o el bloqueo hacia el que la plantea.

Y la respuesta es que no existen personas transedad, ni a ningún político se le pasaría remotamente por la cabeza intentar legislar algo en esa dirección, porque la edad sigue siendo funcional en su relación con la asistencia a la escuela, el derecho al voto, el ingreso en el mercado de trabajo, la jubilación o la muerte, entre otros mil hechos de indudable relevancia social. Las últimas generaciones no han asistido a cambios sociales en los que, por ejemplo, aunque fuera levemente, la edad biológica dejara de tener que ver con la edad escolar, o la fecha de nacimiento dejara de ser el principal criterio para establecer el momento de la jubilación. La edad, a diferencia del sexo, sigue funcionando dentro de sus quicios, y la sensación subjetiva que una persona de sesenta años pueda describir como «estoy hecho un chaval» no amenaza con desquiciarla.

2

Diferente como tú, especial como tú, único como tú

En el capítulo anterior hemos abordado la cuestión hoy controvertida del sexo binario, según la cual el dimorfismo sexual no existiría en los humanos y en su lugar nos encontraríamos con un continuo de variantes sexuales. Aunque el continuo de sexos *figura* por todos lados, no es sostenible biológicamente, como hemos mostrado. Si la biología no es la base sobre la que se sostiene el continuo sexual, ¿cuál es el *fondo* sobre el que *figura* por doquier? El *fondo* no es otro que el espíritu de los tiempos, como se va a presentar.

De no ser gracias a un espíritu de los tiempos propicio, la problemática de la identidad de género y la tergiversación de la materialidad del sexo no pasarían de ser una curiosidad más, casi extravagante, que en ningún caso sería objeto de atención de los partidos políticos ni recibiría respaldo de asociaciones científicas y profesionales. Puro frikismo, puro terraplanismo. Para entender la envergadura que ha adquirido este problema, se hace necesario analizar el contexto ideológico de las sociedades neoliberales de las últimas décadas, que da lugar a toda una psicología mundana: una serie de ideas acerca de la naturaleza humana que se practican de forma explícita o implícita —en la educación, en las redes sociales, en los medios y la publicidad— y se presentan como la verdadera condición humana, esencial e intemporal, que sólo ahora se nos revela tal cual es, tras milenios y milenios de invisibilización. Si hasta la Ilustración el orden social quedaba validado por ser la plasmación de la voluntad divina, a partir del siglo XIX es «la naturaleza» —en su acepción más metafísica— el nuevo contexto de justificación de la ideología dominante.

En concreto, se argumentará en las próximas páginas que las sociedades occidentales actuales se caracterizan por un individualismo extremo, que potencia mitos respecto a un «yo auténtico», a una «identidad íntima», a un sentimentalismo radical que entiende que la subjetividad se autogenera en el propio individuo y es la escala que ha de actuar como la medida de todas las cosas. Esta forma narcisista, ciertamente ensimismada, de estar en la vida sólo puede aparecer en la ciudad moderna, con su densidad demográfica, sus medios de transporte, su nivel de vida; con su permanente bombardeo publicitario a base de una esperpéntica adulación incondicional del cliente, que ya es integrada por éste desde la infancia como un ruido de fondo constante, que ha entrado ya en su hogar, y ahora, gracias al móvil, en su bolso, en los bolsillos de sus pantalones, en el cuarto de baño, en su cama.

La cuestión de la identidad personal relativa al sexo, lejos de ser un problema invisibilizado desde el Paleolítico que por fin estamos resolviendo, es una abstracción del papel social que cumple el individuo en su entorno que ahora estamos problematizando. Las causas de este nuevo problema habrá que buscarlas en las peculiares formas de relaciones sociales que aparecen al vivir entre desconocidos, en la descomposición de las redes sociales —las de verdad— que daban contenido al individuo y en el conflicto de normas personalmente irresuelto propio de sociedades plurales que, más que carecer de valores, padecen los problemas de un exceso de valores incompatibles entre sí y simultáneamente presentes para la persona. La llegada de las nuevas redes sociales —las de mentira— va a potenciar exponencialmente estos aspectos y, por tanto, los efectos sobre sus usuarios.

Personaliza tu ensalada

Una visión individualista de la condición humana y su correspondiente sobrevaloración de la esfera de lo íntimo y lo privado no es el único marco desde el que entender al ser humano. Su adopción por la sociedad como la ideología oficial no es tampoco gratuita ni responde al desarrollo inherente del espíritu humano una vez resueltas sus necesidades materiales elementales. El «yo» no es una emanación exenta de la individualidad, sino una construcción colectiva, elaborada por la persona y por los que le rodean, a partir de los objetos cotidianos —espejos, fotos, ropa, habitaciones individuales, pestillos, autobuses, escaparates, listas alfabéticas—, del lenguaje, de las relaciones sociales y de la mayor o menor dimensión interpersonal de nuestras conductas de cada día.

Un repaso a obras como *El proceso de la civilización*, de Norbert Elias,[30] o la monumental *Historia de la vida privada*, de Philippe Ariès y Georges Duby,[31] es el mejor remedio contra todos los que caen en la ingenuidad de tener una visión esencialista o naturalista de conceptos como identidad, intimidad o privacidad. Como recoge Helena Béjar,[32] la sociedad que, a partir de la Segunda Guerra Mundial, se organiza alrededor del marketing y el consumo tiene como característica distintiva el hecho de que buena parte de los estilos de comportamiento cotidianos comienzan a modificarse significativamente, individualizándose bastantes conductas que hasta entonces tenían un carácter colectivo o público, llenándose de prevenciones, pudores y artificios, incomodidades propias de un «yo» hiperconsciente, avergonzado y muy premeditado en su exposición ante los demás. Cambios socioeconómicos y avances tecnológicos, ocurridos tanto a escala urbana como doméstica, permiten que, por primera vez en la his-

30. Norbert Elias, *El proceso de la civilización*, Fondo de Cultura Económico, México, D. F., 1939/2020.

31. Philippe Ariès y Georges Duby, *Historia de la vida privada*, Taurus, Madrid, 1989.

32. Helena Béjar, *El ámbito íntimo. Privacidad, individualismo y modernidad*, Alianza Universidad, Madrid, 1988.

toria, la posesión de un espacio personal, de unos objetos personales y de un número de comportamientos que se consideran íntimos deje de ser un privilegio sólo al alcance de las élites y pase a extenderse al común de la población.

No existe una sola actividad cotidiana que no se vea afectada por este proceso de individualización. Repasemos algunos ejemplos. El comportamiento en la mesa ya no se parece en nada al que tenía lugar hace pocos siglos o incluso pocas décadas; frente al rancho común que se servía por igual a todos los comensales, ahora la comida supone una ocasión más para exhibir el yo, y las cadenas de restaurantes compiten entre sí por ver cuál de ellas ofrece más decisiones individuales a sus clientes para personalizar la comida. Algunos estilos de conducta alimentaria, como, por ejemplo, el veganismo, se presentan más como trascendentes elecciones identitarias que como opciones meramente dietéticas. No se concibe un cuarto de baño sin pestillo en la puerta. Se intenta por todos los medios que cada habitante cuente con una habitación propia en el domicilio. La muerte cambia también su contexto material y simbólico, rodeándose de asepsia y eufemismos, un pacto implícito para su negación y un horror inasumible, fruto en menor medida de su carácter dramático que del estupor existencial que despierta.

En particular, una de las áreas donde cambia de forma más marcada el comportamiento cotidiano es el sexo. El sexo despreocupado y banal de otras épocas históricas se problematiza considerablemente a lo largo del siglo XX, hasta convertirse en la temática narcisista y ensimismada por excelencia en la actualidad. La diversidad de las experiencias relacionadas con el sexo, cambiantes y graduales, se compartimenta alrededor de banderas que forman un elemento tan crucial en la construcción personal y social del «yo» que resulta difícil creer que estén únicamente determinadas por el deseo. El deseo individual, ese nuevo protagonista de la política. En nombre de la defensa de una realidad líquida, fluida e imposible de ordenar en categorías estancas, se crean decenas, quizá cientos, de nuevas categorías estancas. Finalmente, nos enfrentamos a una paradoja: según un reciente estudio publicado en la revista *JAMA*, la práctica de relaciones sexuales está presentando un notabilísimo descenso entre los jóvenes de los países desarrollados, a pesar de vivir en sociedades en las que han aumentado las ocasiones y la tolerancia hacia éstas.[33]

En una sociedad en la que una ensalada es una ocasión para mostrar quién se es, en la que ya hay tantas banderas referidas al sexo y al género como a los países de las Naciones Unidas, en la que se personaliza cada funda de cada teléfono móvil para que exprese de forma diferente cada identidad personal, todo parece indicar que existe en el interior de cada uno una esencia íntima, concreta, que se presenta ante el individuo con la certeza con la que se le presentan sus emociones, es decir, con la mayor de las certezas posibles. Cualquier circunstancia, incluso las más triviales, deberá ser una ocasión para que se manifieste. Estamos ante la erupción narcisista de un «yo» hiperreflexivo que no puede ser cuestionado por nadie, pues nadie, salvo la propia persona, o como mucho su psicoanalista, puede tener acceso al bucle autorreferente sobre el que se funda. El diccionario de la Real Academia Española de 1939 incluía 55 palabras que comenzaban por *auto-*; en la actualidad son 176.

Ahora bien, si el «yo interior» es el «yo auténtico», necesariamente el «yo exterior» será un «yo falso». Si clásicamente se veían las situaciones sociales como el terreno donde transcurre la vida y el apartado íntimo como su excepción, ahora se invierte dicha visión, de forma que es la soledad la que empieza a sugerir autenticidad y esencia, y son las relaciones personales las que comienzan a verse como meros fenómenos aparentes, instrumentales para el ámbito íntimo en el mejor de los casos. De esta forma, el disimulo, la excusa y el fingimiento se convierten en actividades fundamentales en la vida, casi automáticas, casi inconscientes, y contra ellas se construye el mito del «yo auténtico», del «yo interior privado e íntimo».

33. Peter Ueda, Catherine H. Mercer, y Debby Herbenick, «Trends in Frequency of Sexual Activity and Number of Sexual Partners Among Adults Aged 18 to 44 Years in the US, 2000-2018», *JAMA Network Open*, 3, 6 (2020), e203833.

«Un ojo sano nunca se ve a sí mismo. Lo mismo ocurre con el hombre», resolvió Viktor Frankl,[34] indicando que la conciencia de la identidad, lejos de ser una emanación armónica autorreferente, es siempre el fruto de una disfunción, de un conflicto, por más que en la actualidad se pretenda presentarla como el paradigma de la autenticidad del ser humano. En su paradoja, el individuo aspira a que su subjetividad rebase sus límites personales y se extienda sin fin hasta allá donde su persona llegue, sin necesidad de ninguna negociación con otras subjetividades que no sea un pacto de indiferencia mutua. Tal pretensión sólo tendrá alguna posibilidad de cumplirse si se encuentra una fórmula publicitaria prestigiosa bajo la que se pueda practicar. Y efectivamente se encuentra: «ser yo mismo», retórica tautológica vacía convertida en la proclama por excelencia del individuo actual.

Nótese que el mito del «yo auténtico» requiere de una sociedad en la que haya cambiado por completo el papel que desempeñan las relaciones sociales en la vida de las personas, y este cambio, como vamos a ver, ha tenido lugar en la ciudad moderna, con sus escaparates, sus tranvías, sus centros comerciales, su cine y, desde hace veinte años, sus redes sociales virtuales.

Manhattan, Coca-Cola, Instagram

El individualismo actual sólo puede darse en un contexto social tan extravagante respecto de cualquier época anterior, tan novedoso e influyente, como es la ciudad moderna, la ciudad capitalista estructurada tanto económica como urbanísticamente alrededor del libre mercado. El auge demográfico conlleva estar permanentemente rodeado de desconocidos, lo que crea una nueva actitud ante los otros, unas nuevas normas en los juegos de las relaciones interpersonales y, por tanto, un nuevo yo. Entiéndase que, así como el rascacielos se construye alrededor del ascensor, la columna vertebral de la ciudad moderna es el tran-

34. Viktor E. Frankl, *En el principio era el sentido. Reflexiones en torno al ser humano*, Paidós Ibérica, Barcelona, 2014.

vía, el autobús, el metro, por lo que, en este sentido, no puede considerarse ciudad, por ejemplo, la Córdoba de Abderramán III en el siglo x, a pesar de tener un millón de habitantes, cuya cotidianidad transcurría en un puñado de calles próximas.

El «yo» se construye de forma diferente si conocer y reconocer al vecino, así como ser conocido y reconocido por él, es la norma o la excepción. En la aldea tradicional, el reconocimiento social viene dado por una comunidad en la que el individuo ya se encuentra insertado desde que nace, y que no variará sustancialmente hasta que muera. Poco sentido tiene reivindicar un «yo auténtico» ante quienes han acompañado en su crecimiento y formación a la propia persona, y han sido agentes relevantes en dicho resultado. En la aldea, la persona sabe perfectamente quién es porque los demás saben perfectamente quién es. En la ciudad, la persona no tiene claro quién es porque los demás no tienen claro quién es. En la aldea, un individuo aislado es detectado e integrado inmediatamente en la comunidad. En la ciudad, un individuo aislado puede permanecer indefinidamente en ese estado al pasar completamente desapercibido. En la aldea hay que esforzarse para aislarse. En la ciudad hay que esforzarse para integrarse.

Así, la ciudad permite que el individuo construya de forma mediada y premeditada una identidad social ante los otros, un personaje para cuyo guion la aldea tradicional dejaba mucho menos margen de maniobra. El «yo» no conflictivo de la aldea ha de ser peleado en la ciudad. La ciudad no resuelve el problema de la identidad, sino que convierte la identidad en un problema y, en su falsa conciencia, finge estar destapando un conflicto invisibilizado durante milenios y causante de sufrimientos existenciales a personas de todas las épocas históricas, por más que ningún individuo de otras épocas históricas entendería a qué puñetas puede referirse la «libre autodeterminación de la identidad de género».

Aparece ahora una figura inédita en la historia humana: el semidesconocido. Semidesconocidos son los compañeros de clase que se encuentran por primera vez en la universidad, los nuevos vecinos tras la mudanza a una nueva ciudad, los compañeros de un nuevo trabajo, la gente cuyas caras empiezan a ser familiares a base de frecuentar los mismos lugares de ocio; en definitiva, personas no conocidas desde siempre y cuya importancia en la biografía del individuo va a ser probablemente muy baja, pero ante los que es necesario presentarse con un perfil que resulte atractivo, dado el total desconocimiento que unos tienen respecto de otros. En la gran ciudad es obligatorio crear la identidad que ni siquiera hubiera sido optativo crear en la pequeña aldea. Ahora, la competencia por obtener atención social es despiadada y un simple golpe de vista puede desencadenar un efecto mariposa de imprevisible relevancia. Aumenta exponencialmente el número de personas que aparecen en nuestro horizonte de posibilidades, haciendo que estén siempre presentes emociones como la vergüenza y la vanidad, ambas dilatadoras del «yo» y exclusivas de las relaciones con semidesconocidos. Nadie se pone emoticonos con banderas variadas en los perfiles de Twitter, ni se hace tatuajes con letras japonesas, ni *selfies* con filtros sofisticados, pensando en gustar a una hermana mayor o al anciano con el que se compartirán dos estaciones de metro antes de volver a separarse para siempre. Nadie posturea ni ante completos conocidos ni ante completos desconocidos. Parafraseando a Sartre, el infierno son todos los que están en medio.

Rodeados de desconocidos y semidesconocidos, la ciudad es el escenario del fingimiento, del ver sin ser visto, del ser visto sin ver; la ciudad es el lugar de la construcción de una identidad ante los demás que cuida de forma premeditada presentarse como auténtica y espontánea. La ropa de los domingos comienza a llevarse los siete días de la semana. La ciudad es el escenario del azar, de los encuentros casuales que no pueden existir en la aldea, potenciándose hasta el infinito las posibilidades combinatorias de las relaciones sociales. La ciudad, finalmente, es el escenario de la soledad; recientes investigaciones indican que la altísima tasa de soledad que caracteriza a las ciudades modernas supone un riesgo de mortalidad mayor que el que se encuentra asociado al tabaquismo o la obesidad,[35] y se hace necesario dedi-

35. Julianne Holt-Lunstad, Timothy B. Smith, y J. Bradley Layton, «So-

car cada vez más recursos a combatir los mil problemas de todo tipo que provoca la desaparición de las redes sociales reales. Gran Bretaña creó en 2018 el Ministerio de la Soledad; Japón lo ha hecho en 2021; a nadie escapa la relación entre la sociedad que retrata el documental *La teoría sueca del amor*[36] y los problemas que se discuten en este libro. En palabras de Sherry Turkle, la ciudad moderna nos brinda la ocasión de estar «solos juntos».[37]

Otro factor fundamental en la aparición del individualismo moderno es la publicidad. En la ciudad antigua, el mercado se encuentra concentrado en una parte del casco urbano, el zoco, mientras que en el resto de la ciudad la actividad mercantil es muy escasa. En la actualidad, por el contrario, el zoco ocupa toda la ciudad, y a través de la televisión, los ordenadores personales y el móvil, se mete hasta el último rincón de cada casa. Cualquier persona menor de, pongamos, treinta años ha vivido sumergida en publicidad desde el mismo día de su nacimiento. Han sido escasos los momentos de su vida en los que no ha tenido un mensaje publicitario al alcance de la vista —en la calle, en los envases de los productos que consume en su hogar, en todas las pantallas.

Edward Bernays demostró a finales de la década de los veinte que el consumo basado en las necesidades es mucho más limitado que el consumo basado en los deseos, y que la publicidad debe reorientar sus mensajes para dejar de hablar de las virtudes específicas de los productos y centrarse en alabar la vanidad de sus consumidores. Las necesidades son finitas y saciables, pero los deseos son infinitos e insaciables, especialmente si son deseos de narcisismo, identidad y triunfo social.

Como es sabido, la American Tobacco Company encargó a Bernays, sobrino del mismísimo Sigmund Freud, que se ocupara de aumentar el consumo de tabaco entre las mujeres estadounidenses, y éste llevó a cabo a partir de 1929 unas campañas

---

cial Relationships and Mortality Risk: A Meta-analytic Review», *PLOS Medicine*, 7, 7 (2010), e1000316.

36. Erik Gandini, *La teoría sueca del amor*, documental, 2015.

37. Sherry Turkle, *Alone Together: Why We Expect More from Technology and Less from Each Other*, Basic Books, Nueva York, 2011.

publicitarias históricas vinculando el tabaco con la libertad femenina y con sus ansias de autonomía: ¡Los cigarrillos como «antorchas de la libertad»!, «Cree en ti misma», «Sé feliz», «Las mujeres son libres» demostraron ser eslóganes más eficaces que los que destacaban la suavidad de los cigarrillos, y en pocos años el consumo de tabaco femenino se multiplicó por ocho en Estados Unidos. La publicidad aprendió bien la lección, y a partir de entonces los bienes de consumo dejaron de ser presentados en los mensajes publicitarios como productos que tienen en mayor o menor medida propiedades adecuadas, convirtiéndose en señas de identidad que definen el «yo auténtico» del comprador. Todos los productos son «como tú»; las cervezas, refrescantes como tú; los perfumes, sofisticados como tú; los coches, atrevidos como tú; y todo —cervezas, perfumes, coches, móviles, televisores— es diferente como tú, especial como tú, único como tú, pensado especialmente para ti. La propuesta original de Bernays llega a nuestros días multiplicada por mil. Como muestra, repárese en la letra del spot televisivo de la campaña de moda juvenil otoño-invierno de 2017 de El Corte Inglés:

> *A cada paso, yo; con cada estilo, yo;*
> *yo me defino a mí, mi yo habla de mí;*
> *y me visto así, así o así;*
> *qué importa, si al final todo empieza y acaba en mí;*
> *hay muchos yos y todos caben aquí;*
> *yo no soy siempre yo, el mismo yo, la misma yo;*
> *yo no soy siempre así, yo no soy nunca tú; soy yo.*

¿Se está vendiendo ropa o se está vendiendo identidad? Fue Edward Bernays el primero que se preguntó por qué limitarse a vender zapatos, naranjas y jabón cuando también podemos vender *yoes*. ¿Y por qué querría el consumidor comprar sólo uno, cuando el mercado le ofrece la posibilidad de comprar todos cuantos quiera?

Ante la feroz competencia comercial, el recurso publicitario más sencillo y uno de los que garantiza un mejor impacto en el espectador es la adulación permanente del consumidor, una adulación demagógica que, espoleada por la tolerancia y la habituación al marketing, necesita ir incrementándose hasta extremos grotescos en su afán por ganar la simpatía y el consentimiento de la ciudadanía. La potencia de este discurso se traslada a otros ámbitos audiovisuales no directamente publicitarios: películas de cine, magacines e informativos televisivos, canales de YouTube... hasta que finalmente salta a todos los ámbitos en los que transcurre la vida de los individuos: la sanidad, la educación desde el jardín de infancia hasta el posgrado universitario, la comunicación política, la religión. Aquellos agentes no comerciales que no quieran someter su comunicación al imperativo adulador publicitario perderán toda capacidad de influencia sobre la ciudadanía. Nadie quiere quedarse atrás, y finalmente el ciudadano es visto en toda circunstancia como un cliente al que es necesario dar siempre la razón, si no queremos que zapee a sabiendas de que le será fácil encontrar quién se la dé.

La conjunción de la ciudad moderna y la publicidad ha quedado sacudida en las últimas décadas por la irrupción de las redes sociales virtuales, Facebook, Twitter, Instagram, Tumblr, TikTok..., como potentísimos fenómenos sociales que están cambiando las reglas del juego de las relaciones humanas. Está claro que el apoyo social que este tipo de redes brinda a los que quedan enredados en ellas es un sucedáneo caricaturesco del verdadero apoyo social que lleva a las personas a integrarse en familias y grupos de todo tipo, pero resulta ser un sucedáneo tan brillante, tan hábilmente distribuido de forma constante, numérica y comparable, tan inteligentemente diseñado para ratificar y perpetuar la lógica ensimismada de nuestro tiempo, que puede llegar a pasar por delante del producto original en su promesa de éxito social. Su planeadísimo funcionamiento convierte las redes sociales en máquinas de producir narcisistas, un bucle, una tentación tan irresistible que no es de extrañar que en la actualidad el tiempo empleado por la mayoría de los adolescentes en este tipo de contactos supere ya el empleado en las relaciones tradicionales cara a cara.[38]

Estamos ante uno de los experimentos sociales más importan-

38. Datareportal, «Digital 2021: Global Overview Report», 2021, <https://

tes jamás realizados, y aunque faltan aún décadas para poder conocer el efecto que el auge de las redes sociales virtuales tendrá en el comportamiento, las emociones y la construcción del «yo» de sus usuarios, los primeros estudios no parecen ser especialmente halagüeños. Algunos no encuentran ninguna relación significativa entre el nivel de uso de redes sociales y variables como la autoestima y el bienestar psíquico,[39] pero otros sí están registrando un empeoramiento en algunas medidas de salud mental entre los usuarios que más intensamente usan estas herramientas de comunicación.[40] Un estudio señala un descenso en el bienestar de los adolescentes estadounidenses relacionado con el uso de aplicaciones de smartphone, entre las que destacan principalmente las redes sociales virtuales.[41] Y hace pocos meses la prensa mundial recogió en sus portadas una investigación de *The Wall Street Journal*, según la cual Mark Zuckerberg ocultó durante varios años estudios internos realizados por Facebook que mostraban cómo Instagram está dañando la salud mental de sus usuarios, especialmente en referencia a la imagen corporal de las usuarias adolescentes.[42]

Nada de lo que está ocurriendo alrededor del sexo y los estereotipos sexuales podría estar ocurriendo sin Twitter, Instagram,

---

datareportal.com/reports/digital-2021-global-overview-report>. [Consulta: 23 de marzo de 2021]

39. Chiungjung Huang, «Time Spent on Social Network Sites and Psychological Well-Being: A Meta-Analysis», *Cyberpsychology, Behavior, and Social Networking*, 20 (2017), pp. 346-354, <https://doi.org/10.1089/cyber.2016.0758>.

40. Holly B. Shakya y Nicholas A. Christakis, «Association of Facebook Use with Compromised Well-Being: A Longitudinal Study», *American Journal of Epidemiology*, 185, 3 (2017), pp. 203-211, doi: 0.1093/aje/kww189.

41. Jean M. Twenge, Gabrielle N. Martin, y W. Keith Campbell, «Decreases in psychological well-being among American adolescents after 2012 and links to screen time during the rise of smartphone technology», *Emotion*, 18, 6 (2018), pp. 765-780, doi: 10.1037/emo0000403.

42. *The Wall Street Journal*, «Facebook Knows Instagram Is Toxic for Teen Girls, Company Documents Show», 14 de septiembre de 2021, <https://www.wsj.com/articles/facebook-knows-instagram-is-toxic-for-teen-girls-company-documents-show-11631620739>.

Tumblr y TikTok. Todo lo que se dijo hace unos párrafos acerca de la conformación de un «nuevo yo» en el nuevo escenario de la ciudad moderna ha de multiplicarse por mil en referencia a las nuevas redes sociales virtuales. Vuelven a ser, pero de forma más amplificada, el terreno del fingimiento, del azar, de la soledad. La figura de los semidesconocidos está más presente que nunca. La competencia por la atención social, la construcción de una identidad premeditada que se presenta como espontánea, la vergüenza, la envidia y la vanidad como corrientes subterráneas bajo las fotos de desayunos deliciosos, fiestas llenas de corazones y unicornios de purpurina, permiten adelantar que los *instagramers* y los *tiktokers* nativos se van a ver perjudicados por el uso de una red que los utiliza para implantar una visión individualista de la vida mucho más de lo que es utilizada por ellos para compartir fotos de gatitos.

No está claro que las redes sociales virtuales actúen como meros complementos de las relaciones cara a cara reales. En un mundo en el que las relaciones personales pueden ir complicándose de forma paralela a la inmadurez de sus participantes, el potencial de gratificación social de herramientas como Instagram o Twitter, por mucho que juzguemos tal gratificación social como un sucedáneo, puede hacer que para algunos usuarios sea la vida «real» la que funcione como complemento de las redes sociales virtuales o comience a imitar su lógica. Como las fábricas de egocentrismo que son, sería muy difícil que eso no se trasladase hasta cierto punto fuera de dichas redes.

Finalmente, estas herramientas de comunicación culminan la elaboración del «yo» como una mercancía comercial más, como un producto que puede estar sometido a los altibajos propios de un mercado de valores bursátiles, de forma coherente con lo anteriormente comentado acerca de la publicidad. En este sentido, Instagram o TikTok vienen a sustituir el capitalismo tradicional «de productos» por un capitalismo actual «de identidades» que deberán competir libremente entre sí. Ha llegado el *personal branding*, un concepto que habrán de conocer perfectamente cuantos quieran desenvolverse en el mercado laboral actual, y que ya nos sitúa directamente ante un «yo» como una marca que se elabora, se publicita, sale a bolsa —las redes sociales— y gana o pierde valor social: *likes, followers*. Puro neoliberalismo, donde el producto consumido es el propio individuo.

Los mitos de la identidad: ser uno mismo

Orbitando alrededor del individualismo aparecen una serie de retóricas que actúan como mitos, ideas supuestamente fundacionales, intemporales, que en realidad son racionalizaciones ideológicas que caracterizan la visión que el individuo occidental tiene acerca de sí mismo. Son un conjunto de recursos verbales, de eslóganes y tópicos de autojustificación que identifican el momento actual, por contraste con otras épocas históricas en las que estas construcciones retóricas sólo aparecían de forma mucho más esporádica y menos definida.

Un primer grupo de estos mitos corresponde a los mitos identitarios, toda una nube de sugerencias y derivaciones a partir de la fórmula «ser uno mismo». La idea metafísica de identidad, en un sentido moderno, debuta en el mundo académico en referencia a identidades colectivas, por ejemplo, la identidad alemana en el siglo XIX, la identidad vasca a comienzos del siglo XX, pero encuentra en el nivel individual y mundano un caldo de cultivo demasiado propicio para su desarrollo. Aquello que Fichte propuso como la finalidad de la cultura alemana, «la libertad completa, la entera independencia de todo lo que no somos nosotros mismos, de lo que no es nuestra pura mismidad»,[43] funciona todavía mejor referido a los concursantes en los *reality shows*. Y el mismo recorrido presenta la idea de autodeterminación, que también salta desde los pueblos a los individuos, manteniendo intacto en los dos puntos del trayecto su carga metafísica e ideológica. Ha llegado el momento de defender la autodeterminación de la persona individual, la autodetermina-

43. Hugo Ochoa, «Fichte: cultura y libertad», *Revista de Estudios sobre Fichte*, 9 (2014), <http://journals.openedition.org/ref/577>. [Consulta: 24 de marzo de 2021]

ción de su personalidad, «¡la libre autodeterminación de la personalidad!», palabras literalmente tomadas de textos jurídicos, sin que quede claro qué añade *libre* a *autodeterminación*, aparte de retórica vacía, y, por supuesto, la autodeterminación del género e incluso del sexo a poco que se exalte el legislador.

Así, ya desde la década de los cincuenta se detecta en nuestro entorno el mito de la autorrealización, según el cual la vida tiene como principal objeto el desarrollo y cultivo del ámbito de lo íntimo y personal. Ahora, la vida trata sobre la profundización en la diferencia respecto a los demás —sólo en la época actual tiene sentido algo tan disparatado como el *Libro Guinness de los récords*—, y las demás personas serán bienvenidas en tanto cumplan la función instrumental de ofrecer ocasiones para tal desarrollo, para la obtención de tales experiencias. Todo lo que sea diferencia, diversidad, todo lo que nos separe y nos individualice, se verá como intrínsecamente positivo. No importa que nos refiramos a un político de derechas o de izquierdas, un as deportivo, una persona famosa en cualquier área del mundo del espectáculo, un líder religioso, un científico. Será imposible encontrar a alguien que no mire a la cámara y diga que cada persona ha de descubrir su propio camino que le distinga de los demás y que tenga como destino llegar a ser él mismo. Pero una terrible paradoja aparece aquí, ya que, al mismo tiempo que se defiende este desarrollo autista como la esencia de la vida, el individuo, lo confiese o no, se vuelve más dependiente que nunca de la obtención de reconocimiento y consideración social, y no habrá pausa de cinco segundos que no emplee en comprobar los nuevos *likes* que ha recibido la última foto de sus pies en una playa, colgada en sus redes sociales virtuales.

En la ciudad moderna es obligatorio «ser alguien». El ciudadano juega de forma obsesiva a «ser», y ese ser habrá de ser «especial». En *La epidemia del narcisismo*,[44] Jean Twenge y Keith Campbell estudian la evolución que han sufrido los nombres de los recién nacidos en las últimas décadas, encontrando que, si en

44. Jean M. Twenge y W. Keith Campbell, *La epidemia del narcisismo*, Ediciones Cristiandad, Madrid, 2018.

el pasado el nombre que con mayor frecuencia se ponía a los recién nacidos era el de los padres u otros familiares, ahora dichos nombres son los menos usados. El nombre ha dejado de intentar vincular al bebé con la familia a la que pertenece para cumplir la función de individualizarlo y desvincularlo de cualquier referencia grupal. «Ser especial» ya es casi más un mantra que un mito, que se repite obsesivamente en cualquier contexto y cualquier situación, apoyándose en argumentos tan banales como señalar que todas las personas somos especiales porque no existe ninguna persona igual a otra. El individuo moderno repite en bucle «como yo soy alguien muy especial, busco una pareja muy especial para tener una relación muy especial, en la que se cumplan mis sueños muy especiales», aunque, a la postre, ser muy especial consista en tener muchos *piercings*, la relación muy especial se establezca alrededor del cuidado de un gato, y los sueños muy especiales se centren en entrar en algún *talent show*.

En medio de esta obsesión por ser diferentes, por alcanzar la distinción de no encajar, la subjetividad y los gustos se presentan ante el individuo como una opción muy barata, muy fácil y muy a mano para ser especial. No es de extrañar que las cuestiones del sexo y el género, que resultan prácticamente imposibles de esquivar en nuestra sociedad actual, especialmente en la adolescencia, sean en muchos casos las elegidas para dar salida a estas necesidades de definición y distinción. El mayor éxito del nuevo capitalismo ha consistido en conseguir que los gustos dejen de ser algo que se tiene y pasen a ser algo que se es. Convertir los gustos en aquello que somos no es sólo una forma de hablar. Ninguna forma de hablar es sólo una forma de hablar, y esto es especialmente cierto si hablamos de nuestros gustos sexuales. Entender que estamos ante un asunto identitario y no meramente apetitivo da una trascendencia y una contundencia existencial a dichos gustos totalmente impostada, que compromete vitalmente a la persona con ese gusto mucho más de lo que quedaría comprometida si se entendiera como la banal y dinámica preferencia que realmente es.

Al fin y al cabo, ¿quién puede dudar de que el objetivo de la vida es «cumplir los sueños»? Todos los autores clásicos, de Platón a Freud o Skinner, han señalado que la educación ha de ser una dialéctica entre la persona y el mundo mediante la que el joven se integra en la sociedad adaptándose a ella. De esta manera, el desensimismamiento, el sometimiento a la realidad, habrá de ser el primer propósito de familias y escuelas, así como el primer requisito para la transformación de la realidad. Y, sin embargo, en los últimos años vemos a todas horas funcionando en los medios de comunicación y las redes sociales la idea de que en el diálogo entre el joven y la realidad es posible, e incluso deseable, que sea el individuo el que venza al mundo y lo someta. Esa figura emocional debe su auge al feliz hallazgo de una fórmula irresistible: «cumplir los sueños». Es simplemente imposible vivir en Occidente y no oír varias veces al día ese mantra.

Tener propósitos en la vida no es algo nuevo, y probablemente alguien se haya referido a ellos en el pasado con la expresión «cumplir los sueños». Pero tener el objetivo de terminar una carrera universitaria o de ganarse la vida en un nuevo oficio era el resultado de una negociación con la realidad y con las demás personas cuyos propios objetivos e intereses eran tenidos en cuenta. Bajo las nuevas reglas del juego de ser uno mismo cumpliendo los sueños, éstos ya no son fruto de un tira y afloja respecto de la realidad, sino una mera explosión de subjetividad, a la espera, y con frecuencia bajo la exigencia, de que sea el mundo el que se ajuste al soñador. No deja de ser un triste sarcasmo que los jurados de los *talent shows* puedan cumplir sus sueños gracias al dinero que ganan condenando al fracaso vital al 99 por ciento de los concursantes, a los que les meten en la cabeza que tienen que dedicar su vida a cumplir sus sueños, aunque sean tan triviales como triunfar en un *talent show.*

Los mitos de las emociones: sentir intensamente

El mito de la intensidad emocional puede definirse como la consideración de que las emociones son la actividad fundamental del ser humano, a la que éste debe entregarse con la mayor intensidad posible. La clave de la naturaleza humana deja de ser política, moral o racional, reafirmadora o transformadora de la realidad, y el individuo es arrojado al mundo en carne viva, sin más condición que la de su ser sintiente. Despojado de un esqueleto político, moral o racional por un neoliberalismo interesado en potenciar las emociones más básicas, el ser humano queda rebajado a una condición meramente zoológica, casi reactiva, puramente apetitiva, a la intemperie sin más certeza que sus sentimientos, incapaz de más complejidad en sus análisis que las de las caras de los emoticonos.

Si el ideal clásico de sabio se caracterizaba por la serenidad —la ataraxia estoica, la apatía epicúrea, la contemplación católica, la meditación oriental—, el ideal actual de vida se caracteriza por la superintensidad hiperemocional. Todo ha de ser sentido con gran intensidad, y desde los medios de comunicación se nos anima a que vivamos permanentemente al límite del desbordamiento emocional. A tenor de lo que vemos en la televisión y oímos en las canciones, no se explica cómo los hospitales no están llenos de pacientes que han sufrido accidentes cardiovasculares provocados por el ardor de su felicidad o de sus pasiones eróticas y amorosas. Se trata, en cualquier caso, de una euforia que inevitablemente está unida a su habituación, lo que dispara un círculo vicioso de búsqueda y consumo de nuevos estímulos, y, al poco tiempo, insatisfacción ante ellos. La insatisfacción es el principal motor del consumo, el gran negocio de nuestro tiempo y el principal resultado de las promesas de satisfacción que nos hace la publicidad. Pueden parecer muy transgresores, pero cuando los Rolling Stones se lamentan de que no consiguen estar satisfechos por mucho que lo intenten, demuestran su perfecta adaptación a la sociedad actual.

En último término, todo está pasado por el tamiz de los sentimientos, y es bajo ese criterio cuando las circunstancias de la vida adquieren su legitimación o su reprobación definitiva. Si se siente, es verdadero, y cuanto más intensamente se sienta, más verdadero será y nadie lo podrá discutir. Un llanto tiene mayor valor probatorio que un acta notarial. Incluso los aspectos de la vida que, aunque puedan llevar sentimientos asociados, no tienen una naturaleza sentimental pasan a convertirse en conceptos que se validan a escala sentimental: «me siento catalán», «me siento de izquierdas» y, cómo no, muy especialmente «me siento mujer».

Con la habilidad de un prestidigitador que consigue que el público mire a donde no están ocurriendo las cosas al tiempo que les escamotea su dinero delante de sus narices, la industria de la felicidad vive de provocar la infelicidad. Nunca como ahora los individuos se han preocupado tanto de ser felices ni han tenido la felicidad en tan alta estima, hasta el punto de entender que su consecución es la meta fundamental que hay que tener en la vida, capaz de legitimar cualquier vía que nos lleve a conseguirla. No parece, sin embargo, que tal empeño esté dando resultado y vivamos en la sociedad más feliz de la historia.[45] Aparece incluso toda una corriente en la psicología, la «psicología positiva»,[46] dedicada exclusivamente al estudio de la felicidad, arropada por toda la parafernalia característica de una propuesta científica: congresos, revistas especializadas, cátedras universitarias y, cómo no, abundante financiación tanto pública como privada. Sobre el asunto tratan infinidad de revistas, de páginas web, vídeos, cursos. El subgénero de la autoayuda crece como ningún otro en la industria editorial. Miles y miles de libros prometen enseñar las claves definitivas de una vida plenamente feliz para siempre y son auténticos éxitos editoriales, lo que no impide que sus autores publiquen nuevos libros poco después con la misma promesa, que vuelven a encabezar las listas de ventas sin que nadie vea en ello la prueba de que los libros anteriores no habrían conseguido su objetivo.

En esta *happycracia* de la que nos hablan Edgar Cabanas y Eva Illouz,[47] el mito de la felicidad se organiza alrededor de cuatro ideas, ninguna de las cuales parece especialmente fundada:

45. Marino Pérez Álvarez, José Carlos Sánchez González, y Edgar Cabanas, *La vida real en tiempos de la felicidad: Crítica de la psicología (y de la ideología) positiva*, Alianza Editorial, Madrid, 2018.

46. Martin Seligman, *La auténtica felicidad*, Ediciones B, Barcelona, 2002.

47. Edgar Cabanas y Eva Illouz, *Happycracia. Cómo la ciencia y la industria de la felicidad controlan nuestras vidas*, Paidós Ibérica, Barcelona, 2019.

- la felicidad es un universal humano atemporal, ahistórico, de forma que la eudaimonia de Aristóteles es la misma felicidad de la que hablan hoy en día los *influencers*;
- todo ser humano la busca como la clave, el sentido de su vida, y así pasa por delante de cualquier otra consideración o propósito vital del individuo;
- la filosofía y el análisis conceptual han supuesto una rémora en el estudio de la felicidad, de la que afortunadamente ya nos hemos librado, abriéndose así la posibilidad de estudiarla científicamente como se estudia cualquier otro fenómeno natural; y
- la felicidad está al alcance de todo el mundo, ya que no depende tanto de las condiciones objetivas, sino de cómo las percibamos, y todos podemos percibir cualquier condición, desde un despido hasta una grave enfermedad, a través de las gafas de la felicidad —una de las mayores sandeces jamás imaginadas por el espíritu humano.

Todos tenemos la capacidad de ser felices, una voluntad de felicidad que con su mera invocación ya hace que veamos cualquier circunstancia de la vida como una ocasión para la felicidad plena, la única y verdadera felicidad que está en nosotros mismos. Así de fácil es el éxito en la vida, el primero en el que verdaderamente existe igualdad de oportunidades gracias a la nueva democracia de las emociones. No es de extrañar que en las encuestas todo el mundo se declare feliz, ¿quién va a reconocer que, pudiendo elegir voluntariamente ser un ganador, ha preferido optar por ser un perdedor?

La felicidad deja de ser el efecto secundario de una vida sabia y virtuosa, productiva, un resultado que sólo se alcanza si no se busca directamente y que se valorará al final de la vida, y pasa a ser un objetivo por sí mismo que hay que buscar como meta directa. La apología permanente de las emociones intensas y hedónicamente positivas termina ensalzando una felicidad blanda, fofa, intrascendente, vivida dentro del yo, ensimismada y alelada, sólo atenta al saldo resultante de restar las incomodidades a las comodidades, las molestias a los placeres. Los gustos han sustituido a los valores, y salir de la zona de confort es la única valentía que cabe practicar.

La candidez interesada

La combinación de los mitos de la identidad con los mitos de los sentimientos es explosiva. Una identidad hipostasiada basada en la atención a sentimientos autorreferentes conduce a un individualismo que exige validación sean cuales sean sus contenidos y sus demandas. No estamos ante un infantilismo natural y espontáneo. Dentro de la masa enfurecida de la que habla Douglas Murray[48] no queda rastro de inocencia. Estamos ante una candidez, quizá, pero una candidez interesada a la que se aferra el cándido no por inmadurez o ignorancia, sino por una clara conciencia de que su narcisismo sólo podrá ser justificado en público mediante un discurso afectado en su forma y ególatra en su fondo.

Así, se ha definido esta nueva candidez como una forma de estar en el mundo en la que el individuo asume que el identitarismo, el voluntarismo y el sentimentalismo son los aspectos esenciales de todas las cuestiones micro y macrosociales, aquéllos en los que se desenvuelve la vida y los que, en último término, fundamentan todos los demás aspectos, al margen de los determinantes materiales de dichas cuestiones.[49] No es un asunto menor ni inocuo —como veremos más adelante en el capítulo 6 a propósito de la infantilización de la universidad— para entender la gravedad de los problemas que puede llegar a provocar el imperio de los corazones de purpurina y los emoticonos sonrientes.

Para que cuestiones como el deseo sexual, los estereotipos sexuales, los órganos sexuales, el registro administrativo del sexo o el desarrollo de la pubertad se recoloquen ahora en una escala voluntarista emocional, radicalmente individualista e irracional,

48. Douglas Murray, *La masa enfurecida*, Península, Barcelona, 2020.

49. José Errasti, «Hacia una sociedad cándida», *The Conversation*, 3 de julio de 2018, <https://theconversation.com/hacia-una-sociedad-candida-98142>.

habrán hecho falta varios factores. Y el principal es una sociedad opulenta en la que los determinantes materiales que la estructuran quedan ocultos en un segundo plano tras una abundancia que parece brotar *per se* y constituir la naturaleza misma autosustentada de las cosas. Desaparecida el hambre, la dimensión identitaria de la comida va ganando cada vez más terreno a la dimensión nutritiva. Los Estados políticos parecen cristalizar a partir de sentimientos nacionales previos, y no al revés, y cualquier recordatorio a los elementos coercitivos para su mantenimiento desasosiega a la ciudadanía. La estructura de las nuevas familias ha roto cualquier vínculo con aspectos como la herencia, la propiedad privada o el reparto de las tareas y los cuidados en función de las diferentes edades de sus miembros.

Una vez que hemos ocultado su mecanismo refrigerante, la persona cándida cree que es el hielo el que mantiene frío el frigorífico. En su adanismo, el cándido no ve más allá de voluntades y emociones en todo lo que le rodea, y piensa que el mundo se reinventa caprichosamente desde cero cada día, así como él percibe que se reinventan de forma aleatoria sus voluntades y emociones. Se ha creído lo que lleva toda su vida oyendo en la publicidad: el mundo existe sólo para él, y en él el cándido podrá ser lo que desee, sin ningún límite. Es el triunfo de la voluntad, pero no un triunfo conseguido al derrotar la realidad, sino jaleado de entrada por todas las instancias comerciales y educativas —si es que tiene algún sentido hacer esta distinción en la actualidad—, lo que ha convencido al cándido de que ni siquiera hace falta librar un combate para ser un ganador. En una psique hipercentrada en sí misma, esta idea ya no parece cambiar ni siquiera cuando el niño alcanza la edad adulta. La medida de todas las cosas deja de ser un orden moral y pasa a ser una historia privada cuyo único hilo de coherencia es el voluntarismo y el sentimentalismo del yo.

La sexualidad, cuando pierde la referencia de la función reproductora, tal como ocurre en nuestra sociedad, se presta a la candidez de la que venimos hablando, como si las identidades sexuales fueran elecciones que tomamos sobre un muestrario o catálogo que la naturaleza ha creado porque sí y nos ofrece generosamente por ser como somos. Sería la sociedad binaria heteropatriarcal la que hasta ahora estaría impidiendo nuestra propia naturaleza llena de opciones sexuales. Y cuidado con plantear dudas u objeciones a esta actitud, ya que, debido justamente a la egolatría que mueve este tipo de posturas, cualquier análisis que no dé la razón completamente al cándido en sus proclamas acerca de sí mismo será tomado como un ataque movido por el odio y el deseo de no permitir la existencia de dicha persona.

Y, sin embargo, a pesar de que esta actitud comienza a imponerse más como resultado de esta candidez soberbia que como liberación de una humanidad oprimida, se hace necesario recordar al cándido que el derecho a tener razón no está recogido en la Declaración Universal de los Derechos Humanos, ni siquiera cuando la persona está hablando acerca de sí misma, sea cual sea la orientación sexual o la identidad de género que se tenga. Pocas cosas ponen al cándido más al borde de las lágrimas que argumentarle que nadie tiene un punto de vista privilegiado acerca de sí mismo que no pueda ser cuestionado, especialmente si en sus afirmaciones se reta el significado colectivamente aceptado de los términos usados. Se trata simplemente de aplicar al sexo la misma lógica que hoy por hoy se sigue aplicando a la edad, la estatura, la etnia, la nacionalidad, el peso, el lugar de nacimiento o el número de hijos.

Entre los derechos humanos tampoco se encuentra el derecho al narcisismo, ni a la metafísica. La relación de un individuo con la Administración de su Estado no es una relación comercial, ni debe tomar como patrón la adulación publicitaria. Quizá el cliente siempre tenga la razón, pero el ciudadano, no. Y, como es obvio, disentir con lo que una persona está afirmando acerca de ella misma no supone odiarla ni ofenderla. Es más, supone todo lo contrario. Como el filósofo Gustavo Bueno defendía con frecuencia en sus clases, el respeto profundo y radical hacia las demás personas nos obliga a considerarlas seres adultos, racionales, maduros, capaces tanto de argumentar sus posturas como de escuchar posturas contrarias sin romper a llorar y, por tanto, nos obliga a discutir sus afirmaciones, estando ambas partes abiertas a cambiar de postura si el curso del debate lo impone. Esto es una postura verdaderamente respetuosa que reconoce al otro como un igual, y no la indiferencia, la condescendencia, la cobardía o la pereza con la que se le da la razón automáticamente a tontos, a locos o a niños. Un dependiente de un centro comercial me dará la razón si le digo que yo soy un veinteañero, pero cualquier persona que me respete me lo discutirá, evitando el desprecio que supondría contestarme «tú eres lo que tú quieras ser».

Mi dentista y yo conocemos mi dolor de muelas de formas diferentes. Desde luego, yo conozco mejor que él la experiencia de sufrirlo, pero él conoce mejor que yo la causa de tal experiencia y cuál sería la mejor forma para combatirla, más allá de soluciones analgésicas momentáneas o incluso contraproducentes que quizá yo le pueda estar demandando. No hay nada de ofensa, odio, invisibilización o eliminación personal en el punto de vista desde el que mi dentista se acerca a analizar lo que me ocurre. De la misma manera, nadie conoce mejor que la propia persona la experiencia de sentir el propio cuerpo como algo ajeno y extraño, y desear intensamente poseer otros órganos genitales o ser considerado socialmente como miembro de un género diferente. Pero que esto sea completamente relevante, digno de todo respeto y atención, no quiere decir que deba ser la última palabra acerca del tema, ante la que la única intervención profesional que quepa hacer, si fuera demandada, sea asentir con la cabeza. Tampoco implica que el profesional deba necesariamente tomar como buena la explicación del propio interesado acerca de la causa de sus experiencias, particularmente si éstas parecen repetir la retórica individualista y esencialista que ha sido expuesta en este capítulo. De forma colaboradora y totalmente respetuosa, el profesional puede ayudar a clarificar lo que está pasando.

Hemos repasado en el capítulo anterior las bases materiales del sexo y la reproducción, los cambios objetivos que experimentan las sociedades occidentales actuales respecto de estas cuestiones, y cómo esto afecta a la forma de entender y vivir el sexo en las últimas décadas. En este capítulo hemos descrito el contexto general en el que estos cambios en la función del sexo están teniendo lugar, en medio de un nuevo individualismo promovido por la ciudad moderna, la publicidad y las redes sociales virtuales, que desemboca en la candidez interesada como actitud básica desde la que afrontar la vida. Ahora ya estamos en condiciones de entender la emergencia de una serie de nuevos fenómenos que en el plazo de poquísimos años han pasado de ser materia de humor surrealista a dogmas respecto de los que la duda racional puede llegar a constituir materia delictiva. No son gratuitos ni han caído del cielo. No ocurren porque sí. Cuentan con sus causas materiales, con sus retóricas justificativas. Están introduciéndose sin ninguna resistencia en la política y las legislaciones, en los medios de comunicación y en los centros educativos, ya que los mismos motivos que explican su aparición explican la reticencia de los responsables de estas instancias a confrontarlos desde una postura racional y rigurosa. Tienen el apoyo de todas las corporaciones económicas y mediáticas. Y, para entenderlos, empezaremos el próximo capítulo hablando sobre el bambú.

3

Los mil frentes de la invasión queer

El bambú es una planta muy peculiar. Originaria del Lejano Oriente, presenta unos patrones de crecimiento verdaderamente especiales. Una vez plantada la semilla, nada aparece en la superficie hasta mucho tiempo después. Pueden pasar cuatro, cinco, incluso seis años, y todo parece indicar que la semilla no llegó a germinar. Y, de pronto, brota y empieza a crecer espectacularmente. Se han llegado a registrar crecimientos cercanos a un metro por día en altura, hasta que se convierten en fortísimos tallos cuya madera tiene innumerables usos. En realidad, durante los años en los que parece no estar ocurriendo nada, el bambú desarrolla una sólida red de raíces que sostendrán firmemente a la planta futura y que puede provocar el afloramiento de otros brotes alejados del original. A un recién llegado, desconocedor de la semilla plantada y de sus tiempos de crecimiento, el espectáculo de ver aflorar una planta de la nada, con semejante ímpetu y potencia, puede parecerle algo prodigioso e inexplicable. Casi mágico.

Las posturas queer están creciendo en nuestra sociedad como el bambú. Como hemos visto en capítulos anteriores, hace muchos años se plantaron sus semillas. En un plazo cortísimo de tiempo, han irrumpido en la política y las leyes; grandes y pequeñas empresas, grandes y pequeñas corporaciones hacen manifiestos a su favor y se declaran *queer friendly*. Todos los medios de comunicación, sean sus líneas editoriales más pretendidamente conservadoras o más pretendidamente progresistas, incluyen la casuística trans entre sus contenidos, a sabiendas del rendimiento en audiencia que estos temas siempre implican y dando por obvia la visión oficial de este fenómeno. Asociaciones defensoras de las posturas queer editan materiales didácticos destinados a las escuelas. Se imparten cursos en todos los niveles de la educación —desde la infancia hasta la universidad— explicando esta nueva forma de entender el sexo como si de un reciente descubrimiento científico se tratara. Las asociaciones científicas callan o se pronuncian tímidamente a favor. Todos los cantantes, todos los actores, todos los *influencers*, toda la industria del entretenimiento, todo el mundo del ocio, repiten que las personas tienen derecho a ser lo que deseen ser, aunque jamás aplicarían esa máxima a nada que no sea el sexo.

La idea que motiva tal unanimidad en tantos ámbitos diferentes afirma que el colectivo más invisibilizado, marginado y discriminado del mundo no tiene que ver con condiciones económicas, de explotación o esclavitud, sino que está formado por las personas cuya vivencia del sexo no se ajusta a los estereotipos socialmente asignados a varones y mujeres, por lo que una mínima justicia social obliga a concederles todas sus reivindicaciones. Cualquier mínimo titubeo al respecto implicaría ser cómplice del odio que subyace a la situación de estas personas disonantes respecto de la norma social sexual. No, por supuesto que no se están refiriendo a todas las mujeres que, desde siempre —pero especialmente desde hace más de trescientos años con la aparición «oficial» del feminismo—, han proclamado no estar dispuestas a comportarse como el estereotipo social femenino les dicta, sino a las personas de ambos sexos que se encuentran tan fundidas con los estereotipos propios del sexo opuesto que los consideran su esencia, esas personas ungidas con tal diferencia a las que la teoría queer viene a ayudar para que puedan verbalizar lo que les ocurre. El exitoso empuje de esta oleada se da a la vez en varios frentes, sin que sea fácil ordenarlos lógica o cronológicamente. Por motivos meramente pragmáticos, comenzaremos nuestra exposición por el ámbito político y legal.

Legislación. De Yogyakarta a La Rioja

Yogyakarta es una ciudad situada en la isla de Java, Indonesia, que, como curiosidad, ha mantenido un sultanato desde la época precolonial en consonancia con la religión musulmana, mayoritaria en su provincia. En dicha ciudad se reunieron en noviembre de 2006 cerca de una veintena de especialistas en derecho internacional y derechos humanos, a título individual, sin actuar en ningún momento en nombre de ninguna organización, a sugerencia de Louise Arbour, en aquel momento alto comisionado de las Naciones Unidas para los Derechos Humanos. La reunión tenía como objetivo elaborar un documento que pudiera servir de referencia a las legislaciones de los diversos países relacionadas con la orientación sexual, la identidad de género y los derechos humanos de las personas pertenecientes al colectivo LGTBIQ+. En este texto, que consta de veintinueve puntos, quedaron recogidos los conocidos como «Principios de Yogyakarta». Diez años más tarde, un encuentro de similares características actualizó y amplió estos principios, dando lugar a los «Principios de Yogyakarta Plus 10» (PY+10).

En su formulación ya encontramos algunas de las características más distintivas de los textos jurídicos que pretenden regular el manejo legal de la identidad de género. Imitan el formato y la estructura de textos legales previos relativos a los derechos humanos. Existe una obcecación necesariamente premeditada por hacer un uso mezclado e indistinto de los términos *sexo* y *género*, como si fueran sinónimos. Estos dos términos no aparecen definidos en ningún lugar del documento, y, por el contrario, son usados dando su significado por supuesto en las definiciones de «orientación sexual» o «identidad de género». Es difícil encontrar palabras como *homosexualidad*, *heterosexualidad*, *gay* o *lesbiana*.

Lo más llamativo es que el sintagma *identidad de género* siempre va unido al sintagma *orientación sexual*, propiciando la fórmula lingüística *orientación sexual e identidad de género*. Entiéndase esto de forma literal: en las treinta páginas del documento de los Principios de Yogyakarta aparece 186 veces la fórmula *orientación sexual e identidad de género*, y cero veces *orientación sexual* o *identidad de género* por separado. Está claro que se pretende transmitir la idea de que son dos formas de referirse a un mismo fenómeno, como si todo lo aplicable a la una lo fuera también a la otra, como si no cupiera hacer un juicio de la identidad de género diferente del que se hace de la orientación sexual. Aplicando la fórmula cartesiana, ya sabíamos que la identidad de género no es una idea clara, pero los Principios de Yogyakarta dejan a la vista que tampoco es una idea distinta.

Como explica Elena Armesto, es fundamental señalar que los Principios de Yogyakarta no tienen ninguna entidad jurídica que comprometa a ningún Estado.[50] No son un documento realizado en el seno de las Naciones Unidas; nunca ha sido aceptado por la ONU, sino que, de hecho, ha sido rechazado cuantas veces se presentó a la Asamblea General y al Consejo de Derechos Humanos de las Naciones Unidas. Aun así, nadie puede negar la notable presencia social que los PY+10 tienen en ámbitos muy variados: materiales didácticos, objetivos de ONG, programas de partidos políticos o leyes relativas a la autoidentificación registral del sexo hacen suyos estos principios. Un numeroso grupo de resoluciones de organismos oficiales internacionales afirman estar basadas en ellos —por ejemplo, la Resolución 2048 de la Asamblea Parlamentaria del Consejo de Europa en 2015—, por más que no tenga carácter vinculante para los Estados miembros. Así, por el momento, al margen de lo inspirador o sugerente que pueda resultar para un legislador o un *lobbista*, oficialmente los Principios de Yogyakarta no obligan a los Estados y no pasan de ser un texto firmado por treinta y tres personas que no hablan en repre-

50. Elena Armesto, «La trampa de los Principios de Yogyakarta», *El Común*, 10 de febrero de 2021, <https://elcomun.es/2021/02/10/la-trampa-de-los-principios-de-yogyakarta/>. [Consulta: 22 de abril de 2021]

sentación de ninguna institución gubernamental de ningún país, sino de una organización privada —autodenominada *lobby*— llamada ARC International, que gusta de dar a entender en sus textos que se encuentra identificada oficialmente con las Naciones Unidas por encima de sus posibilidades.

No estamos pues ante un convenio internacional ratificado por nuestro país, ni está aprobado por el Consejo de Europa o el Parlamento Europeo. No sólo eso: según argumenta Tina Minkowitz en su tesis doctoral, los Principios de Yogyakarta pueden entrar en conflicto con la Convención de Eliminación de Toda Forma de Discriminación contra la Mujer de 1984 (CEDAW, *Convention on the Elimination of all Forms of Discrimination Against Women*), y éste sí es un convenio internacional ratificado por España, con valor vinculante para nuestro país.[51] La CEDAW trabaja con una definición de *mujer* en relación con el sexo biológico, y afirma que los derechos humanos de las mujeres se basan en un principio de autonomía femenina, es decir, la existencia independiente de las mujeres respecto de los varones en todas las áreas de la vida, de forma que ni la condición de mujer ni sus derechos pueden ser redefinidos unilateralmente sin su consentimiento.

Por tanto, siguiendo a Elena Armesto, difícilmente puede considerarse que la autoidentificación registral del sexo sea un derecho humano reconocido en convenios o acuerdos internacionales que vinculen a sus Estados miembros. No puede extrañar que cualquier identificación registral que la Administración de un Estado use en relación con sus habitantes se refiera a aspectos objetivos y verificables, y el Estado exija los correspondientes documentos que permitan tal verificación para anotar el registro. Ocurre con la edad y la nacionalidad, con la dependencia y la discapacidad, sin que nadie vea en ello un ataque a los derechos humanos de personas dependientes o discapacitadas. Sin embargo, en esta condición tan elemental del derecho se está

51. Tina Elaine Minkowitz, *Female Autonomy vs Gender Identity A critical analysis of gender identity in CEDAW jurisprudence and the Yogyakarta Principles*, Universidad de Oslo, Oslo, 2016.

abriendo una brecha por la que colar el sexo, convenientemente confundido con el género para que la excepción resulte menos clamorosa.

Sorprendentemente, todas estas consideraciones dan igual. A tenor de las declaraciones que hacen nuestros gobernantes, parecería indiscutible que organismos internacionales como las Naciones Unidas o la Unión Europea han suscrito hasta la última letra de la doctrina queer, han proclamado como propia la agenda completa de cualquier organización trans del mundo y han elaborado una legislación vinculante para todos los países del planeta que les obliga a cumplir con el paquete completo de dichas reivindicaciones. Jugando con las mayúsculas, no se defiende que estemos hablando de derechos humanos, sino de los Derechos Humanos, y los Derechos Humanos no se debaten —es un mantra que se repite sin parar en las redes sociales, como si la comisión que elaboró la Declaración Universal de los Derechos Humanos en 1948 no se hubiera pasado meses debatiendo, sino que hubiera esperado pacientemente a que Eleanor Roosevelt apareciera en la sala portando el texto esculpido por Yahvé en las tablas de la ley.

De esta forma, la lista de países que va promulgando leyes que permiten la libre autoidentificación registral del sexo se hace cada vez más larga. Cuando se escriben estas líneas, al menos diez países de la Unión Europea ya contemplan esta posibilidad en sus legislaciones, habitualmente poniendo como requisito que el solicitante haya alcanzado los dieciocho años, o, al menos, dieciséis años si es que se cuenta con el consentimiento paterno. No tiene mucho sentido incluir en este punto dicha lista de países, dado que estas reformas legislativas están ocurriendo en toda Europa de forma muy rápida y prácticamente sería imposible que la lista no quedara obsoleta en el momento en el que se lea este capítulo. La tendencia general apunta hacia el reconocimiento legal del sexo igualándolo al género sentido, a edades cada vez más tempranas y sin el requisito del concurso de padres o figuras médicas.

A su vez, resulta difícil encontrar un nexo entre todos los países que están legislando la libre autoidentificación registral del sexo. Así, encontramos países con una amplia tradición de defensa de los derechos humanos —como Países Bajos—, junto a otros no precisamente destacados en este aspecto. Irán sobresale como un Estado especialmente promotor del cambio legal de sexo y las cirugías de reasignación del sexo, a pesar de mantener todavía en su código penal la homosexualidad —de hecho, la opción de la transexualidad es usada por parte de la población gay y lesbiana iraní para evitar las condenas jurídicas—. Igualmente, este tipo de legislaciones se están abriendo paso rápidamente en Iberoamérica, dándose fenómenos curiosos, como que, por ejemplo, Argentina aprobara una ley trans ocho años antes de aprobar una ley del aborto, o que el matrimonio homosexual siga prohibido en Chile en 2021, tres años después de haberse aprobado una ley de identidad de género al uso.

España promulgó en 2007 la ley 3/2007, de 15 de marzo, reguladora de la rectificación registral de la mención relativa al sexo de las personas. Según marca esta ley, cualquier español puede modificar el cambio del registro de su sexo, así como su cambio de nombre, tras acreditar haber recibido un diagnóstico de disforia de género y haber estado sometido durante al menos dos años a tratamiento hormonal que busque acomodar el cuerpo del solicitante a su sexo solicitado. Durante buena parte de 2021, los dos partidos que integran la coalición de gobierno en nuestro país protagonizaron una dura disputa en relación con la actualización y renovación de esta ley. Por un lado, la coalición Unidas Podemos puso sobre la mesa un proyecto de ley que pretendía llevar al extremo la legislación internacional en cuanto a facilidad, tanto en edad como en requisitos, con la que se podría reconocer legalmente la autoidentificación del sexo, enarbolando una permanente apología de la diferencia desde el Ministerio de Igualdad. Por el otro, el Partido Socialista Obrero Español se mostró inicialmente más cauto al respecto, atendiendo a las quejas que una buena parte del feminismo le planteó al señalar las repercusiones perjudiciales para las mujeres que tiene esta nueva forma de entender el sexo y el género. Sin embargo, en su 40.º Congreso Federal, celebrado a mediados de octubre, finalmente el PSOE dio su apoyo y aceptó tramitar el proyecto de ley presentado por UP. Una semana después tuvo lugar en Madrid una manifestación en donde cinco mil mujeres feministas reivindicaron, entre otros puntos, la retirada de dicho proyecto de ley. El portavoz del Grupo Parlamentario en el que se incluye UP, Pablo Echenique, llamó en un tuit «basura tránsfoba» a las imágenes de dicha manifestación que mostró la televisión pública.[52]

La coalición de gobierno ha adoptado así el discurso del transactivismo, en el que se reclama la igualdad en el derecho al reconocimiento oficial del sexo sentido. Según esta postura, no existiría tal igualdad entre personas transexuales y personas cisexuales, dado que sólo éstas gozarían de tal derecho. Es cierto que el sexo que figura en los documentos oficiales con altísima frecuencia coincide con el sexo sentido por sus titulares. Pero el transactivismo olvida que este hecho no se debe a la aplicación de un derecho al registro del sexo sentido del que se excluye a las personas transexuales, sino que es fruto del derecho al registro del sexo constatado en el nacimiento, del que disfrutan por igual las personas cisexuales y transexuales. Simplemente, el sexo constatado en el nacimiento y el sexo sentido en la edad adulta acostumbran a coincidir. Si las personas nacidas en Madrid cuentan con el derecho a que figure «Madrid» como su lugar de nacimiento en los documentos oficiales, no es porque tales personas posean un privilegio del que carecen las personas nacidas en Sevilla que se sienten madrileñas. El derecho al registro del sexo constatado en el nacimiento existe para todos y el derecho al registro del sexo sentido no existe para nadie. Por el momento.

Esta legislación sobre los aspectos registrales del sexo se intenta enmarcar con frecuencia en el conjunto de leyes obviamente necesarias que buscan combatir toda forma de discriminación contra las personas LGTBIQ+. Durante los últimos años, se ha venido acumulando una serie de legislaciones autonómicas referidas a esta cuestión. La práctica totalidad de las comunidades autónomas han promulgado leyes en esta dirección al margen de

52. Pablo Echenique [@PabloEchenique], 23 de octubre de 2021: «Por cierto, esta basura tránsfoba en la televisión pública la pagamos todos y todas con los impuestos. También las personas trans [Tweet]», Twitter.

su color político. La última en apuntarse ha sido La Rioja, que, en el momento de redactar estas líneas, inicia la tramitación parlamentaria de su ley LGTBIQ+. Conviene recordar que las comunidades autónomas no tienen competencias referidas al Registro Civil y no pueden intervenir en la modificación de la variable jurídica del sexo. No hay ninguna diferencia significativa en estos textos que pueda ser puesta en relación con el color político del gobierno autonómico responsable de estas leyes. Junto a estas normas jurídicas, también una amplia mayoría de comunidades autónomas posee ya protocolos específicos de actuación dirigidos a los centros educativos, mediante los que se regula el procedimiento que han de seguir las escuelas públicas y los institutos de educación secundaria ante la presencia de alumnos transexuales o transgénero. También aquí encontramos semejanzas casi clónicas entre estos documentos, independientemente de que sea la izquierda o la derecha la que gobierne dicha comunidad. Comentaremos con más detalle estos protocolos en el siguiente epígrafe de este capítulo.

En estos momentos, España es un ejemplo perfecto de cómo la ideología queer encuentra apoyos a uno y otro lado del espectro político. En una coyuntura de aturdimiento para la izquierda, en donde se han perdido las grandes referencias históricas y políticas que la guiaron durante el siglo xx, los partidos supuestamente progresistas deambulan buscando causas con sabor transgresor, anticonservador, de defensa de identidades minoritarias, que les permitan desplegar las actitudes y los tics emocionales a los que esta opción política parece estar quedando reducida. Y la derecha, identificada con el neoliberalismo y la lógica del mercado, igualmente está encantada con esta visión de una persona autogenerada, que fluye de dentro afuera, totalmente coherente con su metafísica individualista. Posturas políticas tan alejadas como son las que representan en nuestro país Unidas Podemos y Ciudadanos coinciden en los borradores de ley trans que ambas formaciones han presentado. Es una situación en la que ganan ambos: la izquierda obtiene un nuevo asunto del que extraer victorias retóricas y la derecha va sacando adelante una ideología que le dará réditos en éste y otros muchos terrenos.

Educación. María juega mucho al fútbol, ¿será un niño?

Otro de los ámbitos donde se han abierto completamente las puertas a la visión queer de la identidad de género es el referido a la enseñanza. La polémica naturaleza de las infancias trans se da por resuelta y ordenada mediante una serie de protocolos de obligado cumplimiento que recaen sobre los centros educativos y que, en el momento de escribir estas líneas, han sido suscritos por catorce comunidades autónomas. Algunos se firmaron bajo gobiernos del Partido Popular, otros corresponden al Partido Socialista Obrero Español o a grupos nacionalistas en el País Vasco o Cataluña, siempre con amplio consenso entre las diversas fuerzas. De nuevo, tampoco en estos protocolos encontramos diferencias significativas entre colores políticos. Los medios de comunicación no recogieron su aprobación parlamentaria, que tuvo lugar sin ningún debate público al respecto, por lo que en estos momentos son prácticamente desconocidos para la mayoría de la ciudadanía.

En todos ellos se asume la postura queer de la identidad de género como una verdad autoevidente. Nunca es tratada como un punto de vista polémico entre otros posibles, sino como una obviedad eterna, según la cual se asigna desde el exterior a los bebés un sexo al nacer en función de los genitales que presentan, el cual puede coincidir o no con el verdadero sexo del recién nacido, que poco a poco se irá manifestando durante el desarrollo a través de su comportamiento. Como también es habitual en los textos legales, los conceptos de sexo y género se usan indistintamente como si fueran sinónimos. Se entiende que los centros educativos resultan ser contextos especialmente relevantes para la detección de los niños y las niñas trans, ya que en ellos los profesionales de la educación conviven cientos de horas con el alumnado y tienen una situación privilegiada para advertir dichos desajustes.

El planteamiento es tan descabellado, tan fuera de toda lógica, tan repugnantemente sexista, que sería razonable que al lector le cueste creer la descripción que estamos dando. Así que vamos a citar textualmente uno de ellos, el elaborado por el Gobierno

Vasco, completamente representativo de todos los demás, en uno de sus puntos más insólitos:[53]

> Cuando el tutor o tutora de un grupo o cualquier miembro del equipo docente observe en un alumno o una alumna de manera reiterada la presencia de conductas que pudieran indicar una identidad sexual no coincidente con el sexo que le asignaron al nacer en base a sus genitales, o bien comportamientos de género no coincidente con los que socialmente se espera en base a su sexo, se procederá de este modo:
>
> - El/la profesor/a o el tutor/a lo comunicará al Equipo Directivo del centro.
> - El Equipo Directivo recogerá discretamente información complementaria sobre la situación y la contrastará con el tutor-a, con el personal docente y no docente.
> - El tutor-a —junto al Equipo Directivo— valorará la conveniencia de hablar con el/la menor sobre su situación.
> - El tutor-a —junto al Equipo Directivo— se reunirá con las y los representantes legales del/la menor, para informar sobre la situación observada, contrastar y valorar la situación.

Se hace complicada la lectura de esta disposición, dado el uso completamente caótico de los desdoblamientos del llamado «lenguaje inclusivo» —guiones, conjunciones, barras, usos no desdoblados... ¡en una misma frase!—, pero se alcanza a entender que se pide al profesorado que conozca cuáles son los comportamientos de género socialmente esperados y pueda actuar como un atento vigilante ante los casos en los que un alumno asignado varón al nacer actúe de forma esperable en una alumna, o una alumna haga lo propio según lo esperable

53. Grupo de trabajo para el abordaje integral de la atención a personas transexuales, *Guía de atención integral a las personas en situación de transexualidad. Actuaciones recomendadas desde los ámbitos educativo, social y sanitario*, Servicio Central de Publicaciones del Gobierno Vasco, Donostia-San Sebastián, 2016.

en un alumno varón. Tras la lectura detallada de todos los protocolos y los múltiples comentarios asociados, no hemos conseguido encontrar ejemplos de estas conductas desajustadas que provocarán en cascada discretas reuniones del tutor/a, el Equipo Directivo del centro, el personal docente y no docente, las y los representantes legales del o la menor. No parece que el personal docente de los centros educativos esté especialmente sobrado de tiempo y ávido de nuevas tareas, pero todo indica que ya es inevitable que se les adjudique una competencia más: policía del género.

Entre los protocolos de actuación no hemos encontrado ningún anexo en donde se incluya un inventario de comportamientos socialmente esperables en un alumno varón y otro paralelo referido a una alumna. Pero los materiales didácticos que asociaciones como Chrysallis están ofreciendo a las escuelas como recursos pedagógicos para tratar estos temas nos ofrecen ciertas pistas. En dichos materiales, por ejemplo, se cuestiona que una niña asignada al nacer como mujer sea auténticamente mujer si no le importa perder los pendientes, si salta de alegría cuando mete un gol, si se pinta un bigote o no le gusta vestir de rosa.[54] El movimiento supuestamente más progresista, el más transgresor, aquel que viene a cambiar por completo la historia de la humanidad y a liberar a los colectivos más oprimidos e invisibilizados, resulta materializarse al final en la promoción de los estereotipos más rancios, los más caducos y casposos, entendidos de una forma aún más esencialista que en su visión clásica.

Lentamente la diversidad va reemplazando a la igualdad como hilo conductor en la educación sexual que ofrece la enseñanza pública en España. Una vez transferidas las competencias sobre educación a las comunidades autónomas, es habitual que éstas confíen las intervenciones enfocadas hacia la coeducación a asociaciones transactivistas que trasladan este tipo de ideologías al alumnado desde sus primeros cursos. España ha suscrito el *Convenio del Consejo de Europa sobre prevención y lucha contra*

54. Chrysallis, *En la piel de Daniel*, <https://chrysallis.org/wp-content/uploads/2015/06/En-la-piel-de-Daniel.pdf>. [Consulta: 13 de mayo de 2021]

la violencia contra las mujeres y la violencia doméstica de 2011 —conocido como Convenio de Estambul—, de carácter vinculante, y en cuyo artículo 14 señala que «las Partes emprenderán, en su caso, las acciones necesarias para incluir en los programas de estudios oficiales y a todos los niveles de enseñanza material didáctico sobre temas como [...] los papeles no estereotipados de los géneros».[55] A pesar de ello, se está promoviendo la presencia en las aulas de contenidos indiscutiblemente sexistas y contrarios a la coeducación como los anteriormente comentados.

Algunas organizaciones sindicales asumen igualmente la postura queer de la identidad de género de forma acrítica. Por ejemplo, la Federación de Enseñanza de un sindicato de la importancia de Comisiones Obreras aboga por introducir esta ideología de género en la Educación Infantil y Primaria para «comprender las identidades sexo-género más allá del binarismo hombre-mujer». En un material didáctico ofrecido por la Federación de Enseñanza de Comisiones Obreras, titulado *El mundo raro de Mermel*, se nos habla de un ser llamado Mermel que «no tenía pelo, ni forma de cuerpo, ni color de piel, ni tamaño definido. [...] Mermel no tenía, sólo era». Poco a poco, Mermel decide tener el pelo rizado, usar gafas, tener la piel oscura. Al llegar al sexo, Mermel decide que no será ni niño ni niña. «Así, Mermel ya tenía y ya era.»[56] No se espera de los cuentos infantiles rigor científico ni solidez en la construcción de los personajes, pero tampoco el carácter infantil justifica frases simplemente ridículas, pura metafísica barata que viola incluso las propias normas gramaticales, como «Mermel no tenía, sólo era». Será necesario llegar a estos absurdos en la Educación Primaria si queremos que los sinsentidos de la ideología queer no chirríen a los mismos alumnos cuando alcancen la Educación Secundaria.

55. Consejo de Europa, *Convenio del Consejo de Europa sobre prevención y lucha contra la violencia contra las mujeres y la violencia doméstica*, 2011, <https://rm.coe.int/1680462543>. [Consulta: 13 de mayo de 2021]

56. Melani Penna Tosso, Mercedes Sánchez Sáinz, y Belén de la Rosa Rodríguez, *El mundo raro de Mermel*, Federación de Enseñanza de Comisiones Obreras, Madrid, 2020.

Si, como entiende María José Urruzola,[57] la coeducación consiste en educar a las chicas y a los chicos al margen del género femenino o masculino, es decir, educarlos partiendo del hecho de su diferencia de sexo, potenciando el desarrollo de su individualidad, pero sin tener en cuenta los roles que se les exige cumplir desde una sociedad sexista por ser de uno u otro sexo, entonces debemos concluir que estamos ante la agresión frontal más directa que ha sufrido la coeducación en las últimas décadas. Esta idea está extensamente desarrollada en *La coeducación secuestrada,*[58] una reciente obra coordinada por la antropóloga feminista Silvia Carrasco, que ve en la ideología de género defendida por el transactivismo un ataque contra la línea de flotación de la coeducación, aquella que busca garantizar una educación libre de androcentrismo y machismo, promocionar relaciones justas basadas en la igualdad y el respeto, así como erradicar actitudes y valores violentos hacia las mujeres. Es necesario parar y prevenir el daño a la infancia y la adolescencia basado en ideas falsas sobre identidades sentidas en cuerpos equivocados, protegiendo sus cuerpos sanos y en pleno crecimiento y desarrollo. Nunca se había permitido la entrada en los centros educativos tan acríticamente de una postura reaccionaria irracionalista y sexista como ésta, y es necesario trabajar para desenmascarar y denunciar públicamente las falsedades anticientíficas de la ideología de la identidad de género en escuelas y universidades de nuestro país.

Empresas y corporaciones. Mucha inclusividad, pocos sindicatos

La reciente aparición de la nueva tarjeta de Mastercard *True Name* sólo puede sorprender al que no esté al tanto del entusias-

57. María José Urruzola, Ponencia presentada en el Foro sobre violencia contra las mujeres, Delegación de Igualdad del Ayuntamiento de Córdoba, 2006.

58. Silvia Carrasco (coord.), *La coeducación secuestrada. Una crítica feminista al avance de las ideas transgeneristas en la escuela*, Octaedro, Barcelona, 2021.

mo con el que el mundo empresarial y las grandes corporaciones han recibido al transactivismo. La publicidad de esta tarjeta de crédito destaca que es la única en la que figura el nombre sentido de su titular y no su nombre oficial, evitándose de esta manera las muchas incomodidades que pueden sufrir las personas trans cuando utilizan una tarjeta cuyo nombre inscrito no se corresponde con el género asociado a su imagen.

Compañías como American Airlines, Apple, J. P. Morgan o Nike declararon a comienzos de este siglo un expreso apoyo al movimiento LGTBIQ+, que posteriormente fue seguido por la práctica totalidad de las empresas del mundo occidental, y que se tradujo en políticas explícitas inclusivas de las personas pertenecientes a este colectivo. Además de rechazar radicalmente cualquier tipo de discriminación contra los trabajadores en función de su orientación sexual o su identidad de género, las corporaciones también han comenzado a recoger los aspectos relativos a la salud sexual dentro de sus seguros médicos, a incluir en ellos a las parejas de los trabajadores al margen de cuál sea su sexo, a ofrecer cursos formativos a sus empleados acerca de la realidad LGTBIQ+ o, incluso, a comprometerse con cuotas de contratación de personas pertenecientes a este colectivo. No cabe sino felicitarse por este tipo de avances en las condiciones laborales de los trabajadores de las grandes empresas estadounidenses. Aunque se matizará más adelante, en principio las políticas de las empresas y corporaciones relativas a los trabajadores trans no tienen un perfil propio, y quedan incluidas dentro del paraguas más amplio de la temática LGTBIQ+.

Respecto de su imagen pública, todas las grandes marcas, en particular aquellas que cuentan con un público más joven por estar vinculadas a la tecnología, el entretenimiento o las aplicaciones móviles, compiten entre ellas por mostrar de forma más entusiasta la celebración de la identidad de género. Cada «día internacional» relacionado con el tema —y hay varios a lo largo del año— tiñen sus logotipos con los colores azul y rosa. Periódicamente muestran sus simpatías hacia este tema en sus cuentas de las redes sociales. Y usan en sus comunicaciones todos los tics de la retórica transactivista: el uso del verbo *ser* sin predicado, palabras como *derechos*, tautologías como «las mujeres trans son mujeres» o un tono de adulación y superioridad moral. Facebook, PlayStation, Disney, Microsoft, Visa, Google y más de cien grandes marcas han suscrito la iniciativa *Trans Rights are Human Rights* realizada por Trans in the City.

En definitiva, cabe concluir con Claire Zillman, editora de la revista económica *Fortune*, que durante el decenio comprendido entre 2005 y 2015 algunas de las compañías más importantes de Estados Unidos llegaron incluso más lejos que las propias Administraciones de George W. Bush o Barack Obama en materia de lucha contra la discriminación, beneficios sanitarios y pautas para apoyar la transición de los trabajadores trans.[59]

Es necesario detenerse en este momento en el *Corporate Equality Index 2020*, el estudio de referencia mundial acerca de estas cuestiones que realiza la Human Rights Campaign Foundation.[60] El CEI es una publicación anual que evalúa el nivel de igualdad e inclusividad de las empresas estadounidenses. En su edición décimo octava, trabajó con una muestra compuesta por las quinientas compañías más importantes según el prestigioso ranking que publica la revista *Fortune*, más varios cientos de empresas medianas y grandes, entre las que destacan doscientos gabinetes jurídicos. Seiscientas ochenta y seis empresas evaluadas alcanzaron un cien por cien de cumplimiento de los estrictos requisitos exigidos por la HRCF, entre ellas, trece de las veinte compañías más importantes del país.

Las conclusiones del CEI 2020 señalan que el colectivo trans es en el que se registran los cambios más notables en los últimos

59. Claire Zillman, «Changing Genders at Work: Inside the Fortune 500's Quiet Transgender Revolution», *Fortune*, 13 de julio de 2015, <https://fortune.com/2015/07/13/transgender-fortune-500/>. [Consulta: 1 de junio de 2021]

60. Human Rights Campaign Foundation, *Corporate Equality Index 2020, Rating Workplaces on lesbian, gay, bisexual, transgender and queer equality*, <https://assets2.hrc.org/files/assets/resources/CEI-2020.pdf?_ga=2.141107378.1645456865.1579616179-990849015.1576505111&_gac=1.191455832.1577459917.CjwKCAiA9JbwBRAAEiwAnWa4Q0u8nMc6_IH_fYKVpW9MzWTvnuPdy_RyC3WDGqj8o8gQ49IoRl26GhoCUMMQAvD_BwE>. [Consulta: 1 de junio de 2021]

años. Las políticas de inclusión de las personas trans en los puestos de trabajo han experimentado un progreso muy acelerado. Por citar algunos datos, el 91 por ciento de las quinientas compañías recogidas en la lista de *Fortune* practican políticas de protección de la identidad de género de sus trabajadores, contra el 3 por ciento que se registraba en 2002 respecto de la misma variable. El 98 por ciento de todas las empresas evaluadas ofrecen explícitamente protección contra la discriminación por identidad de género, contra el 5 por ciento de empresas que lo hacían en 2002. Un 65 por ciento de los citados en la lista de *Fortune* y un 89 por ciento del total de las compañías ofrecen coberturas sanitarias que incluyen las cuestiones relacionadas con la transexualidad, lo que supone un incremento del 1.900 por ciento respecto de las cifras de diez años atrás. Y más de quinientas setenta grandes empresas poseen guías relativas a la transición de género de sus empleados.

Todos estos datos han de ser necesariamente valorados de forma positiva. No está claro, sin embargo, que esta lucha contra la discriminación y este aumento en servicios de apoyo y coberturas sanitarias que practican las grandes corporaciones obedezcan a una sincera y desinteresada preocupación de sus CEO por el bienestar de los trabajadores. No existe una relación entre la adhesión pública a prácticas inclusivas pro-LGTBIQ+ y otro tipo de condiciones laborales y económicas que experimentan sus empleados. Quizá el mejor ejemplo de esto lo encontremos en Amazon, la importantísima empresa de venta por internet, que distribuyó en 2018 entre sus empleados británicos una completa guía destinada al apoyo de los trabajadores trans. En ella se podían encontrar normas acerca del uso de pronombres personales, uniformes y vestimentas, y cuartos de baño, entre otros muchos aspectos. Todo esto contrasta con la feroz oposición que la empresa está mostrando a permitir la sindicación de sus trabajadores en el mismo Reino Unido y en otros países como Estados Unidos, Francia o Polonia, con todo tipo de prácticas —algunas legales, otras no tanto—, que ha denunciado Amnistía Internacional en un informe de 2020.[61] Curiosamente, el derecho a po-

61. Amnistía Internacional, *¡Amazon, dejen sindicarse a sus trabajadores*

der cambiar la foto en la ficha registral de Amazon a medida que va progresando la transición de un empleado trans no va acompañado del derecho de ese mismo empleado a contar con un representante sindical que defienda sus condiciones laborales.

Conviene, por tanto, ser cautos a la hora de interpretar el apoyo unánime que las grandes empresas y corporaciones transnacionales vinculadas a las finanzas, la tecnología, la alimentación o el ocio están ofreciendo al transactivismo. Para parte de la izquierda, esta defensa prueba que estamos ante derechos tan obvios y básicos que incluso el poder económico, siempre sospechoso, los promueve; pero esta explicación es incompatible con la recientísima aparición de esos asuntos en las agendas de las grandes compañías, y la evidencia de que con frecuencia las mismas grandes empresas no defienden otros derechos más obvios y básicos aún. Quizá la clave esté en aspectos más prosaicos y más consonantes con la elemental motivación económica de estas corporaciones, que, por un lado, tienen claro que la potenciación de las identidades de género es congruente con el subjetivismo y el individualismo del neoliberalismo que les beneficia a largo plazo, y, por otro, han calculado los beneficios a corto plazo que tienen este tipo de pronunciamientos en una época en la que la responsabilidad social de las empresas es un elemento central de su publicidad y su imagen pública en las redes sociales. Quizá la nueva tarjeta de crédito *True Name* tenga más que ver con la cuenta final de resultados de Mastercard que con el alivio de los problemas que las personas trans sufren al usar una tarjeta en la que no aparece su nombre sentido.

Televisión. Las personas trans como espectáculo

El auge de las redes sociales virtuales no ha conseguido por ahora desbancar a la televisión como el principal medio de comuni-

y trabajadoras! El respeto de los derechos laborales no es opcional, 2020, <https://www.amnesty.org/es/documents/pol40/3275/2020/es/>. [Consulta: 1 de junio de 2021]

cación generalista que utiliza la población en los países occidentales, y ésta también está reflejando un espectacular incremento en su atención a las personas trans, tanto en los programas informativos, documentales o de variedades, como en las series de televisión de las grandes productoras anglosajonas, convertidas en la actualidad en la principal fuente de ficciones de la sociedad contemporánea.

La Gay and Lesbian Alliance Against Defamation (GLAAD) realiza desde 1995 un estudio anual ampliamente citado acerca de la presencia de personajes LGTBIQ+ en las series de televisión estadounidenses, que desde 2015 cuenta con un apartado específico referido a los personajes trans. El informe más reciente analiza la temporada televisiva 2020-21, y en él se incluyen todas las series ofrecidas tanto en abierto, formando parte de la televisión generalista, como a través de cable o servicios de *streaming* propios de plataformas como Amazon, Hulu o Netflix.[62] Se trata de una temporada muy peculiar, debido a que la pandemia de la COVID-19 redujo considerablemente el número de producciones de los estudios estadounidenses, por lo que las cifras absolutas de personajes LGTBIQ+ se vieron reducidas al interrumpirse el rodaje de algunas de las series más populares en las que aparecían. Pero más importante que valorar las cifras de la temporada 2020-21 es apreciar la tendencia constante que se observa durante los últimos años.

Así, el informe de la GLAAD no registró ningún personaje trans en las series estadounidenses durante la temporada 2011-12, uno en la temporada 2012-13, y dos en la temporada 2013-14. La temporada 2014-15 es especialmente importante para esta cuestión, ya que en ella comenzó la emisión de la icónica serie *Transparent*, centrada en la historia de un profesor retirado de Ciencias Políticas de la Universidad de California en Los Ángeles que se identifica como mujer, alterando de forma importante la

62. GLAAD Media Institute, *Where we are on TV 2020-2021*, 2021, <https://www.glaad.org/sites/default/files/GLAAD%20-%20202021%20WHERE%20WE%20ARE%20ON%20TV.pdf>. [Consulta: 2 de junio de 2021]

vida de su familia. A partir de ahí, la tendencia asciende continua y notablemente, hasta alcanzar la cifra de treinta y ocho personajes trans en las series estadounidenses durante la temporada 2019-20, con la emisión de producciones con un alto componente de temáticas transexuales y transgénero como *Euphoria* o *Pose*. La temporada 2020-21 registra un descenso en el número absoluto de caracteres trans, bajando hasta veintinueve personajes fijos presentes en veintiséis series, pero no en su porcentaje relativo respecto al conjunto LGTBIQ+, lo que claramente indica que la causa del declive en valores absolutos está vinculada a la reducción de las producciones a consecuencia de la pandemia. Veintiséis de los veintinueve personajes trans han sido interpretados por actores trans. Las cifras relativas a los personajes de gais, lesbianas o bisexuales no han registrado un incremento tan importante en los últimos años, lo que indica que la T del acrónimo LGTBIQ+ va cobrando cada vez mayor protagonismo dentro de las series de televisión norteamericanas.

Hasta donde nosotros sabemos, no existen informes igualmente rigurosos acerca de la presencia de la temática trans en los magacines de actualidad y variedades. Pero sería difícil negar que durante los últimos años estos géneros televisivos han experimentado asimismo un aumento semejante en sus intereses por esta casuística. No destacan por su rigor, sino por su sensacionalismo; no destacan por abordar los problemas con la complejidad que en cada caso se requiera, sino por abusar de planteamientos populistas, siempre a favor del viento de la psicología mundana individualista y neoliberal, buscando provocar en el espectador extrañeza, simpatía u otras emociones inmediatas más que una reflexión sosegada.

Una entrevista a una persona trans en el plató se convierte en una sucesión de preguntas que piden conocer cómo se le manifestó al entrevistado su «verdadero» sexo o género, qué problemas tuvo para ser aceptado por los demás como lo que «verdaderamente» es, cómo es sentirse atrapado en un cuerpo equivocado u otros aspectos cargados con una aplastante mochila de asunciones previas de tipo esencialista. Si el invitado es un niño, el tratamiento es ya abiertamente reverencial, añadiendo a todo lo anterior toneladas de adulación y de celebración afectada de cuantas respuestas inducidas por las preguntas nos ofrezca. No encontramos en el cuestionario de los entrevistadores el menor indicio de que la experiencia de la persona entrevistada podría ser entendida más cabalmente si la abordáramos desde una lógica diferente, más interesada por cómo se formó socialmente tal identidad que por cómo se manifestó tal identidad supuestamente formada *a priori*. Tampoco son muchas las posibilidades de que se entreviste en *prime time* a alguna de las numerosísimas personas trans críticas con la visión que tiene la ideología de género sobre sus situaciones. Los pocos invitados que asisten en calidad de especialistas, y no por su condición de ejemplo del fenómeno, se adhieren a la versión oficial.

Por tanto, ha de quedar muy claro que no se está criticando en estas líneas el incremento de la presencia de las personas trans tanto en las series de televisión como en los magacines de variedades, sino el tratamiento que se da a estas experiencias, siempre a favor del enfoque queer dominante, presentado como si fuera obvio e indiscutible. Un medio masivo y cortoplacista como es la televisión generalista convierte en espectáculo todo lo que toca, y explota en su propio beneficio la comodidad y el sensacionalismo disfrazados de reivindicación e interés social. Se entrevista a las personas trans mientras se mira de reojo las audiencias. Las cuestiones de la identidad de género son expuestas de forma parcial y aprovechada, contribuyendo a aumentar los equívocos más que a aclararlos. En los casos más extremos, se llega incluso a tergiversar la cuestión, como cuando en la serie española *Veneno* se realiza una lectura anacrónica de la figura de Cristina Ortiz *la Veneno*, conocida celebridad de la televisión y el mundo del entretenimiento de la década de los noventa en nuestro país, que se relee desde posturas actuales queer que hubieran parecido incomprensibles en su momento y que, de hecho, resultan incompatibles con multitud de declaraciones suyas que han quedado grabadas.

Financiación. ¿Y esto quién lo paga?

Jennifer Bilek, cuyos trabajos serán en buena medida la base de este apartado, lo tiene muy claro: la mayor parte de la lucha contra la identidad de género se realiza desde un punto de vista ideológico, centrándose en el análisis de conceptos como «género» o «identidad», pero las auténticas raíces de este problema son estrictamente económicas, relacionadas con un crudo capitalismo donde se entremezclan cifras con muchísimos ceros que involucran a grandes empresas médicas y farmacéuticas, algunas de las principales corporaciones bancarias a nivel mundial, industrias de alta tecnología y *lobbies* formados por fundaciones supuestamente filantrópicas dedicadas a la defensa de los derechos de las personas trans.[63]

La conversión del transgenerismo en un estilo de vida habitual y ampliamente extendido entre la población tiene muy importantes repercusiones económicas, dada la necesidad que tendría esta nueva condición humana de apoyarse en las empresas tecnológicas, farmacéuticas y médicas. No es de extrañar la presencia de empresarios acaudalados y familias multimillonarias estadounidenses, cuyas fortunas están relacionadas con estos sectores económicos, entre las fundaciones que financian de forma más generosa a las ONG transgeneristas y actúan sin ningún disimulo como *lobbies* de presión política para conseguir leyes que favorezcan sus intereses, por ejemplo, a través de la difusión obligatoria de esta ideología de género en las escuelas. En ocasiones, algunos miembros de estas familias pertenecen al propio colectivo trans.

Bilek detalla en varios de sus trabajos este entramado,[64] y ahí

63. Jennifer Bilek, «From the World Bank to LGBT Leadership/The Corporate Colonization of Human Sex», *The 11th Hour*, 25 de noviembre de 2020, <https://www.the11thhourblog.com/post/from-the-world-bank-to-lgbt-leadership-the-corporate-colonization-of-human-sex>. [Consulta: 3 de junio de 2021]

64. Jennifer Bilek, «Who Are the Rich, White Men Institutionalizing Transgender Ideology?», *The Federalist*, 20 de febrero de 2018, <https://thefederalist.com/2018/02/20/rich-white-men-institutionalizing-transgen

el lector podrá encontrar los pormenores de las relaciones entre familias multimillonarias como los Stryker o los Pritzker, con fundaciones como Arcus, Tides o Tawani, la Open Society Foundation de George Soros, las cifras de las donaciones y becas que entran y salen de estas instituciones, y las cercanísimas relaciones que estos individuos mantienen con puestos importantes de la Administración estadounidense a todos los niveles. La página web Contra el Borrado de las Mujeres publicó en junio de 2021 una recopilación exhaustiva, clara y ordenada de todas las fuentes de financiación mundial del *lobby* queer que necesariamente deja boquiabierto al lector.[65]

El rastro del dinero, que arranca en estas fundaciones y empresas, señala cómo éste termina dedicándose a promocionar esta ideología de la identidad de género entre asociaciones religiosas, deportivas o culturales, llega en forma de cursos a todo tipo de ámbitos, desde policías y fuerzas armadas hasta los currículos de centros educativos de todos los niveles. La Fundación Estadounidense de Psicología, la principal asociación estadounidense dedicada a financiar investigaciones en los momentos iniciales de la carrera académica de los psicólogos, perteneciente a la Asociación Estadounidense de Psicología (APA, *American Psychological Association*), ha recibido donaciones por parte de la Arcus Foundation para desarrollar guías que orienten las prácticas de las terapias afirmativas ante los problemas de incongruencia de género.

A resultas de todo esto, la financiación para asuntos relacionados con las personas trans se multiplicó por ocho en el período comprendido entre 2003 y 2013, lo que es un crecimiento tres veces mayor que el que experimentó la financiación relacionada con las personas pertenecientes al colectivo gay, lésbico o bi-

der-ideology/>. [Consulta: 4 de junio de 2021] Jennifer Bilek, «The billionaires behind the LGBT movement», *First Things*, 21 de enero de 2020, <https://www.firstthings.com/web-exclusives/2020/01/the-billionaires-behind-the-lgbt-movement>. [Consulta: 4 de junio de 2021]

65. Contra el Borrado de las Mujeres, *El Lobby Q. La financiación del género queer*, 2021, <https://contraelborradodelasmujeres.org/financiacion/>. [Consulta: 9 de junio de 2021]

sexual. A medida que el fenómeno trans se va implantando en la cultura occidental, los niños se empiezan a educar en esta metafísica y se aprueban leyes que sancionan esta forma de ver la condición humana, el negocio de la industria de la identidad de género pasa en cinco años de valer ocho mil millones de euros anuales a valer más de tres billones de euros.[66]

Tras una primera experiencia que llevó a cabo el hospital Johns Hopkins entre 1965 y 1979, la primera clínica de género abrió en Boston en 2007. Desde entonces han aparecido más de trescientas clínicas en Estados Unidos que realizan intervenciones en jóvenes pacientes que reclaman mastectomías, faloplastias y vaginoplastias, entre otros procedimientos, para adaptar su cuerpo a su identidad sentida. La clínica Olson-Kennedy, ubicada en Los Ángeles, es la mayor de ellas, con listas de espera de varios meses y 725 pacientes atendidos en 2016. El más joven de ellos tenía tres años.[67]

Es esta financiación la que convierte al transactivismo en una potente fuente de influencia política, apoyada por algunos de los bufetes legales privados más importantes del mundo, activa a escala internacional y financiada por corporaciones transnacionales, muy lejos del tono de resistencia minoritaria y marginal que pudo haber tenido en un principio. *¿Sólo adultos? Buenas prácticas para el reconocimiento legal del género en jóvenes*[68] es una guía de transactivismo editada en 2019 por la International Lesbian, Gay, Bisexual, Transgender, Queer and Intersex Youth &

66. Elena Armesto, «La industria de la identidad de género ha pasado de valer ocho mil millones de euros anuales a más de tres billones en sólo cinco años», *La Hora Digital*, 7 de marzo de 2021, <https://www.lahoradigital.com/noticia/31044/igualdad/la-industria-de-la-identidad-de-genero-ha-pasado-de-valer-8000-millones-de-euros-anuales-a-mas-de-3-billones-en-solo-cinco-anos.aspx>. [Consulta: 4 de junio de 2021]

67. Usha Lee McFarling, «Demand for transgender medical care is exploding», *Insider*, 26 de diciembre de 2016, <https://www.businessinsider.com/demand-for-transgender-medical-care-is-exploding-2016-12>. [Consulta: 4 de junio de 2021]

68. IGLYO, *Only adults? Good practices in legal gender recognition for youth*, 2019, <https://www.iglyo.com/wp-content/uploads/2019/11/IGLYO_v3-1.pdf>. [Consulta: 2 de junio de 2021]

Student Organisation (IGLYO) en colaboración con Dentons, la firma de abogados más grande del mundo, y la Fundación Thomson Reuters, la rama filantrópica del *holding* mediático internacional Thomson Reuters. Según reconoce la propia guía, sus objetivos buscan conseguir que no haya límite inferior de edad para el cambio del registro del sexo y el reconocimiento de la identidad de género de los menores.

Ejemplos de afirmaciones que se pueden encontrar en esta guía son: «Ha de permitirse que los niños y los adolescentes se definan como a ellos les parezca, tanto en términos sociales como legales. Permitir a los jóvenes cambiar sus marcas de género es un derecho humano que debe permitírseles» (p. 9), «cualquier afirmación de una autoridad pública sugiriendo que los niños de cierta edad puedan ser demasiado jóvenes para ser conscientes de su identidad va en contra del principio del interés superior del menor y su derecho a ser escuchado» (p. 13), «los Estados han de actuar contra los padres que obstruyan el libre desarrollo de la identidad de una persona trans joven al negarse a dar autorización parental cuando se les pida» (p. 14) o «ha de eliminarse el requisito de una edad mínima» (p. 15). Entre los medios sugeridos para conseguir estos fines, se propone usar argumentos que hablen de derechos humanos, dado el estigma político que implica toda violación de los derechos humanos (pp. 19-20), vincular la campaña a otros temas más populares, como el matrimonio homosexual (p. 20), o intentar mantener la cobertura de la prensa en estos temas bajo mínimos (p. 20). No nos consta la existencia de ningún otro activismo social en el que se busque intencional y explícitamente que la lucha reivindicativa tenga poca repercusión mediática.

Finalmente, ¿estamos de verdad ante un tema de derechos civiles referidos a un porcentaje muy reducido de la población que padece incongruencia de género, que ha disparado desinteresadamente una generosidad nunca antes vista de fundaciones y corporaciones, pasando incluso por la promoción de una nueva idea de ser humano y el cambio del diseño social a todos sus niveles? ¿O hay detrás una agenda de intereses estrictamente económicos ante un negocio igualmente sin precedentes? Cuando los gobiernos, las corporaciones, los bancos, los bufetes de abogados más grandes del mundo y la ONU se comprometen con estos derechos civiles como jamás se comprometieron en el pasado con los movimientos de igualdad racial o los movimientos feministas, ¿hemos de pensar que sólo les mueve la iluminación recibida tras haber entendido, gracias a la teoría queer, que el sexo no existe o, en caso de existir, siempre deberá supeditarse a una identidad abstracta masculina, femenina o intermedia que toda persona posee? Para Bilek, creer que todo este tinglado responde al sincero interés que el gran capital tiene por el 0,03 por ciento de la población es el colmo de la locura. El transgenerismo, concluye, no es más que un gran negocio disfrazado de lucha por los derechos civiles.[69]

Hemos presentado cómo a través de diversos frentes la visión queer de la identidad de género ha terminado implantándose en un gran número de áreas de nuestra sociedad. En estos momentos, en los países occidentales, el movimiento LGTBIQ+ ya prácticamente se ha reducido al movimiento T, y «lo queer» se ofrece a los adolescentes como una nueva subcultura, aceptada con entusiasmo por muchos de ellos, que caen completamente seducidos por sus promesas de redención, transgresión y progreso, por más que su raíz ideológica sea profundamente retrógrada, sexista y teledirigida desde el corazón del capitalismo.

No es sencillo establecer relaciones causales entre los diversos frentes que han sido presentados en este capítulo. ¿El movimiento queer va de la calle a las leyes y de ahí a la educación y la televisión, o va de la televisión a la política, y de ahí a la educación? ¿La financiación multimillonaria de este movimiento es previa o posterior al transactivismo? Probablemente no tenga especial sentido intentar encontrar relaciones causales sencillas

69. Jennifer Bilek, «Transgenderism Is Just Big Business Dressed Up In Pretend Civil Rights Clothes», *The Federalist*, 5 de julio de 2018, <https://thefederalist.com/2018/07/05/transgenderism-just-big-business-dressed-pretend-civil-rights-clothes/>. [Consulta: 5 de junio de 2021]

y directas entre estas diversas caras de la cuestión, especialmente si cometemos el error de considerarlas de forma independiente. El tsunami político, psicológico, mediático, educativo, médico relacionado con la visión queer de la identidad de género forma una argamasa que unifica estos diversos aspectos provocando una fortísima sinergia entre todos ellos. Su consecuencia final es la implantación oficial del espejismo queer, el incontestable éxito social de un malentendido monumental que funciona con la lógica de los espejismos, imágenes especulares en donde las cosas se muestran del revés, invertidas respecto de su verdadera posición. En el próximo capítulo vamos a intentar enderezarlo.

4

Dándole la vuelta al espejismo queer

Todos hemos tenido la experiencia de ir en coche un día despejado y caluroso, y notar cómo al final de una larga recta parecen formarse charcos de agua en donde vemos reflejados e invertidos los coches que van a lo lejos delante de nosotros. Se trata de espejismos, fruto de caprichosos juegos que hace la luz cuando atraviesa zonas de aire a diferentes temperaturas, provocando refracciones poco habituales que dan lugar a estas ilusiones ópticas. Son habituales en los desiertos y en otras zonas extremadamente cálidas. La clave de los espejismos no está en que muestren objetos que no existen. No son alucinaciones. Por el contrario, el reflejo de objetos reales puede llegar a ser detallado y minucioso. El problema está en que muestran dichos objetos invertidos, cabeza abajo, vueltos del revés, por lo que será necesario volver a darles la vuelta si queremos obtener una imagen fiel del objeto que están representando.

Se va a defender en este capítulo la idea de que la identidad de género, tal y como se presenta habitualmente en las discusiones políticas, en los medios de comunicación y en los programas educativos, es básicamente un espejismo, es decir, un reflejo invertido del funcionamiento de los estereotipos sexuales en nuestra sociedad, amparado por una mala filosofía metafísica —que se expondrá y criticará en los capítulos 5 y 6—, mera ideología neoliberal. Entiéndase por tanto que en ningún momento se está negando la realidad de los fenómenos a los que se refiere la identidad de género. Nadie discute la realidad del sufrimiento emocional de las personas cuya identidad de género resulta problemática, por ejemplo, en el caso del creciente número de jóvenes adolescentes que declaran su extrañeza e incomodidad ante su propio cuerpo. Lo que se va a denunciar es que la explicación de estos problemas que habitualmente se hace desde posturas queer invierte la flecha de la causalidad, toma como causa lo que es efecto y como efecto lo que es causa, dando lugar a un mal análisis de la disforia de género del que se derivan inadecuadas formas de intentar aliviarla. Conceptualizar erróneamente un fenómeno conduce a cometer todo tipo de errores al intervenir sobre él en todas las áreas en las que se manifiesta —políticas, clínicas, educativas—, y suponer que las personas ya vienen marcadas de entrada con una identidad de género, variadísima en sus posibilidades y autodeterminada en su origen, a la que su realidad biológica y antropológica del sexo debe supeditarse, es cometer un terrible error de trágicas consecuencias aplicadas.

Como veremos, el espejismo se aprovecha de la degeneración que sufren conceptos como «identidad» o «constructo social» y termina dando lugar a una confusión enrevesada. No es que cambie la definición de palabras que han sido plenamente funcionales en todos los idiomas del mundo —*mujer*, *varón*—, sino que sencillamente tal definición desaparece en medio de una densa niebla autorreferente. Contra todo este galimatías cabe, sin embargo, otra visión más cabal del ser humano, que se esbozará, aunque sea muy esquemáticamente, al final del capítulo.

La identidad de género, digo de sexo, digo de género, digo...

El concepto de «identidad» ha sufrido en los últimos tiempos un deslizamiento semántico verdaderamente sorprendente. Originariamente, su uso culto estaba relacionado con el ámbito de la filosofía, básicamente asociado a un tipo determinado de relación de igualdad en la que ambos términos resultan equiparables en todos sus atributos. Con este arranque, el término alcanzó una presencia nada desdeñable en áreas como la lógica, la ontología o la teología, antes de asaltar las esferas etnicistas y psicologicistas, donde se encuentra más desplegado en la actualidad. Gustavo Bueno hace un minucioso repaso y análisis de la idea de «identidad», tal como aparece ya en el mundo académico con la obra de Santo Tomás y se desarrolla en toda la tradición escolástica, que termina repercutiendo en innumerables autores de la historia de la filosofía, desde Leibniz hasta Schelling, pasando por Kant o Hegel.[70] Como señala el autor, conceptos de «identidad», no unívocos sino análogos, múltiples, que no suponen la mera aplicación de una idea general de identidad a los diferentes ámbitos, aparecen también en ciencias como la mecánica o la química. El carácter confuso de esta idea termina de oscurecerse más aún con la llegada de la identidad como relevo para la *égalité* que proclamaba la Comuna de París, en las reivindicaciones etnicistas o culturalistas —las «señas de identidad»—, y en el papel que desempeñó el recurso a la identidad colectiva dentro de la retórica nacionalista burguesa a partir del siglo XIX, comentado en el capítulo 2.

Media un largo camino entre la identidad como función lógica aristotélica y la identidad como experiencia íntima autogenerada. La Comisión de Derechos Humanos de las Naciones Unidas define la identidad de género como «un sentimiento sentido de forma interna y profunda de ser varón o mujer, o algo intermedio u otra cosa. La identidad de género de una persona puede corresponder o no con su sexo».[71] La APA la define como «un sentimiento sentido de forma profunda e inherente de ser una chica, mujer o hembra; un chico, varón o macho; o un género

70. Gustavo Bueno, «Predicables de la Identidad», *El Basilisco*, 2.ª época, 25 (1999), pp. 3-30.

71. Human Rights Commission, «To be who I am: Report of the inquiry into discrimination experienced by transgender people», 2008, <https://www.hrc.co.nz/files/5714/2378/7661/15-Jan-2008_14-56-48_HRC_Transgender_FINAL.pdf>.

alternativo».[72] Por su parte, el polémico borrador de la ley trans que Unidas Podemos filtró a la prensa a comienzos de 2021 aclara en su apartado de Definiciones: «Identidad de género o sexual: la vivencia interna e individual del género tal y como cada persona la siente y autodefine, pudiendo o no corresponder con el sexo asignado al nacer» —la carga de profundidad que supone la igualación de los términos *género* y *sexo* en *identidad de género o sexual* se comentará más adelante—. Más allá de ser un sentimiento o una vivencia, la clave de la nueva metafísica de la identidad personal intenta dar a entender que tal sentimiento o vivencia es la vía por la que la persona se iguala a sí misma, jugando implícitamente con la idea de dos yoes —uno interior y otro exterior, uno verdadero y otro falso, uno público y otro privado— que se identifican, se igualan, gracias a esa experiencia emocional. De este modo, la idea de identidad de sexo o género mantiene el carácter relacional entre dos términos que tuvo la idea de identidad en su desarrollo histórico, aunque es fácil apreciar el abismo que media entre la idea de identidad que se practica en las proposiciones de la física relativas, por ejemplo, a la conservación del momento cinético o del número bariónico, y la idea de identidad que se practica cuando desde el humanismo cándido se defiende, por ejemplo, la conveniencia de que las personas sean ellas mismas.

Si el concepto de «identidad» aplicado a la relación de la persona consigo misma no es sencillo, la cambiante conexión que se ha establecido durante las últimas décadas entre los conceptos de «sexo» y «género» es notablemente enrevesada. Refiriéndonos en particular a la lengua española, en este ámbito *género* tuvo un valor inicialmente lingüístico, referido a categorías gramaticales propias de sustantivos, adjetivos, pronombres y artículos que deben concordar entre sí y, en el caso de referirse a los seres vivos, pueden expresar su sexo. La palabra inglesa *gender*, por el contrario, siempre tuvo un significado más amplio, que

72. American Psychological Association, «Guidelines for Psychological Practice With Transgender and Gender Nonconforming People», *American Psychologist*, 70, 9 (2015), pp. 832-864.

incluía tanto el aspecto gramatical del término *género* español, como la referencia a los dos sexos en los que se divide la especie humana, connotando especialmente sus repercusiones sociales y culturales. Sea como fuere, hasta la llegada del feminismo de la década de los setenta, no se disponía de un concepto con un nombre propio y potente desde el que abordar los aspectos normativos o prescriptivos asociados al sexo, lo que facilitaba que éstos tendieran a quedar en un segundo plano, a la sombra del propio sexo. Podría pensarse que tales aspectos culturales y sociales eran la prolongación natural e inevitable de las diferencias biológicas reproductivas entre varones y mujeres, hasta el punto de no necesitar ni siquiera una palabra que los nombrara de forma independiente.

Se suele citar a Gayle Rubin como la autora feminista que a mediados de la década de los setenta toma el término *gender* —con los matices señalados usaremos a partir de ahora la voz *género*— y lo convierte en una potente herramienta conceptual para designar el carácter cultural no natural de todas las construcciones sociales que perpetúan las desigualdades profundas entre varones y mujeres.[73] Según señala Rosa Cobo, el feminismo acentuó en aquel momento cómo el sexo es una realidad anatómica indiscutible, mientras que el género es una realidad política, tanto material como simbólica, que reproduce el orden social patriarcal a través de dos normatividades generizadas: la masculina y la femenina. Aparece el fértil campo de los «estudios de género», desde diferentes disciplinas y con diversos enfoques, con el único hilo común de destacar el género como un hecho que ha de ser dotado de su propio protagonismo, mucho más que un mero epifenómeno del sexo. Durante las décadas finales del siglo XX, se insiste en distinguir sexo y género, poniéndolos a un mismo nivel, como forma de combatir la falacia naturalista que defendería la justificación biológica de las relaciones de poder entre varones y mujeres, y la subordinación de éstas a aquéllos.

El sexo obviamente es binario, de acuerdo con lo dicho en el

73. Rosa Cobo Bedia, «El género en las ciencias sociales», *Cuadernos de Trabajo Social*, 18 (2005), pp. 249-258.

capítulo 1. El género, ya libre de su vínculo naturalista con el sexo, no tiene por qué serlo. La llegada de la teoría queer se apoya en buena medida en el entusiasmo que el concepto de género despierta entre el feminismo, pero paradójicamente esta teoría va a iniciar un camino de regreso a la etapa en la que el sexo y el género se entremezclaban de forma confusa. La novedad es que, aupado por la apoteosis generista, en este nuevo regreso será el género el que eclipse al sexo, y no al revés, siendo éste el que va a querer ser entendido ahora como una realidad subordinada al género y conformada según su misma lógica. El género obviamente no es binario. El sexo, ya preso de su vínculo posmoderno con el género, tampoco tendrá que serlo. Si en el pensamiento sexista tradicional el género es sólo una nota a pie de página del sexo, en el pensamiento queer, el sexo es sólo una nota a pie de página del género. Si en el pensamiento sexista tradicional un niño varón que se pinta las uñas deberá adaptar su género a su sexo, en el pensamiento generista queer el mismo niño deberá adaptar su sexo a su género.

En medio de este juego de pesos y contrapesos, la propia definición de *mujer* o *varón* comienza a estirarse y distorsionarse como las imágenes en medio de un laberinto de espejos cóncavos y convexos. Perdido el anclaje de su relación con las diferencias reproductivas, con la sociedad machista y con las estructuras objetivas de poder, el género termina cayendo por el sumidero del individualismo y la candidez sentimentalista, como hemos mostrado en el capítulo 2. A pesar de la obstinación con la que la realidad material del sexo se nos impone cada día en la vida de las personas, no faltarán clavos ardiendo a los que se agarren los que defiendan una visión epistemológicamente predarwinista y ontológicamente posmoderna de la biología, para negar en nombre de «la ciencia» la función reproductiva del sexo como el eje que ordena y permite entender su anatomía y fisiología. El sexo pasa a ser un ruido biológico azaroso, y el género, una esencia personal, igualmente azarosa, a la que se llega por el camino regio de la identidad. Para el cándido, todo es porque sí, ya que preguntarse por el porqué de las cosas es odiarlas y ofenderlas.

Así que, en cierto sentido, hemos vuelto al punto de partida.

Tras décadas de insistencia en la necesidad de separar el sexo y el género, ahora buena parte del feminismo empieza a mirar con cierta suspicacia el nuevo género degenerado, un esencialismo de género al que culpan de haberse vuelto finalmente en contra del feminismo, de despolitizarlo y arrojarlo en los brazos de una posmodernidad que finalmente lo anula —baste reparar en cómo el término *estudios de género* ha terminado reemplazando a *estudios feministas* o *estudios de la mujer*—.[74] Y, por otra parte, las posturas más cercanas a la teoría queer y el transactivismo buscan deliberadamente volver a confundir sexo y género, usando indistintamente uno u otro término en sus textos y declaraciones, incluso en textos legales como el borrador de la ley trans de Unidas Podemos citado al comienzo de este apartado; en él se define la «identidad de género o sexual» como «la vivencia interna e individual del género», ejerciéndose este desvanecimiento del sexo que venimos comentando. El uso extendidísimo del sintagma *personas trans*, en el que intencionalmente se incluyen por igual a las personas transexuales y a las personas transgénero como si no tuviera sentido distinguir entre ambas, es, por un lado, una de las mayores victorias que cabe reconocerle a la reacción queer antifeminista y, por otro, uno de los mayores problemas con el que se encuentra cualquiera que intente analizar estas casuísticas personales de una forma no simplista y no demagógica.

No quedaría este apartado completo sin incluir unas líneas acerca de otro de los conceptos que permanentemente nos encontramos vinculados a las ideas de identidad, de sexo y de género: el concepto de «constructo social». Al fin y al cabo, cualquiera que esté medianamente curtido en el debate actual acerca de estas cuestiones habrá oído miles de veces que tanto el género como el sexo no son más que constructos sociales. Parecería que ante la mera invocación de dichas palabras quedara zanjada la discusión. Se pretende dar a entender que si algo es un constructo social no

74. Alicia Miyares, «Esencialismo de "Género"», *El Plural*, 25 de octubre de 2018, <https://tribunafeminista.elplural.com/2018/10/esencialismo-de-genero/>, [Consulta: 8 de junio de 2021]

existe en realidad, no es más que un artefacto inventado, con benévolas o más probablemente malévolas intenciones, al que se ajustan los miembros de una cultura o sociedad por inercia, por conservadurismo o por falta de iluminación posmoderna. Según esta visión tan simplista, si algo es un constructo social es arbitrario, caprichoso y convencional, y puede ser cambiado simplemente con un golpe de voluntad, ya que su naturaleza es gratuita. Da igual que nos estemos refiriendo a la decoración de las calles en Navidad o a la jubilación de los trabajadores al llegar a los sesenta y cinco años. Tiene la misma naturaleza injustificada la monogamia que el color de las camisetas de los equipos de fútbol. Más aún, si algo es un constructo social puede y debe ser retado y transgredido: su carácter volátil no sólo lo permite, sino que además lo recomienda en los casos, como el del sexo, en el que el constructo social uniformiza y asfixia una riqueza de excepciones que no se ajustan al artificio. Basta una excepción a un principio general para que dicho principio revele su carácter de constructo social: no existe en la realidad, sólo en nuestras mentes.

Bajo estos vapores cándidos nos encontramos con un dualismo burdo que es necesario denunciar, en el que se opondría una realidad que al parecer habla por sí misma y un mundo de constructos sociales que crean otra realidad paralela silenciando la verdadera realidad. Contra esta visión romántica de la transgresión como la irrupción de la realidad en medio del engaño lingüístico, cabe defender, por el contrario, que en los ordenamientos sociales y culturales la anomalía está tan prevista y tan prescrita como la propia norma. La presión social transmite a cada ciudadano qué es lo que se espera de él y, a la vez, cuáles son las alternativas disponibles en caso de que tal expectativa inicial no funcione. Y tanto unas como otras resultan ser finalmente igual de inofensivas e inocuas para dicho ordenamiento social. El transactivismo es un buen ejemplo de todo esto.

Aunque se pretenda presentar la excepción como el nuevo paradigma de lo que es la norma, y la transgresión como el nuevo prototipo de la autenticidad, tanto la una como la otra pueden ser consideradas tan constructos sociales como los propios constructos sociales contra los que se levantan. Al final, el propio uso del concepto de constructo social resulta ser un constructo social. Necesitamos una teoría de los constructos sociales que, rechazando idealismos realistas ingenuos y aceptando la dimensión social, pero también material, del carácter construido de la realidad, permita al menos distinguir entre tipos de constructos sociales y elimine la idea de que todo constructo social es necesariamente arbitrario, salvo que queramos terminar concluyendo que la costumbre de dormir por las noches es tan gratuita y caprichosa como los regalos que se hacen los enamorados en el Día de San Valentín.

Mujeres y hombres y viceversa

Hemos visto cómo los estereotipos sexuales colectivos, sociales en su origen y nada inocentes respecto a su ideología, se transforman en el género, y cómo éste termina abstraído convertido en una experiencia íntima e individual, de cuyo origen social ya nadie se acuerda. De la función opresora de los estereotipos sexuales sobre la mitad femenina de la población no queda rastro ni en el nuevo género ni en su identidad. La versión oficial del género lo entiende como una esencia interna que puede aparecer a tempranísima edad, y que se presenta ya al individuo de forma evidente dotada de su contenido y significado. Un día cualquiera, en un momento cualquiera, la persona —en ocasiones un niño en edad casi preverbal, otras veces un sexagenario— descubre que es varón o que es mujer. La revelación se le presenta de la misma manera que otras sensaciones: igual que nota el frío o el calor, el cansancio o el descanso, el hambre o la saciedad. Nunca va a descubrir de la misma manera la etnia a la que pertenece, su edad o su estatura. Pero el sexo, sí. De luchar contra los estereotipos sexistas se ha pasado a aclamarlos como la medida básica de lo que somos.

Es la revelación de una esencia, de un auténtico «yo» que siempre estuvo ahí por muy reprimido que se encontrara. El alto ejecutivo que se declara mujer el día de su jubilación siempre fue mujer, a pesar de que durante las décadas de los setenta, ochenta y noventa jamás hubiera pensado en ese tema y marcara la casilla «varón» de forma mecánica en cuantos formularios rellenó. Las dos amigas adolescentes que hablan sin parar sobre estas cuestiones, que llevan meses, quizá años, viendo a diario en Instagram y en TikTok contenidos sobre el mundo trans, y que finalmente cuentan a la vez a sus padres que han decidido iniciar la transición hacia el género masculino, ya nacieron como varones dentro de un cuerpo equivocado.

Y, sin embargo, cabe plantear algunas objeciones a esta visión del género. La principal de ellas duda de que se pueda presentar a la conciencia de una persona su condición masculina o femenina sin que previamente haya tenido lugar un aprendizaje social en el que se hayan interiorizado los estereotipos sexuales. Como veremos a continuación, el aprendizaje social es la principal vía a través de la cual las personas podemos llegar a describir nuestro mundo emocional. Pero no es la única: también podemos poner nombre a nuestras experiencias íntimas al reconocerlas como semejantes a otras experiencias vividas en el pasado. O también nuestra descripción puede ser el resultado de un moldeamiento verbal, mediante el que, desde agentes macrosociales como los medios de comunicación hasta agentes microsociales como las personas particulares que nos rodean, se va induciendo nuestra forma de hablar, guiando nuestras palabras y reaccionando de formas muy diferentes en función de lo que digamos.

Exactamente, ¿qué ha sentido la persona que dice haber sentido que es varón o mujer de forma incongruente con lo que indicaría su rol reproductivo? ¿Qué contacto ha tenido con la experiencia de ser varón o mujer que le permita reconocer su vivencia de esa manera? ¿Con qué la compara? Más allá de suponer que nuestras emociones se nos presentan ya espontáneamente rotuladas con etiquetas que describen sus contenidos, cabría ser escéptico respecto del carácter natural e inmediato de estas afirmaciones y preguntarse qué es lo que verdaderamente explica la conversación entre madre e hija que nos describe Tey Meadow:[75]

75. Tey Meadow, «"Deep down where the music plays": How parents account for childhood gender variance», *Sexualities*, 14, 6 (2011), pp. 725-747.

Michelle nos narra la conversación que tuvo con Willow antes de nuestra entrevista, en la que Willow le dijo que ella sabía que era una niña desde los dos años de edad. Michelle preguntó: «¿Qué es lo que te dice que eres una niña? ¿Es tu cerebro, es tu corazón? ¿Qué es lo que te lo dice?». Willow contestó: «Mamá, es mi alma. Mi alma me dice que soy una niña, muy dentro de mí, donde suena la música». «Para mí —dijo Michelle con una sonrisa—, eso fue muy profundo.»

Vamos a presentar, sin embargo, otras explicaciones más razonables y más comprobables para la conducta de Willow, que no necesitan comulgar con la rueda de molino metafísica que supone el alma de Willow hablándole desde muy dentro, donde suena la música.

La psicología lleva décadas estudiando cómo la sociedad nos enseña de formas diversas a nombrar el mundo de emociones que se nos presenta sólo a nosotros. A pesar de ser fenómenos de carácter íntimo, aprendemos a nombrarlos gracias a que los compartimos con otras personas en numerosas ocasiones. Aprendemos a llamar «frío» a la sensación que tenemos cuando salimos a la calle en invierno con poca ropa porque otra persona a nuestro lado, tiritando como estamos tiritando nosotros, dice: «Qué frío hace». Aprendemos a llamar «dolor» a lo que sentimos cuando nos golpeamos contra un mueble caminando descalzos por casa, porque cuando lloramos por lo aversivo de la sensación nuestra madre, que ha oído el golpe y ve cómo nos estamos agarrando el pie, se nos acerca y nos pregunta: «¿Te duele mucho?». No nos pregunta «¿tienes hambre?» o «¿estás enfadado?». Nos pregunta «¿te duele mucho?», y así empezamos a llamar «dolor» a eso que estamos sintiendo. De la misma manera, aprendemos a nombrar la tristeza, la esperanza, la timidez, el cansancio, el aburrimiento, la fe, la competitividad, el sentimiento de culpa. No son vivencias que se nos presenten ya etiquetadas a nivel lingüístico o cognitivo. Para que adquieran tal nivel requieren de un aprendizaje social.

Probablemente este tipo de aprendizaje pueda dar cuenta de una gran cantidad de casos en los que una persona afirma ser del sexo contrario al que indicarían sus genitales. Un niño varón puede estar jugando con muñecas, y alguien a su lado puede decirle: «¿Qué haces jugando con muñecas? Eso es cosa de niñas». Una niña puede odiar la ropa que le obligan a ponerse por incómoda y limitadora de sus movimientos, y envidiar a su hermano que se limita a vestir unas zapatillas y una camiseta. Esto son sólo dos ejemplos entre los dos millones que podríamos imaginar provenientes de los medios de comunicación, los juegos escolares, las redes sociales, los catálogos de juguetes, las canciones, la ropa, los comentarios de padres, profesores y otros adultos, los comentarios de sus iguales, los anuncios publicitarios, las prácticas y preceptos religiosos, las costumbres deportivas, los bailes... Estamos hablando de una sucesión interminable de experiencias cotidianas que indican qué es ser niño y qué es ser niña, al lado de otros centenares que indican, por ejemplo, qué es sentir frío o sentir calor, con la diferencia de que el aprendizaje de la descripción de las sensaciones térmicas no conlleva una carga ideológica, mientras que el aprendizaje de la descripción de los géneros forma parte fundamental de la socialización más elemental en nuestra sociedad sexista.

¿Cuánto se reduciría el número de personas trans si dejáramos de contar como tales a aquellas personas a las que se les ha dicho, directa o indirectamente, desde el sexismo más rancio y conservador, que sus pensamientos, sus preferencias estéticas, sus comportamientos, sus emociones, sus gustos en cualquier ámbito son propios del otro sexo? ¿Cuánto daño hacen tuits retrógrados como el escrito por la política valenciana Mónica Oltra con ocasión del debate parlamentario que tuvo lugar en mayo de 2021 sobre la ley trans, en el que afirmaba: «Yo soy mujer, no por mis genitales, lo soy porque pienso y me comporto como una mujer»?[76] Quizá nadie lo resumió mejor que la feminista radical Nagore Goicoechea en otro tuit escrito en fechas cercanas al de

76. Mónica Oltra [@monicaoltra], «Ningú té dret a repartir carnets de feminisme ni de res. Jo sóc dona, no pels meus genitals, ho sóc perquè pense i me comporte com a dona» [Tweet], Twitter, 22 de mayo de 2021, <https://twitter.com/monicaoltra/status/1396076161579560963>.

Mónica Oltra: «Por todas las adolescentes a las que nos metieron en la cabeza que éramos trans simplemente por no seguir los roles machistas que se nos imponen. Por todas aquellas que no pudieron dar marcha atrás a tiempo. Yo, por suerte, pude».[77]

Otro proceso que las personas empleamos para nombrar nuestras vivencias internas se basa en la comparación que establecemos entre dichas vivencias actuales y otras experiencias pasadas. Una persona de cincuenta años puede afirmar muy contenta «me siento como si tuviera veinte años» con motivo de un logro físico o de una sensación de particular júbilo y energía por el motivo que fuera. Tuvo veinte años en el pasado y, aunque probablemente la comparación sea menos precisa de lo que le está pareciendo, puede identificar su vitalidad actual con la que recuerda haber sentido años atrás. Esa misma persona, por el contrario, no puede afirmar «me siento como si tuviera ochenta años» más que como una mera metáfora con la que referirse a un momento de especial cansancio. No conoce la experiencia de tener ochenta años y, por tanto, no puede comparar su estado actual con dicha situación. No tiene sentido aplicar este proceso comparativo a la persona que se declara transexual. Aunque con frecuencia se describe la aparición de la identidad de género como un reconocimiento, como una identificación emocional, en verdad no hay nada que (re)conocer, ya que nada ha sido conocido previamente. La persona que debuta como persona trans y afirma ser mujer o varón no está diciendo que su sexo haya cambiado y el actual le recuerda a otro que tuvo en el pasado, sino que siempre se sintió de la misma manera, ya que siempre tuvo el sexo que proclama tener ahora, sólo que ahora es otra la palabra que lo describe.

Por último, no podemos olvidar el carácter de profecía autocumplida que puede tener la difusión de la visión queer de la

77. Nagore Goicoechea [@psicores], «Por todas las adolescentes a las que nos metieron en la cabeza que éramos trans simplemente por no seguir los roles machistas que se nos imponen. Por todas aquellas que no pudieron dar marcha atrás a tiempo. Yo, por suerte, pude. #LeyTransEsPatriarcal» [Tweet], Twitter, 18 de mayo de 2021, <https://twitter.com/psicores/status/1394588463551369216>.

identidad de género entre la población. En los medios de comunicación, en los contenidos escolares, en las redes sociales, las personas más jóvenes encuentran a mano la oferta trans generista, y algunas de ellas pueden comprobar cómo el mero hecho de acercarse a ella dispara un efecto mariposa en las personas de su entorno de consecuencias a largo plazo. Con la mejor voluntad, movidos por el temor de que sus hijos puedan sufrir graves problemas en caso de que no se les dé la razón en todo lo que digan acerca de su género, o movidos por un cierto esnobismo que celebra tener en la propia familia a alguien ungido por la disidencia sexual, padres completamente bienintencionados pueden mostrar una sobreatención y sobrevalidación ante este tipo de demandas, que engordan y dotan de relevancia existencial a lo que pudiera haber sido inicialmente un comentario pasajero carente de trascendencia. En el caso contrario, la irritación mostrada por unos padres ante la tendencia que está tomando su hijo adolescente puede ser un potentísimo reforzador de tal tendencia. De una forma u otra, todos entendemos el carácter esponjoso de la infancia y sabemos la facilidad con la que una familia puede inducir determinadas creencias y conductas en los niños, intencionadamente o sin intención, para después, cuando estos comportamientos se vuelven frecuentes, encogerse de hombros y fingir que tal conducta ha aparecido espontáneamente en el niño. Exactamente lo mismo se puede decir de los centros educativos, lugares donde ya se han abierto las puertas a esta visión generista, como hemos visto en el capítulo anterior.

En resumen, la identidad de género incongruente con el sexo biológico puede ser debida a un aprendizaje social organizado alrededor de los estereotipos sexistas tradicionales, o también a un modelado resultante de la mezcla de una cultura que ha empezado a promocionar estas ideas y un entorno personal especialmente sensible a estas cuestiones. Ante estas explicaciones, apelar a que lo que está ocurriendo es la manifestación directa de una esencia personal generista, de naturaleza bien biológica, bien espiritual, que siempre ha existido en los individuos pero sólo ahora la sociedad reconoce, es simplemente candidez infantil, que bordea el ridículo cuando es defendida por alguien dotado de conocimientos o responsabilidad política. Tras la exposición de estas hipótesis alternativas ya estamos preparados para poder formular con precisión en qué consiste el espejismo queer relativo a la identidad de género.

Todo está al revés de como muestran los mapas

Viene a cuento citar en este momento una pequeña historia que se atribuye a Enrique *el Navegante*. En la primera mitad del siglo xv, Portugal llevó a cabo un gran número de campañas marítimas buscando la exploración de la costa africana y el hallazgo de nuevas rutas que condujeran a las Indias. Estos periplos tomaban como carta de referencia la «geografía de Ptolomeo», unos mapas rudimentarios elaborados en el siglo II, de los que se realizaron numerosas copias y cuya vigencia se mantuvo durante más de mil años. Al término de uno de esos viajes, el capitán de la expedición se presentó ante el infante Enrique y le dijo: «Señor, con el debido respeto al renombrado Ptolomeo, todo está al revés de como muestran los mapas».

Pues bien, tras haber recorrido el campo de la identidad de género, y con el debido respeto a la renombrada Judith Butler —con quien nos encontraremos en el siguiente capítulo—, estamos en condiciones de afirmar que todo está al revés de como muestra la teoría queer. El espejismo queer presenta brotando del interior de la persona hacia la sociedad lo que en realidad son estereotipos sexistas procedentes de la sociedad que el individuo interioriza. La flecha de la causalidad relevante va exactamente en la dirección contraria: no de dentro hacia fuera, sino de fuera hacia dentro. El género, tal como se entiende ahora en las definiciones que de él dan los organismos internacionales o las legislaciones que se ocupan del tema —vivencias íntimas, experiencias, sentimientos profundos—, se convierte en un negativo fotográfico, una imagen especular del original, que ya no permite apreciar su dimensión política, su función perpetuadora de las relaciones de poder patriarcales, su origen social y relacional alejadísimo de profundidades íntimas y monsergas narcisistas.

La frase «lo personal es político» —atribuida a Carol Hanisch, aunque quizá fuera una creación grupal de la tercera ola del feminismo— ilustra esta confusión a la que nos estamos refiriendo, facilitada por su estructura sintáctica: dos términos unidos por un verbo copulativo que puede ser leída en los dos sentidos. En su origen «lo personal es político» pretendió destacar cómo los aspectos psicológicos del individuo, incluso aquellos que pudieran parecer más privados, autogenerados y ensimismados, tienen un origen público y reproducen la ideología dominante en cada momento. Por el contrario, tras la implantación del espejismo queer, «lo personal es político» se entiende ahora como la reclamación de que la política debe ocuparse de los aspectos psicológicos, identitarios, de aquellos que naturalmente constituyen la esencia experiencial de las personas. Un lema nacido para denunciar las fantasías individualistas del neoliberalismo se invierte y termina convirtiéndose en un eslogan conservador neoliberal. No estamos ante un terraplanismo, sino ante un terraconcavismo; en su visión invertida de la identidad de género, la Tierra ni siquiera es plana, sino directamente cóncava.

Desvelar el carácter especular de la visión queer de la identidad de género revela, a su vez, su naturaleza retrógrada y machista. Cualquiera que se acerque al mundo trans, sin necesidad de que haya seguido el argumento aquí presentado hasta este punto, habrá podido notar que en las redes sociales y los medios de comunicación este movimiento se dibuja con una excesiva presencia de los clichés más rancios y vulgares acerca de lo que es la feminidad y la masculinidad. Por todas partes se nos muestran tacones, maquillajes, pelucas. ¿Se trata de una mera tergiversación de los medios, que reflejan sólo superficialmente la condición trans? Cada vez que oímos a unos padres decir que a Fulanito ya se le notaba que era trans porque se ponía los vestidos de su hermana desde que era pequeño, ¿los medios están recortando el discurso de esos padres para quitar sus partes más sólidas y dejar sólo las más triviales, o ése es el discurso íntegro de esos padres? La historia de Ariel, la niña trans que se declaró niña

¡con un año y medio de edad!, tal y como nos cuenta la página web de Chrysallis, única y exclusivamente habla de vestidos, longitud del pelo, horquillas y manoletinas.[78] ¿También Chrysallis tergiversa la realidad trans? Según lo que hemos presentado, si en verdad la identidad de género discordante con los genitales es fruto de un aprendizaje social de estereotipos sexuales, entonces Chrysallis está siendo fiel a la realidad trans, ya que efectivamente detrás del caso de Ariel tan sólo hay vestidos, longitud del pelo, horquillas y manoletinas.

La disolución del sexo y el género en el subjetivismo no sólo altera el significado de palabras como *mujer* o *varón*. Simplemente lo elimina. No hay forma de dar una definición de diccionario de *mujer* que no incluya el sustantivo *mujer* o su adjetivo *femenino* dentro de la propia definición, lo que viola de forma flagrante la regla número uno de las definiciones. «Mujer es quien se siente mujer», «mujer es quien nota que lo es», «mujer es la persona que se siente femenina». En septiembre de 2018 fue retirado de las calles de Liverpool un cartel en el que se podía leer la definición de *mujer* que da el Oxford English Dictionary —«Mujer: hembra humana adulta»—, al ser considerada tránsfoba. En alguna ocasión se intenta salvar la definición haciendo apelaciones inespecíficas que después no pueden llegar a concretarse, ya que rebosarían sexismo por todas partes: «mujer es la persona que presenta ciertos roles sociales». Ya, pero ¿cuáles? Silencio. ¿Acaso esa vaga definición no se podría aplicar también al varón? Por otro lado, si ser mujer es un rol social cultural antes que una condición reproductiva, ¿podemos traducir como *mujer* palabras procedentes de otras lenguas habladas en otras culturas? Y, sobre todo, en una sociedad no sexista, en la que se hubiera abolido el género, ¿ya no existirían varones y mujeres? Si cada mujer es diferente y lo que la hace mujer es diferente, entonces *mujer* no significa nada, es un significante sin significado, lo que comprensiblemente irrita al movimiento feminista mientras la posmodernidad lo celebra.

78. Chrysallis, *La historia de Ariel, mi princesa*, 2014, <https://chrysallis.org/la-historia-de-ariel-mi-princesa/>. [Consulta: 10 de junio de 2021]

Este espejismo queer no hubiera podido ocurrir en otra época histórica en la que el sexo no se encontrara tan desvinculado de la reproducción como ocurre en la actualidad. El sexo desquiciado del que se habló en el capítulo 1, flotante, cada vez más relacionado con algo que se es que con algo que se hace, es una condición necesaria, aunque no suficiente, para este desatino. No nos cansaremos de repetir que en ningún momento se está cuestionando la realidad de las experiencias que narran las personas trans o la intensidad del sufrimiento que en ocasiones implican. Tras la exposición que hemos hecho en estas páginas, está claro que lo que combatimos es la interpretación conceptualmente equivocada que se hace de dichas experiencias desde coordenadas metafísicas e individualistas, presentada como si no hubiera otra, como si fuera autoevidente y oponerse a ella implicara oponerse a la persona que está narrando sus vivencias. No siempre la mejor forma de ayudar a alguien es aceptar su propia interpretación de lo que le está ocurriendo. Y con frecuencia algunos de los defensores de la visión queer de la identidad de género, en su convencimiento de que el narcisismo es progresista y la cursilería es en realidad una sensibilidad sublime, pueden contribuir a empeorar los problemas que supuestamente esta teoría viene a aliviar.

Otra idea de ser humano es posible

Pero claro que hay otras interpretaciones de la condición trans, y de la condición humana en general, más allá de la metafísica y el individualismo. Desde la visión neoliberal que vemos promocionada en los medios de comunicación, se entiende que la sociedad es un conjunto de individuos amontonados, autogenerados y ensimismados, que han de utilizarse mutuamente los unos a los otros para su desarrollo personal, intentando molestarse lo menos posible en este proceso. El mercado, la tecnología, las aplicaciones de los móviles ya proveerán de cuantas herramientas sean necesarias para tal desarrollo.

Pero de entrada cabe ya oponerse a la idea de que la sociedad es el conjunto de individuos, y defender que la sociedad es el conjunto de relaciones entre individuos. La sociedad no es el conjunto formado por Paula, Marta, Edu, Miriam, Toño, Carla, Ana y millones de personas más, sino por el conjunto que forma la relación paternofilial entre Edu y Miriam, la relación vecinal entre Paula y Toño, la relación comercial entre Miriam, Carla y Ana, y millones de relaciones más. Justamente, desde este punto de vista, el individuo no es más —¡ni menos!— que el punto de cruce en donde se unen todas las relaciones que definen a una persona, y la idea de una esencia interna autooriginada está tan desencaminada como la idea de un nudo en una red que fuera previo o aislable de los hilos que lo forman.

Dicho ahora de una forma no ya antropológica sino psicológica, el «yo» es una construcción social colectiva, no una mera emanación del individuo cuya armonía pueda ser puesta en peligro por la sociedad. Cada persona es únicamente uno de los muchos constructores de su yo, y es a la vez constructor de otros muchos yoes, el de todas las personas con las que se relaciona, y tanto más cuanto más significativa sea esa relación. Contra la metáfora botánica del desarrollo de una planta, cuya forma final ya está prefigurada en la semilla —de modo que las influencias ambientales sólo pueden afectar a aspectos coyunturales y circunstanciales—, cabe entender que la vida personal es más una evolución que un desarrollo, donde la forma final no está dada de entrada, sino que la propia persona se va construyendo día a día a través de las relaciones que mantiene con el mundo que la rodea, muy especialmente con el mundo de las otras personas que la rodean, y a cuya evolución ella también contribuye. La metáfora botánica se encuentra muy presente en la explicación queer de la identidad de género, y, en el colmo de la candidez, en ocasiones oímos que cuestionar esta visión de las personas como plantas es faltar al respeto a las personas.

Desde esta visión de la condición humana centrada en la construcción colectiva del «yo» y en la responsabilidad que todos tenemos respecto de todos, se desvela ahora que las apelaciones a la no intervención, a dejar que las personas sean ellas mismas, a una idea de respeto más propia del trato con lo ajeno que del trato con lo común, no son en verdad más que el eufemismo tras el que se oculta la pereza intelectual, la cobardía o la despreocupación por el vecino, tan propias de las sociedades urbanas modernas. Que la sediciente izquierda abrace este discurso esencialista y reaccionario, en abierta discrepancia con su historial de análisis materialista y progresista, no es un asunto menor dentro del problema al que se refiere este libro, y está siendo señalado cada vez por más autores.[79] La ciudad actual no es el escenario de la tolerancia, sino el de la indiferencia, por más que ésta tienda a disfrazarse de aquélla.

«¿Quién soy yo para opinar sobre lo que tienen que hacer los demás?» Pues eres un miembro consciente y responsable que comparte sociedad con la otra persona, que la reconoce como una igual en una empresa común que trasciende a los individuos, y que por supuesto aceptarás de igual grado que los demás opinen sobre lo que tienes que hacer tú. ¿Hace falta ser algo más que una persona dotada de juicio, que lo somete a debate junto a los juicios de las demás personas? «¿A ti qué te importa lo que hagan los demás?» Pues me importa, como espero que a los demás les importe lo que haga yo, y me importa muy especialmente si lo que hacen los demás obliga a redefinir jurídica y socialmente de forma confusa conceptos básicos que hemos ido construyendo entre todos para mejorar nuestra convivencia colectiva. En esta república, el poder lo tiene el pueblo, no los individuos. Esto es una democracia, no una *idiocracia*.

Porque también la realidad es una construcción colectiva, aunque esta afirmación no tenga en absoluto el significado que se le podría dar desde la filosofía posmoderna, como se verá en los siguientes capítulos. En vez de entender que el debate es una confrontación en la que una postura se impone a la otra, sería preferible verlo como la dialéctica en marcha, la única vía para la búsqueda colectiva de una verdad que se lleva mal con los pronombres posesivos. Al fin y al cabo, en los debates se da una pa-

79. Félix Ovejero, *La deriva reaccionaria de la izquierda*, Editorial Página Indómita, Barcelona, 2018. Alejo Scharpe, *La traición progresista*, Península Atalaya, Barcelona, 2021.

radoja deliciosa, según la cual aquel que lo «pierde» es a la vez el que «gana» algo al término de la confrontación de ideas, ya que es mucho más enriquecedor corregir un error que mantenerse en un acierto. Nada más demoledor contra el irracionalismo queer que el viejo proverbio del maestro Antonio Machado, del que pronto se cumplirán cien años, más necesario que nunca en la sociedad actual: «¿Tu verdad? No, la Verdad, y ven conmigo a buscarla. La tuya, guárdatela».[80] ¿Consideraría Irene Montero tránsfobo a Antonio Machado por estos versos? ¿Se podría considerar un delito de odio la petición que el poeta sevillano hace a su interlocutor: guárdate tu verdad y vamos juntos a buscar la verdad?

El neoliberalismo, con su permanente labor de trituración social y su enaltecimiento del individuo autorreferido, conlleva la derrota de la sociedad como construcción de lo común gracias a la objetividad que compartimos y nos une. La crítica a una visión ingenua y simplista de la racionalidad —a su vez ella misma siendo una crítica racional— no puede ser confundida con la defensa de un irracionalismo subjetivista más ingenuo y simplista aún, y que termina convirtiendo nuestras sociedades políticas en regímenes demagógicos en los que no quedan claras las fronteras entre los centros comerciales y la Administración del Estado. La polémica trans es únicamente la punta de un iceberg en el que se está jugando el triunfo de una sociedad indeseable, un patio por donde transitan un montón de individuos separados, rumiando sus ensoñaciones, sólo a salvo gracias a un pacto de indiferencia mutua. Una sociedad de individuos especiales que dedican su vida a cultivar todo lo que les hace únicos. Una distopía.

80. Antonio Machado, *Poesía completa*, Espasa Libros, Barcelona, 2010.

5

La teoría queer a examen: Judith Butler y Paul B. Preciado

Ya estamos en la parte central del libro, y en los capítulos anteriores nos hemos referido varias veces al término *queer* sin que en ningún momento lo hayamos definido. Es hora de abordar a fondo esta palabra. ¿Recuerdan aquello de san Agustín diciendo que si no le preguntan qué es el tiempo lo sabe perfectamente, pero si se lo preguntan ya no sabe lo que es? Pues algo muy parecido pasa con el término *queer*. Nadie sabe lo que es. Todos saben lo que es. ¿Es un movimiento, un desafío, una filosofía, un activismo? ¿Es una teoría unificada, un conjunto de teorías dispersas, una metateoría, la negación de la posibilidad de que exista una teoría, la parodia de una teoría? ¿Una actitud, una etiqueta comercial, el lugar donde convergen todos los prefijos —neo, post, trans...—, una agenda política, un estímulo condicionado? ¿Un paraguas performativo que acoge todo lo que se proclame como tal?

Originariamente, *queer* es una voz inglesa que significa «extraño», «rarito», y cuyo uso está documentado desde hace más de cien años para referirse en tono de burla eufemística a las personas homosexuales. Como pasa en muchas ocasiones, la comunidad gay le dio la vuelta brillantemente a esa intención humillante, y empezó a usar el término con orgullo reivindicativo. A partir de ahí amplía cada vez más su campo de significados para referirse a casi cualquier actitud disidente en asuntos de orientación sexual e identidad de género. El carácter difuso del concepto no le resta vigor ni presencia, hasta que en la década de los noventa se comienza a hablar directamente de «teoría queer» en los textos feministas, especialmente en relación con el movimiento LGTBIQ+. *El género en disputa*, el libro de Judith Butler de 1990, es considerado oficiosamente el texto académico fundador de esta teoría.

En la actualidad, como vimos en el capítulo 3, medios de comunicación, grandes corporaciones, instancias gubernamentales —desde ayuntamientos a primeros ministros— de todo signo político, colegios científicos y profesionales... se declaran *queer friendly*. No está claro que esta abundante presencia mundana del movimiento queer esté verdaderamente relacionada con su aparición académica. Pero procede en este momento detenerse en el análisis filosófico y conceptual de la teoría queer. A esto se dedicarán los dos próximos capítulos, necesariamente densos, pero imprescindibles para atacar desde su misma raíz los problemas a los que se dedica este libro.

¿Qué teorías son ésas que por una vez saltan del mundo académico al mundo de la vida cotidiana pasando por la política? Sorprendentemente, provienen de la filosofía postestructuralista y posmoderna, una filosofía que ya se había dado por agotada hace décadas. Más sorprende aún reparar en que la posmodernidad se erige contra la posibilidad de establecer alguna verdad y contra toda metanarrativa que pretendiera ser un discurso establecido, aunque ella misma se presente ahora portadora de la verdad y como narrativa dominante. ¿Qué pasó entre el agotamiento del postestructuralismo y el posmodernismo, y su actual relanzamiento? No deja de ser irónico que la política identitaria de la izquierda basada en esta filosofía sea capitalizada por el neoliberalismo, experto en fomentar deseos y satisfacerlos con lo que vende, donde todo el género fluido es un notable ejemplo de esto. «¿Que lo personal es político? Pues os vais a enterar...»

Hablar de filosofía y teoría queer puede ser confuso y excesivo. Tanto *filosofía* como *teoría* sugieren un saber general sustentado en conocimientos coherentes, y el término *queer* no sugiere nada coherente y estable, ni lo pretende. No obstante, con toda su incoherencia y afán desestabilizador, lo queer se presenta como una filosofía y teoría con sus doctrinas y autores de referencia. La filosofía y teoría queer aparecen en el contexto de la teoría crítica de la Escuela de Frankfurt, el postestructuralismo y el posmodernismo.

Teoría crítica, postestructuralismo y posmodernismo

La teoría crítica de la Escuela de Frankfurt, formada por Theodor Adorno, Walter Benjamin, Erich Fromm, Max Horkheimer o Herbert Marcuse, entre otros, y surgida en la década de los veinte, se caracteriza por poner de relieve las asunciones y sesgos «problemáticos» de la modernidad. En particular, el famoso libro de Adorno y Horkheimer *Dialéctica de la Ilustración*, publicado en 1944, es un argumento sistemático que trata de mostrar el carácter instrumental, dominador y opresor de la racionalidad moderna, incluida la ciencia. Esta teoría crítica inspiró a feministas en su crítica de la sociedad burguesa, aparentemente natural y racional, que no haría sino ocultar la dominación y opresión de las mujeres. La teoría crítica inspiró también al posmodernismo y el activismo político de la nueva izquierda a través del movimiento que se conocería como Justicia Social.[81] Con todo, la teoría crítica no deja de emplear la razón en su crítica de la razón categórica de la Ilustración. No es casual que los autores de dicha teoría fueran «beneficiarios y víctimas a la vez de su legado», típicamente «criados por hombres de negocios judíos, en su mayoría ricos», hospedados en el Gran Hotel Abismo, un hermoso establecimiento «equipado con toda clase de lujos, al borde de un abismo, de la vacuidad, del absurdo», según la expresión irónica del filósofo marxista György Lukács.[82]

81. Helen Pluckrose y James Lindsay, *Cynical Theories: How Universities Made Everything about Race, Gender and Identity*, pp. 14, 48, Faber And Faber, Londres, 2020.

82. Stuart Jeffries, *Gran Hotel Abismo. Biografía coral de la Escuela de Frankfurt*, p. 11, Turner, Madrid, 2016.

El postestructuralismo es un movimiento de crítica literaria y filosófica que surge en el campo de las ciencias humanas dentro de la tradición francesa. El término se populariza en la década de los setenta, pero el movimiento empieza en 1966 con ocasión de un simposio en la universidad estadounidense Johns Hopkins bajo el título «Lenguaje de la Crítica y las Ciencias Humanas», con abundante participación francesa —Jacques Derrida, Jacques Lacan y Gilles Deleuze, entre otros—. Sostiene que el lenguaje no es transparente, en el sentido de que se refiera a una «verdad» o «realidad» fuera de él mismo. El lenguaje sería una estructura o código cuyas palabras y textos derivan su significado del contraste y diferencia con otras palabras y textos, y no de la conexión con el mundo exterior. La estrategia postestructuralista consiste en la «deconstrucción» tendente a «desmontar» la estructura binaria significante-significado característica del estructuralismo. De acuerdo con esta estrategia, no habría un significado —verdad, realidad— al que se refiere el significante —lenguaje, texto—, sino que en su lugar sólo tendríamos significantes que se remiten unos a otros. Lenguaje, texto y escritura sería todo lo que hay: «No hay nada fuera del texto» es la sentencia más conocida de Derrida.

Esta *French Theory* prende en los campus universitarios estadounidenses para retornar después triunfante a Europa.[83] El triunfo en Estados Unidos de ideas que ya no daban más de sí al otro lado del Atlántico tiene que ver en alguna medida con el funcionamiento universitario americano, centrado en la innovación continua, las ofertas originales y las estrellas de campus. Una de estas estrellas es Judith Butler,[84] mentora de la teoría queer. El postestructuralismo mutaría en posmodernismo, adquiriendo aplicaciones fuera de los nichos académicos y campos universitarios, y dando lugar ya a toda una cultura y activismo, más que a un movimiento meramente académico.

83. François Cusset, *French Theory, Foucault, Derrida, Deleuze & Cía. y las mutaciones de la vida intelectual en Estados Unidos*, Editorial Melusina, Santa Cruz de Tenerife, 2005.

84. Ibídem, p. 204.

El posmodernismo, epígono de la teoría crítica y del postestructuralismo, se caracteriza por el escepticismo, el subjetivismo y el relativismo, así como por una sospecha general de la razón y una marcada sensibilidad hacia el papel que la ideología inserta en el poder político y económico. Según Helen Pluckrose y James Lindsay, el rechazo del modernismo y la Ilustración que caracteriza al posmodernismo se puede concretar en dos principios y cuatro temas.[85] Los dos principios inseparablemente ligados son:

1. El principio posmoderno del conocimiento, un escepticismo radical acerca del conocimiento objetivo y la verdad, y un compromiso con el constructivismo cultural.
2. El principio posmoderno de la política, una creencia de que la sociedad está formada por sistemas de poder y jerarquías que deciden lo que se puede conocer y cómo.

Estos dos principios se aplican a cuatro temas principales que recorren de forma transversal todos los estudios posmodernos:

- La difuminación de los límites entre lo objetivo y lo subjetivo, entre la verdad y la creencia, los animales y los humanos, los humanos y las máquinas, los sexos y los géneros.
- El poder del lenguaje, como si todo fueran «juegos del lenguaje», discursos y palabras sin otros referentes que no fueran otras palabras.
- El relativismo cultural, según el cual no habría ningún punto de vista mejor que otro para establecer el conocimiento y la verdad sobre algo.
- La pérdida de lo individual y lo universal, ya que la noción de un individuo autónomo sería un mito fruto de discursos de poder, y cualquier concepto con pretensiones de universalidad, en lo biológico, en lo ético, sería, cuando menos, ingenuo.

85. Helen Pluckrose y James Lindsay, *op. cit.*, pp. 30-42.

El posmodernismo se ha transmutado en una alianza de teoría y activismo que se ha instalado en las universidades y ha impregnado la sociedad. Mientras que algunos de sus aspectos más sostenibles —como decir que el conocimiento es una construcción humana y tiene un origen histórico— no dejan de ser trivialidades, los aspectos más característicos —empezando por el descreimiento en la posibilidad de establecer unos conocimientos más objetivos y verdaderos que otros— son insostenibles. El posmodernismo se refuta a sí mismo al aplicarle su propia lógica posmoderna, según la cual él mismo no sería más que un relato, un juego de la verdad, una construcción sin más valor que cualquier otra, a no ser que seas alguien «despierto» (*woke*), lo que, según la propia teoría, significa tener una particular «conciencia crítica» para ver la injusticia sistémica en relación con la raza, el sexo, el género y todas sus interseccionalidades. Ser despierto implica haber alcanzado una suerte de privilegiada iluminación gracias a la cual se adquiere la cosmovisión de la Justicia Social, lo que vuelve innecesario cualquier debate.

Puesto que nosotros no somos *woke*, necesitamos analizar y discutir la filosofía y teoría queer con miras a ver si es la última palabra en el tinglado del sexo y del género que envuelve nuestro tiempo. Para ello, empezaremos por una breve referencia a los estudios poscoloniales y los estudios de las mujeres como telón de fondo sobre el que situar la filosofía y teoría queer. A continuación, analizaremos la filosofía y teoría de Judith Butler y de Paul B. Preciado, los mayores referentes en el mundo queer. Afortunadamente, como mostraremos, hay vida y filosofía más allá del constructivismo posmoderno. Por último, intentaremos comprender cómo se ha podido llegar a este embrollo y cómo se podría salir de él.

Estudios poscoloniales y estudios de las mujeres

El objetivo básico de la filosofía posmoderna busca realizar alguna manera de deconstrucción que muestre cómo el lenguaje y el poder han construido una sociedad patriarcal y opresora. Esta filosofía se plasma en una variedad de estudios específicos: poscoloniales, literarios, culturales, de las mujeres, de género, de la raza, de discapacitados o de gordos, entre otros. De todos ellos, los estudios queer son los que aplican más específicamente la perspectiva posmoderna. Los demás estudios incorporan también otras perspectivas, como la crítica literaria, la teoría crítica frankfurtiana, la teoría marxista, la antropología cultural, el psicoanálisis y siempre Foucault. Los estudios poscoloniales y los estudios de las mujeres vienen a ser la plataforma sobre la que se erige el tinglado queer. Mientras que los estudios poscoloniales proporcionan el modelo de descolonización de la heterosexualidad que está en la base del generismo, los estudios de las mujeres ofrecen una particular relación de connivencias y desavenencias entre feminismo y generismo.

Los estudios poscoloniales surgen en la década de los setenta de la mano de autores de antiguas colonias, en particular el palestino Edward Said, la india Gayatri Spivak y su compatriota Homi Bhabha, conocidos como la «Santísima Trinidad» de los estudios poscoloniales. Se caracterizan por cuestionar la primacía política, cultural y moral de la civilización occidental, así como las prácticas discursivas conforme a las que la literatura, los estudios científicos y las enseñanzas escolares presentan el mundo no occidental. Este cuestionamiento de la primacía occidental se epitomiza en el «hombre blanco» como responsable y culpable de la explotación y opresión de las colonias, los pueblos, las razas y las culturas, amén de la injusticia social global y local. El «hombre blanco» viene a ser el modelo que da paso al «hombre blanco heterosexual» como colonizador a través del patriarcado y de la heterosexualidad normativa de todo lo que tiene que ver con el sexo, el género y el transgénero, y en particular con la opresión de la mujer y de todas las minorías que no sean heteronormativas.

En relación con las personas trans, Paul B. Preciado habla continuamente de «la mente patriarco-colonial europea» —personificada en Freud y Lacan—, de «la psiquiatría heteropatriarcal y colonial», así como de la correspondiente descolonización. Se refiere aquí a la descolonización emprendida por él mismo cuando dice que «nunca hubiera podido descolonizarme [...] si no hubiera optado por mi desviación de género». Se refiere también a la descolonización que él recomienda al psicoanálisis en su discurso de 2019 en París ante tres mil quinientos psicoanalistas cuando les apremia a «iniciar un proceso de despatriarcalización, desheterosexualización y descolonización, si no quieren seguir trabajando en la antigua epistemología de la diferencia sexual [...] patriarco-colonial».[86] En general, se trata de descolonizar la heterosexualidad normativa, que al parecer constituye el «eje del mal».[87]

Los estudios de las mujeres no pueden entenderse a la misma escala que los demás estudios. Mientras que los demás estudios se refieren a grupos y colectivos, tanto de varones como de mujeres, con alguna particularidad que los hace víctimas de la opresión —típicamente, ejercida por el varón blanco heterosexual—, la mujer es la mitad de la humanidad, no un mero colectivo o grupo. Aun cuando el feminismo apoya y está en el origen de muchos de los demás movimientos, empezando por el movimiento transgénero, no todo feminismo se identifica con el transgenerismo. Así, por ejemplo, el transfeminismo asume el discurso transgénero según el cual una mujer transexual nacida varón sería una mujer como otra cualquiera, no importa su condición biológica —pene, próstata, condiciones médicas, etc.—. A veces el transfeminismo es señalado como feminismo emocional subjetivista por la carta de naturaleza que otorga a la identidad sentida como criterio definitorio y definitivo.

Por su parte, el feminismo político no asume que la autoidentificación con el género femenino convierta a un varón en mujer. Se trata de un feminismo a menudo llamado de forma peyorativa «feminismo institucional» y también «feminismo radical trans-excluyente» (que da lugar al muy usado apelativo TERF, por las siglas en inglés de *Trans-Exclusionary Radical Feminist*). La objeción del feminismo político al transgenerismo acu-

86. Paul B. Preciado, *Yo soy el monstruo que os habla. Informe para una academia de psicoanalistas*, pp. 39, 41, 42, 104, Anagrama, Barcelona, 2020.

87. Carmen Romero Bachiller, Silvia García Dauder, y Carlos Bargueiras Martínez, Grupo de Trabajo Queer (eds.), *El eje del mal es heterosexual. Figuraciones, movimientos y prácticas feministas queer*, Traficantes de Sueños, Madrid, 2005.

sa a éste de dejar de lado la dominación como problemática universal y cuestión política, en favor de problemas de grupos y colectivos en términos de diversidad e identidad sentida. De acuerdo con la filósofa feminista Alicia Miyares: «Es obligado volver a recordar que las mujeres no somos ni un colectivo ni una minoría social, por lo que aplicar a las mujeres, como grupo social, las categorías de "diversidad" o "identidad" no sólo no hará aflorar las problemáticas específicas de las mujeres, sino que constituirá una verdadera amenaza a sus derechos».[88] Así, de acuerdo también con la filósofa feminista María Binetti, «nos encontramos hoy con un posfeminismo sin mujeres, de travestis y transmasculinidades, donde todes devenimos persones transgenéricas más o menos feminizades, hormonades, deconstruides, posmodernes e infinitamente interseccionades según nuestro autosentir individual, que es siempre lo que prima cuando el marco de garantías universales ha sido pulverizado por un relativismo individualista de libre mercado y circulación».[89] Véase en la misma línea la también filósofa feminista Amelia Valcárcel, quien sustenta un feminismo fundado en el concepto de individuo de la tradición liberal que viene de la Ilustración europea.[90] Judith Butler y Paul B. Preciado son los grandes referentes de este desbarajuste del sexo y el género, así como del enfrentamiento que está teniendo lugar entre el feminismo político y el transfeminismo o generismo.

Butler y la performatividad histriónica

Judith Butler es la gran estrella de los campus universitarios estadounidenses, profesora en el Departamento de Literatura Comparada y Estudios de la Mujer de la Universidad de Califor-

88. Alicia Miyares, *Distopías patriarcales. Análisis feminista del «generismo queer»*, p. 150, Cátedra, Barcelona, 2021.

89. María Binetti, «La queerización posfeminista: del constructivismo trans/genérico a la eliminación de las mujeres», *La Aljaba*, 23 (2019), pp. 59-79.

90. Amelia Valcárcel, *Ahora, Feminismo: Cuestiones candentes y frentes abiertos*, Cátedra, Barcelona, 2019.

nia en Berkeley y doctora *honoris causa* de numerosas universidades de todo el mundo. Su libro de 1990 *El género en disputa: el feminismo y la subversión de la identidad* ha sido un hito para el feminismo, la teoría queer y el avance de las prácticas sexuales disidentes. Destaca también su libro de 1993 *Cuerpos que importan: sobre los límites materiales y discursivos del sexo*, entre otros, amén de sus artículos en revistas especializadas. Su planteamiento tiene como base el postestructuralismo y su congénere el posmodernismo, con influencias también de la fenomenología y el psicoanálisis según su peculiar uso.

La escritura de Butler tiene una bien merecida fama de difícil, cuando no ininteligible. Como dice Douglas Murray, a veces resulta «imposible determinar qué es lo que se está diciendo: podría ser cualquier cosa y, bajo esa aparente complejidad, es posible intercalar argumentos terriblemente deshonestos», de manera que es «difícil detectar dónde acaba la sinceridad y empieza la sátira».[91] Mónica Cano Abadía cuenta cómo lloró amargamente cuando, en sus años de estudiante de Filosofía, trató de leer *El género en disputa*.[92] De esta dificultad habla también una académica del nivel de Martha Nussbaum, que llama a Butler «profesora de la parodia», amén de señalar su discurso sofístico.[93] Por su parte, Camille Paglia dice que Butler pretende ser una filósofa, pero en filosofía no es reconocido su conocimiento acerca de nada: «Comenzó una carrera en filosofía, la abandonó, y la gente de la crítica literaria la ha tomado como ese tipo de pensadora filosófica importante. Pero ¿alguna vez ha hecho alguna exploración científica? Ella descarta la biología y dice que el género está totalmente construido socialmente: pero ¿dónde están sus lectu-

91. Douglas Murray, *La masa enfurecida. Cómo las políticas de identidad llevaron el mundo a la locura*, p. 88, Península, Barcelona, 2020.

92. «Lloré amargamente [...] y me embargó un sentimiento de frustración porque pensé que nunca podría llegar a entender la filosofía.» Quince años después, en 2021, Mónica escribió un libro divulgativo: *Judith Butler. Performatividad y vulnerabilidad*, p. 9, Shackleton Books, Barcelona.

93. Martha Nussbaum, «The Professor of Parody. The hip defeatism of Judith Butler», *The New Republic*, 22 (1999), pp. 37-45, <https://newrepublic.com/article/150687/professor-parody>. [Consulta: 28 de febrero de 2021]

ras, sus estudios? Todo es juego, juegos de palabras, y su trabajo es completamente pernicioso, un callejón sin salida total».[94] No por casualidad, Butler ganó en 1999 el premio a la «mala escritura» que otorga la revista *Philosophy and Literature*.[95]

Butler lleva el constructivismo posmoderno desde el género hasta el sexo, de manera que éste sería igualmente un efecto de la misma construcción social del género. A este respecto, introduce el concepto de performatividad, un modelo performativo-teatral-paródico del género, y, con un rápido movimiento de prestidigitación, también del sexo. Su objetivo es desestabilizar, desnaturalizar y subvertir las identidades sexuales «varón» y «mujer» —lo que llama la «metafísica del sexo»— y así la heterosexualidad reproductiva y normatividad obligatoria, según expresiones al uso. Se trata en realidad de un proyecto político más que de una investigación sistemática, sea filosófica, teórica o científica. El sexo binario y la heterosexualidad son subvertidos en función de una particular concepción de la performatividad, en la que la parodia suplanta cualquier otra realidad, y de un particular uso de la fenomenología, del psicoanálisis y de la biología.

La performatividad es el concepto clave y más influyente de Butler, según el cual el género y también el sexo serían en realidad actos, gestos y realizaciones interpretadas siguiendo guiones culturales normativos que ya parecen naturales, como si expresaran alguna esencia previa. Como dice en *El género en disputa*:

94. «An interview with Camille Paglia», *Bookslut*, abril de 2015, <http://www.bookslut.com/features/2005_04_005030.php>. [Consulta: 28 de febrero de 2021] Blog desaparecido posteriormente.

95. He aquí el párrafo ganador: «El paso de una explicación estructuralista en la que se entiende que el capital estructura las relaciones sociales de formas relativamente homólogas a una visión de la hegemonía en la que las relaciones de poder están sujetas a repetición, convergencia y rearticulación introdujo la cuestión de la temporalidad en el pensamiento de la estructura y marcó un cambio de una forma de teoría althusseriana que toma las totalidades estructurales como objetos teóricos a una en la que las intuiciones sobre la posibilidad contingente de la estructura inauguran una concepción renovada de la hegemonía ligada a los sitios y estrategias contingentes de la rearticulación del poder», <https://marikablogs.blogspot.com/2009/05/judith-butler-on-bad-writing.html>. [Consulta: 23 de febrero de 2021]

> Dichos actos, gestos y realizaciones —por lo general interpretados— son *performativos* en el sentido de que la esencia o la identidad que pretenden afirmar son *invenciones* fabricadas y preservadas mediante signos corporales y otros medios discursivos. El hecho de que el cuerpo con género sea performativo muestra que no tiene una posición ontológica distinta de los diversos actos que confirman la realidad. Esto también indica que, si dicha realidad se inventa como una esencia interior, esa misma interioridad es un efecto y una función de un discurso decididamente público y social, la regulación pública de la fantasía mediante la política de superficie del cuerpo, el control fronterizo del género que distingue lo interno de lo externo, e instaura de esta forma la «interioridad» del sujeto. En efecto, los actos y los gestos, los deseos organizados y realizados, crean la ilusión de un núcleo de género interior y organizador, ilusión preservada mediante el discurso con el propósito de regular la sexualidad dentro del marco obligatorio de la heterosexualidad reproductiva.[96]

De acuerdo con Butler, no habría ninguna base natural en la biología del sexo que justificara la normativa del género ni el binarismo sexual. Todo sería construido y performativo, contingente, de modo que siendo de una manera, también podría ser de cualquier otra. «Si la verdad interna del género es una invención, y si un género verdadero es una fantasía instaurada y circunscrita en la superficie de los cuerpos, entonces parece que los géneros no pueden ser ni verdaderos ni falsos, sino que sólo se crean como los efectos de verdad de un discurso de identidad primaria y estable.» «Hay que tener en consideración que el género, por ejemplo, es un estilo corporal, un "acto", por así decirlo, que es al mismo tiempo intencional y performativo (donde "performativo" indica una construcción contingente y dramática del significado).»[97]

El prototipo de la performatividad es el *drag-queen* —*drag*

96. Judith Butler, *El género en disputa. El feminismo y la subversión de la identidad*, p. 235, Paidós, Barcelona, 2007.

97. Ibídem, pp. 235, 239.

quizá derivado de *dressed as a girl*—, referido a una persona que se disfraza y actúa como una mujer exhibiendo rasgos exagerados de una forma histriónica con la intención de hacer burla de la identidad de género. No es travestismo, sino ante todo parodia. También se podría pensar en un *drag-king* haciendo parodia del estilo masculino. Sin embargo, la figura *drag-queen* está más establecida y da más juego a la teoría de la performatividad, a fin de resaltar el sentido actuado y ritualizado del género como algo inventado, imitativo y convencional, frente al aspecto natural como nos parece. La parodia histriónica tendría la función del axón gigante del calamar que nos muestra mil veces aumentado el tamaño invisible de los axones. El *drag-queen* y el *drag-king* no sólo nos hacen ver lo invisible, sino que además tienen una función transgresora y disidente del género y del sexo como algo natural. Los atributos del género, dice Butler, no son expresivos de una identidad original, sino performativos.

La performatividad no es mera *performance* que se haya de entender en términos de roles, sino que implica actos repetitivos, iterativos, que establecen su realidad por ellos mismos, no una realidad rígida sin fallos, sino abierta y con sus variantes. La performatividad no se basa en la teoría sociológica del rol, sino en la teoría de los actos del habla de Austin pasada a través de Derrida, de donde toma el acto ilocucionario, performativo. A diferencia de un acto locucionario que refiere o enuncia una realidad, el acto performativo crea la realidad que enuncia en el propio acto del habla —«es un niño», «es una niña»—. Sin embargo, esa realidad creada en el acto del habla no es estable, sino inestable, variable, debido a la iterabilidad, como Derrida entiende los actos performativos: repetidos y a la vez alterados al hilo de su uso, que siempre conllevaría alguna diferencia (*différance*) según el contexto. No habría nada fijo, todo sería cambiante, fluido.

Butler y la fenomenología malentendida

La teoría de la performatividad de Butler tiene su razón de ser como alternativa al esencialismo, según el cual habría una esencia previa de ser varón y de ser mujer, así como del sexo, del género y de la heteronormatividad como supuestos entes naturales ya dados desde el principio, la metafísica del sexo. Sin duda, la acometida contra el esencialismo es una importante tarea filosófica. Sin embargo, el esencialismo ya estaba superado por la fenomenología de la que parte Butler en sus trabajos previos a *El género en disputa*. En concreto, Butler tiene dos puntos de partida dentro de la fenomenología: la confrontación con la noción de *expresión* de Maurice Merleau-Ponty en *Fenomenología de la percepción*, de 1945,[98] y la célebre máxima de Simone de Beauvoir en su obra clásica *El segundo sexo*, según la cual: «No se nace mujer, se llega a serlo».[99] En ambos casos hay un malentendido o mal entendimiento por parte de Butler.

Como dice Butler: «Si los atributos de género no son expresivos [de una esencia interior] sino performativos, entonces estos atributos realmente determinan la identidad que se afirma que manifiestan o revelan. La distinción entre expresión y performatividad es crucial».[100] La expresión a la que se refiere viene de Merleau-Ponty. Sin embargo, la noción de expresión de Merleau-Ponty no supone en absoluto la expresividad de una esencia interior de algo preexistente. Butler parece tomar el sentido literal de *expresión*, sugerente de algo que se *ex-presa* saliendo de dentro. Lo cierto es que, de acuerdo con el sentido fenomenológico de Merleau-Ponty, la expresión es inherente al cuerpo-vivido situado en un contexto intersubjetivo, lejos del sentido esencialista que le atribuye Butler y contra el que ella desarrollaría la noción de performatividad. La noción de expresión comparte el objetivo antiesencialista de la performatividad,[101] pero ésta no

98. Judith Butler, «Performative Acts and Gender Constitution: An Essay in Phenomenology and Feminist Theory», *Theatre Journal*, 40, 4 (1988), pp. 519-531.

99. Judith Butler, «Sex and Gender in Simone de Beauvoir's Second Sex», *Yale French Studies*, 72 (1986), pp. 35-49.

100. Judith Butler, *El género en disputa*, *op. cit.*, p. 22.

101. Silvia Stoller, «Expressivity and performativity: Merleau-Ponty and Butler», *Continental Philosophy Review*, 43 (2010), pp. 97-110, <https://doi.org/10.1007/s11007-010-9133-x>.

añade nada nuevo a la expresividad,[102] como no sea la concepción histriónica del género y en particular de la mujer. De hecho, el mal entendimiento de Butler supone una pérdida de la contribución fenomenológica de Merleau-Ponty a la filosofía feminista, vista la propia deriva esencialista del género sin cuerpo ni sexo que toma la teoría de la performatividad. Butler reduce el género a mero artificio al margen del sexo, el cual también sería una construcción social.

Frente a Butler, dice Carmen López Sáenz, descubrimos la necesidad de interconectar el sexo y el género. De acuerdo con esta autora, el género no es una mera cobertura abstracta y artificiosa del sexo, sino que ambos están en interacción dinámica. Merleau-Ponty ofrece una tercera vía entre el determinismo biológico y el relativismo cultural con base en el cuerpo vivido, un cuerpo sexuado. «La dialéctica merleau-pontiana entre la naturaleza y la cultura permite re-naturalizar el cuerpo, aprehenderlo desde un punto de vista fenomenológico, no biológico, para poder comprender la identidad en el seno de las diferencias, incluida la identidad sexual sin negar su indeterminación ni su apertura a posibles variaciones socioculturales.»[103]

La noción de cuerpo-vivido (*Leib*), como contrapuesta al cuerpo-anatómico (*Körper*), permite entender la materialidad del cuerpo no cosificado que se le escapa a Butler con su teoría performativa de base lingüística. Al final, la teoría performativa es ella misma reduccionista, idealista y esencialista: el cuerpo y el sexo quedan reducidos a construcciones discursivas preexistentes. El cuerpo al que mayormente se refiere Butler con todas sus ambigüedades es el cuerpo-anatómico (*Körper*), sobre el que planea la performatividad. Sin embargo, la identidad no es asignada, sino *vivida*, corporalmente experimentada, habida cuenta

102. Diana Triana Moreno, «Expresión y performatividad: El cuerpo como ser sexuado», *Revista de Filosofía de la Universidad del Norte*, 29 (2018), pp. 201-224.

103. Carmen López Sáenz, «Contribuciones de Merleau-Ponty a la filosofía feminista», *Phainomenon*, 18-19 (2009), pp. 95-124, pp. 120, 122, <http://phainomenon-journal.pt/index.php/phainomenon/article/view/188>. [Consulta: 25 de febrero de 2021]

de que *somos* cuerpo, un cuerpo situado en el mundo. No simplemente tenemos cuerpo, como si la identidad sentida fuera algo aparte, un alma, un yo, una mente o un género-performativo extracorpóreo, cultural, normativo, que se instalara en el cuerpo en una suerte de nuevo gnosticismo al que se volverá al final de este capítulo. Esta identidad vivida tampoco es previa ni dada, sino construida por los hábitos corporales que incluyen acción, vivencia y propiocepción, no la parodia que de ellos hace Butler.[104]

De acuerdo con Maren Wehrle, Butler «subestima el hecho de que uno no sólo tiene una identidad, sino que también *es* habitualmente una identidad. La mayoría de las personas viven la identidad de género que se les ha dado como si fuera evidente, aunque podemos llegar a comprender que esto sea el resultado de un proceso de normalización. Sólo en los casos en que se experimenta una tensión entre la propia identidad habitual y las exigencias del entorno social y sus normas, la anterior forma de vida operativa se embarca en una comparación temática entre el propio cuerpo y las categorías de identidad social existentes».[105] No obstante, incluso en casos en los que se experimenta tensión entre la identidad normativa o asignada y la vivida o sentida, como en las personas transexuales, nos encontramos con un simple deseo de *ser*. De acuerdo con Jay Prosser, él mismo un varón transexual, «hay transexuales que buscan deliberadamente ser no-performativos, sino constatativos, simplemente *ser*. Lo que queda fuera del transgénero en su despliegue queer para significar la performatividad de género subversiva es el valor que más importa al transexual: la *narrativa* de llegar a ser un varón biológico o una mujer biológica —en contraposición a la performativa de representar una—; en pocas palabras, la materialidad del cuerpo sexuado».[106]

La lucha por un cuerpo sexuado de las mujeres transexuales

104. Maren Wehrle, «"Bodies (that) matter": the role of habit formation for identity», *Phenomenology and the Cognitive Sciences*, 20 (2020), pp. 365-386, <https://doi.org/10.1007/s11097-020-09703-0>.

105. Ibídem, p. 379.

106. Jay Prosser, *Second Skins: The Body Narratives of Transsexuality*, p. 32, Columbia University Press, Nueva York, 1998.

pone de relieve una lectura distinta de la que hace Butler del aforismo de Simone de Beauvoir, más acorde con su sentido fenomenológico-existencial. Como dice Jay Prosser, uno no nacido mujer puede sin embargo llegar a identificarse como mujer y para el caso *ser* una mujer a través de una sustancial intervención médica, la tenacidad personal, la seguridad económica, el apoyo social, etc. Llegar a ser mujer a pesar de no haber nacido mujer puede ser visto como una tarea crucial que pasa por una corporeidad sexuada, no por su parodia. Con su representación del sexo como efecto figurativo de *performances* de género, dice Prosser, Butler «no puede dar cuenta del deseo sexual como objetivo de una corporeidad sexuada».[107] Muchos transexuales quieren ser y sentirse varones o mujeres, no limitarse a performar una farsa.

El empeño y el logro de la mujer transexual, nacida varón, por ser una mujer echa luz sobre el aforismo beauvoiriano referido a llegar a ser mujer, ya niña de nacimiento, como tarea que se tiene que abrir paso en un mundo de varones con tenacidad, seguridad económica, etcétera. Ya no sería la lectura a su modo que hace Butler, malentendiendo el sentido fenomenológico del cuerpo vivido como identidad vivida, no meramente performativa. Llegar a ser mujer es una difícil tarea de abrirse paso y de estar en el mundo por derecho propio, no como «lo Otro» que la define por no ser varón. Esta tarea incluye la corporalidad como un hecho central de un complicado proceso que involucra la cultura, la psique y la experiencia de «ser en el mundo» con sus servidumbres fisiológicas y experiencias enriquecedoras únicas, así como incluye también la crítica del predominio patriarcal y la transcendencia de la condición recibida.[108] La tarea de (llegar a) ser mujer nada tiene que ver con el histrionismo y la espectacularidad a la que lleva el generismo de Butler. Como dice Alicia

107. Ibídem, p. 33.

108. Carmen López Sáenz, «Contribuciones de Merleau-Ponty a la filosofía feminista», *op. cit.* Teresa López Pardina, «El feminismo existencialista de Simone de Beauvoir», en Celia Amorós y Ana de Miguel (eds.), *Teoría feminista. De la ilustración al segundo sexo*, pp. 333-365, Biblioteca Nueva, Madrid, 2020.

Miyares, Butler está describiendo «la mujer» y «la feminidad» como «género histriónico», el «género espectacular».[109] Al final, Butler malentiende el aforismo «no se hace mujer, se llega a serlo», desbarata la base fenomenológica de la que parecía partir y desperdicia la perspectiva fenomenológica existencial que se abre con Simone de Beauvoir.[110]

Butler y el psicoanálisis y la biología, a su manera

Butler acude a la teoría psicoanalítica para explicar el proceso de la construcción social del sexo y el género. Se puede entender que se trata de un complicado proceso que involucra la cultura, la psique y el cuerpo. Butler aborda esta cuestión en el capítulo «Prohibición, psicoanálisis y la matriz heterosexual» de *El género en disputa* y en *Mecanismos psíquicos del poder*. Ofrece una abigarrada explicación en términos de heterosexualidad melancólica, homosexualidad no aceptada, órganos, fantasías y deseos a su vez literales y metafóricos, tan rocambolesca que se necesitaría ser lacaniano para entenderla. Lea usted mismo, amigo lector, el siguiente pasaje:

> La unión del deseo con lo real —es decir, la suposición de que las partes del cuerpo, el pene «literal», la vagina «literal», son las que originan placer y deseo— es exactamente la clase de fantasía literalizadora que caracteriza al síndrome de la heterosexualidad melancólica. La homosexualidad no aceptada que está en el origen de la heterosexualidad melancólica reaparece como la facticidad anatómica manifiesta del sexo, donde «sexo» se refiere a la unidad impre-

109. Alicia Miyares, *Distopías patriarcales*, *op. cit.*, pp. 132-138.

110. Véanse entre otras referencias: Celia Amorós, «El método en Simone de Beauvoir. Método y psicoanálisis existencial», *Ágora*, 28 (2009), pp. 11-29. Teresa López Pardina, «El feminismo existencialista de Simone de Beauvoir», en Celia Amorós y Ana de Miguel (eds.), *Teoría feminista...*, *op. cit.*, pp. 333-365. Carmen López Sanz, «Merleau-Ponty (1908-1961) y Simone de Beauvoir (1908-1986). El cuerpo fenoménico desde el feminismo», *Sapere Aude*, 3 (2012), pp. 401-411.

cisa de la anatomía, la «identidad natural» y el «deseo natural». La pérdida se rechaza y se incorpora, y la genealogía de esa transmutación se olvida y se reprime por completo. Así pues, la superficie sexuada del cuerpo emerge como el signo necesario de una identidad y un deseo natural(izador)es. La pérdida de la homosexualidad se rechaza y el amor se preserva o se encripta en las partes del cuerpo mismo, literalizados en la supuesta facticidad anatómica del sexo. Aquí observamos la táctica general de literalización como una forma de olvido que, en el caso de una anatomía sexual literalizada, «olvida» lo imaginario y, con ello, una homosexualidad imaginable. En el caso del hombre heterosexual melancólico, nunca ha querido a otro hombre, *es* un hombre, y puede utilizar los datos empíricos que lo prueben. Pero la literalización de la anatomía no sólo no prueba nada, sino que es una restricción literalizante del placer en el órgano mismo que se protege como el signo de la identidad masculina.[111]

Efectivamente, para llorar. Este pasaje y otros parecidos son ininteligibles fuera del universo paralelo que conforma el discurso butleriano. Ahora bien, con esfuerzo suficiente se pueden adquirir las claves para conducirse dentro de semejante discurso, e incluso llegar a hablar tal idioma como un nativo. Esto es lo que hicieron Helen Pluckrose, James Lindsay y Peter Boghossian cuando escribieron artículos falsos, absurdos, auténticas parodias, que consiguieron publicar en revistas con revisiones de pares, sin que fueran «detectados», sino, al contrario, bendecidos como contribuciones científicas.[112] Entre ellos, figura un artículo sobre el «pene conceptual como constructo social», en el que, por supuesto, se enfatiza que «la masculinidad es intrínsecamente mala y que el pene está, de alguna manera, en la raíz de todo ello».[113] El «pene conceptual» recuerda el pene «literal» del

111. Judith Butler, *El género en disputa*, *op. cit.*, p. 142.

112. Helen Pluckrose, James A. Lindsay, y Peter Boghossian, «Academic Grievance Studies and the Corruption of Scholarship», *Areo*, 2 de octubre de 2018, <https://areomagazine.com/2018/10/02/academic-grievance-studies-and-the-corruption-of-scholarship/>. [Consulta: 5 de marzo de 2021]

113. Peter Boghossian y James A. Lindsay, «Una historia increíble de la

párrafo citado. No queda más remedio que preguntarse si realmente Butler tiene algo que decir sobre estas cuestiones, o si su teoría es ella misma una parodia académico-performativa. «Profesora de la parodia», decía Martha Nussbaum. Como reconoce la propia Butler, la lógica «que he trazado aquí es en cierto modo hiperbólica, una lógica *drag*, por así decir, que exagera la cuestión, pero por buenas razones».[114] Con todo, la cuestión es si toda esta verborrea acerca del sexo, el género y el transgénero tiene algo que ver con los problemas reales de la gente de carne y hueso.

La biología también es malentendida a su manera por Butler cuando comenta el descubrimiento en su momento del llamado «gen maestro» o gen SRY, que hemos citado en el capítulo 1. Como se recordará, el gen SRY, localizado en el cromosoma Y, produce una proteína que promueve el desarrollo de los testículos y funciona como un «interruptor binario», de modo que su presencia activa el sexo masculino. De hecho, no bastaría su mera presencia, se requiere que además sea *activo* en promover los sucesivos cambios gonadales. El gen puede estar presente también, aunque raramente, en el cromosoma X, pero si no está *activo* no promoverá el factor testicular. La objeción de Butler concierne al carácter *activo* del gen, demasiado ajustado al estereotipo según el cual el varón sería *activo* y la mujer pasiva. ¡Vaya, la biología también es machista y opresora! Teniendo en cuenta que, dentro del marco de la sexualidad reproductiva, dice Butler, el cuerpo masculino suele presentarse como el agente activo, el problema de esta investigación es que prioriza el «principio de la actividad masculina sobre el discurso de la reproducción».[115]

---

miseria intelectual del posmodernismo. El pene conceptual como un constructo social: un engaño al estilo Sokal sobre estudios de género», *Sin Permiso*, 10 de junio de 2017, <https://www.sinpermiso.info/printpdf/textos/una-historia-increible-de-la-miseria-intelectual-del-postmodernismo-el-pene-conceptual-como-un>. [Consulta: 5 de marzo de 2021]

114. Judith Butler, *Mecanismos psíquicos del poder. Teoría sobre la sujeción*», p. 165, Cátedra, Barcelona, 2001.

115. Al fin y al cabo, otra eminente teórica del feminismo, Luce Irigaray, ya

Como argumento de esta objeción, Butler invoca a la escritora y teórica feminista, Monica Wittig, conocida por sus aportaciones al lesbofeminismo, para quien la «categoría de sexo es propia de un sistema de heterosexualidad obligatoria que, sin duda, funciona a través de un sistema de reproducción sexual obligatoria».[116] Como recuerda Butler, para Wittig «masculino» y «femenino», «varón» y «mujer», existen únicamente dentro de la matriz heterosexual. No parece importar que el gen SRY se encuentre en todos los mamíferos, desde los marsupiales a los placentarios, incluyendo al hombre blanco. Butler también cita a la bióloga y feminista Anne Fausto-Sterling, una autora en la que nunca es fácil separar la biología de la ideología.[117] Lo cierto es que el descubrimiento del gen SRY marcó un punto de inflexión en la comprensión de los fundamentos genéticos y la evolución de la determinación del sexo, así como de las diferencias sexuales en la arquitectura del cuerpo de los mamíferos humanos y no humanos.[118]

El problema ideológico feminista de Butler se podría solucionar a su favor, dicho sea irónicamente, si se considera que lo que el gen SRY muestra es que el sexo femenino es la condición natural, original, autosuficiente, sin necesitar algo más que la active, como ocurre con el sexo masculino, al fin y al cabo dependiente y menesteroso de un factor adicional.

En resumen, la propia obra de Butler pone en práctica la tesis posmoderna de que cualquier discurso que sea dicho está a la

---

cuestionó la ecuación de Einstein, $E = mc2$, como «ecuación sexuada» que «privilegia» la velocidad de la luz sobre otras velocidades menos masculinas. Lacan tampoco se queda corto cuando compara el «órgano eréctil» con la «raíz cuadrada de menos uno». Véase Francis Wheen, *How mumbo-jumbo conquered the world. A short story on modern delusions*, pp. 88-89, Harper Perennial, Nueva York, 2004.

116. Judith Butler, *El género en disputa*, *op. cit.*, p. 198.

117. Como ella misma dice: «Intervengo en los debates sobre sexo y género como bióloga y como activista social». Anne Fausto-Sterling, *Cuerpos sexuados. La política de género y la construcción de la sexualidad*, 2.ª ed. ampliada, p. 20, Melusina, Santa Cruz de Tenerife, 2020.

118. Jennifer Ann Graves, «Twenty-five years of the sex-determining gene», *Nature*, 528 (2015), pp. 343-344, <https://doi.org/10.1038/528343a>.

altura de cualquier otro discurso que haya sido dicho. La autora entiende a su manera la fenomenología, el psicoanálisis y la biología sobre las que trata de fundamentar su teoría de la performatividad. Usos de estas disciplinas por los que suspendería un estudiante están aquí sustentando la ambiciosa teoría de una académica estrella de los campus universitarios.

Preciado y la ontología del dildo

Paul B. Preciado es presentado a menudo como el filósofo español actual más influyente a nivel internacional.[119] Nació en 1970 en Burgos como Beatriz Preciado, en 2010 inició un proceso de «transición lenta» para convertirse en varón autoaplicándose testosterona y en 2016 se cambió oficialmente el nombre. Preciado es autor de obras ciertamente influyentes, entre las que destacan *Manifiesto contrasexual* (2000), *Testo yonqui. Sexo drogas y biopolítica* (2008), *Pornotopía. Arquitectura y sexualidad en «Playboy» durante la guerra fría* (2010), *Un apartamento en Urano. Crónicas del cruce* (2019) y *Yo soy el monstruo que os habla. Informe para una academia de psicoanalistas* (2020).

Preciado llega más lejos que Judith Butler en todo. Escribe bien, tiene ideas claras y distintas, se centra en el cuerpo y no se queda en el activismo académico ni en la mera performatividad paródica (*drag-queen*). A este respecto, Preciado introduce el modelo *biodrag* —como alternativo al modelo *drag-queen*— referido a la producción de atributos somáticos de feminidad y masculinidad mediante la farmacopornografía. Va más allá también de Foucault con la propuesta de una «tercera episteme», ni soberana ni disciplinaria, que tiene en cuenta las nuevas tecnologías del cuerpo, farmacológicas, protésicas y quirúrgicas. Preciado denomina esta tercera episteme *posmoneyista* —en referencia a John Money, el introductor de la identidad de género— y

119. Álex Vicente, «Paul B. Preciado: "A veces, se me olvida que soy un hombre"», *El País*, 12 de marzo de 2021, <https://elpais.com/babelia/2021-03-12/paul-b-preciado-a-veces-se-me-olvida-que-soy-un-hombre.html>.

también posthumana. Esta tercera episteme, dice Preciado, «se caracteriza no sólo por la transformación del sexo en objeto de gestión política de la vida, sino sobre todo por el hecho de que esa gestión se opera a través de las nuevas dinámicas del tecnocapitalismo avanzado».[120] Preciado va más allá de Butler y de Foucault. Otra cosa es adónde va. A este respecto también es claro. Por más influencia que haya tenido en el feminismo y pese a ser un referente de la teoría queer, el objetivo de Preciado es la desnaturalización del sexo y del género, por lo que no en vano escribió un manifiesto contrasexual y se declara disidente del sexo.[121]

El *Manifiesto contrasexual* es un protocolo dadaísta contra la sexualidad —como el manifiesto dadá lo era contra el arte— cuyo primer artículo «demanda que se borren las denominaciones "masculino" y "femenino" correspondientes a las categorías biológicas varón/mujer, macho/hembra, del carnet de identidad, así como de todos los formularios administrativos y legales de carácter estatal». Los cuerpos no se definen como varones o mujeres, sino como «cuerpos parlantes». El manifiesto tiene también su principio bíblico: «en el principio era el dildo», un consolador o sexo de plástico. El consolador, permítase decirlo de forma tradicional, tiene primacía ontológica sobre el pene. Como dice Preciado: «El dildo antecede al pene. Es el origen del pene». Del pene «conceptual», se entiende, supuesto que el dildo deja ver lo artefactual y arbitrario que sería el pene en el sistema sexual. El dildo no es aquí únicamente una herramienta sexual,

120. Paul B. Preciado, «La invención del género, o el tecnocordero que devora a los lobos - Biopolítica del Género», <https://www.bibliotecafragmentada.org/wp-content/uploads/2019/05/365213634-Preciado-B-La-Invencion-Del-Genero-o-El-Tecnocordero-Que-Devora-a-Los-Lobos-1.pdf>. [Consulta: 13 de marzo de 2021]

121. «No soy un hombre. No soy una mujer. No soy heterosexual. No soy homosexual. No soy tampoco bisexual. Soy un disidente del sistema sexo-género. Soy la multiplicidad del cosmos encerrada en un régimen epistemológico y político binario, gritando delante de ustedes. Soy un uranista en los confines del capitalismo tecnocientífico», Paul B. Preciado, *Un apartamento en Urano*, p. 25, Anagrama, Barcelona, 2020.

sino también una «herramienta epistémica», y añade Preciado «muy poderosa» en orden a desnaturalizar y descolonizar el sexo llevándolo al límite de la parodia y de la transgresión. «La ontología del dildo es posnaturalista y posconstructivista, así como postidentitaria. [...] El dildo desvía al sexo de su origen "auténtico" porque es ajeno al órgano que supuestamente imita. [...] La lógica del dildo prueba que los términos mismos del sistema heterosexual masculino/femenino, activo/pasivo, no son sino elementos entre otros muchos en un sistema de significación arbitrario.»[122]

El sistema heterosexual, de acuerdo con Preciado, no sería sino «un aparato social de producción de feminidad y masculinidad que opera por división y fragmentación del cuerpo: recorta órganos y genera zonas de alta intensidad sensitiva y motriz —visual, táctil, olfativa...— que después identifica como centros naturales y anatómicos de diferenciación sexual. [...] Los órganos sexuales como tales no existen». El género ya no es simplemente performativo, como decía Butler, sino protésico. Después de todo, el ano sería el «centro transitorio de un trabajo de deconstrucción contrasexual» por varias razones, según se dice, entre ellas por ser universal más allá de los límites anatómicos impuestos por la diferencia sexual.[123] En este sentido sería «transitorio», camino a la deslocalización sexual donde las relaciones heterosexuales y homosexuales tradicionales pasarían a ser abyectas.

El manifiesto contrasexual promueve el principio autocobaya, consistente en experimentar con uno mismo. Preciado expone su experiencia en *Testo yonqui* autodefiniéndose como yonqui de la testosterona.

«A partir de junio de 2001 pongo en marcha y experimento sobre mí mismo y con diferentes colectivos políticos varios métodos de reprogramación del género y de sus mecanismos de deseo y de producción de placer. Estos ejercicios reúnen un conjunto de técnicas de modificación del género adquirido y de programas

122. Paul B. Preciado, *Manifiesto contrasexual*, pp. 105-106, Anagrama, Barcelona, 2000/2020.

123. Ibídem, pp. 27-58.

artificiales de *genderización* intencional. [...] Es una reprogramación total del orden social. Se trata de dejar de hacer aquello que tu género prescribe, de abandonar, por ejemplo, los espacios de victimización, del cuidado, de la dulzura, de la seducción, de la disponibilidad, de la escucha para las que las cis-mujeres hemos sido farmacopornográficamente programadas desde la infancia.»[124]

El manifiesto contrasexual no se queda en el principio autocobaya, sino que es un proyecto educativo de acuerdo con su artículo 12: «La sociedad contrasexual promueve la modificación de las instituciones educativas tradicionales y el desarrollo de una pedagogía contrasexual *high-tech* con el fin de maximizar las superficies eróticas, de diversificar y mejorar las prácticas contrasexuales».

Aun cuando no es posible saber en qué medida este manifiesto contrasexual refleja una tendencia ya en curso o influye en ella, y ambas cosas pueden darse a la vez, lo cierto es que los tiempos actuales son contrasexuales en algún sentido que la obra de Preciado hace visible y promueve. Por lo pronto, ahí están el borrado de las identidades masculino/femenino y la pedagogía contrasexual en las instituciones educativas. También está la supresión de los servicios diferenciados varón/mujer en centros educativos, derribando «arquitecturas de la heterosexualidad» sin importar que no se solucione ningún problema previo y, en su lugar, se creen situaciones incómodas y riesgos para las mujeres de encontrarse con varones molestos. Respecto al principio metafísico de la ontología del dildo, no se puede decir por menos —y con el mismo desparpajo que usa el autor— que es una gilipollez, cualquiera que fuera la etimología de esta palabra. Puede entenderse el papel del dildo en la gestión sexual de quien sea. Pero teorizar a nivel metafísico como principio bíblico es tan arbitrario como artificioso. Sería como si la comida sintética y la nutrición parenteral se tomaran como parodia de comer y se erigieran en principio de la alimentación, de modo que el arte culinario, las comidas

124. Paul B. Preciado, *Testo yonqui. Sexo, drogas y biopolítica*, p. 278, Anagrama, Barcelona, 2020.

y el aparato digestivo parecieran obsoletos por una supuesta conexión con el patriarcado o algo así, proponiendo en su lugar la comida sintética y la nutrición parenteral como la nueva norma emancipatoria. Al fin y al cabo, no hay motivos para considerar peor la heteronormatividad que la dildo-normatividad.

El modelo de corporeidad *biodrag* fármaco-quirúrgico que describe y subscribe Preciado no deja de poner de relieve su propia ambigüedad y contradicción, tanto del modelo como del autor. Por un lado, el modelo de corporeidad pretende superar el sistema sexo-género capitalista-patriarcal de producción-reproducción y, por otro, es un modelo tecnocapitalista que no sólo produce tecnologías fármaco-quirúrgicas, sino también subjetividades que desean y necesitan dichos productos. Por el camino, se pierde el sexo, incluyendo el sexo reproductivo del que a fin de cuentas depende que haya humanos —cuerpos parlantes, sujetos deseantes—, al menos hasta que nos hagamos posthumanos y vivamos en Urano. Asimismo, el modelo predica una liberación del cuerpo y la mente de ataduras morales y políticas, para sustituirlas por otras ataduras como son, a la contra, las ataduras morales y políticas contrasexuales. Supuesto que la heteronormatividad patriarcal es una construcción social, se trata de sustituirla por otra construcción social con sus normas, hegemonía y nueva verdad. «¿Tiene entonces sentido retirar la ley para sustituirla por otra?, ¿sustituir una práctica sexual normativa que excluye, castiga e impone, por otra que deviene igualmente normativa, excluyente y punitiva?, ¿no son éstos los lineamientos para un nuevo fundamentalismo de la exclusión de lo divergente?», se pregunta Alejandro Garay.[125]

El propio Preciado se mueve entre el anticapitalismo que profesa y el capitalismo avanzado que está en la base del modelo *biodrag* que propone para liberarnos del modelo heterosexual patriarcal capitalista. Él mismo parece habitar entre el necrocapitalismo patriarcal y opresor que repudia y el capitalismo neoli-

125. Alejandro Garay Pineda, «"Tengo, tengo, tengo... tú no tienes nada", o de los peligros de ciertas prácticas subversivas», *Quaderns de Filologia. Estudis Literaris*, IX (2004), pp. 185-197, p. 193.

beral que abraza cuando se presta a una campaña publicitaria de una marca de lujo que utiliza los cuerpos disidentes como marketing. «¿Se ha preocupado en saber que Gucci forma parte de un gran conglomerado —el grupo Kering— al que pertenecen un alto número de empresas transnacionales y que, como tal, representa el culmen del modelo capitalista y de la lógica neoliberal?», se pregunta Miquel Martínez.[126]

Preciado y la transgresión para nada

Estas ambigüedades y contradicciones reflejan la filosofía idealista y voluntarista de base. La filosofía de base no es otra que el constructivismo lingüístico posmoderno según el cual el cuerpo sería un «texto» sobre el que se puede inscribir el género o no género a voluntad, supuesto que el género crea o recrea el sexo. Así, en el *Manifiesto contrasexual*, Preciado propone un contrato de parodia por el que renunciamos a ser varón o mujer como si tal cosa:[127]

> Voluntaria y corporalmente, yo .... renuncio a mi condición natural de hombre o de mujer, a todo privilegio (social, económico, patrimonial) y a toda obligación (social, económica, reproductiva) derivados de mi condición sexual en el marco del sistema heterocentrado naturalizado.
>
> Me reconozco y reconozco a los otros como cuerpos parlantes y acepto, de pleno consentimiento, no mantener relaciones sexuales naturalizantes, ni establecer relaciones sexuales fuera de contratos contrasexuales temporales y consensuados.
>
> .../...
>
> En .... a .... de ...... de ......
>
> Firma

126. Miquel Martínez, «Paul B. Preciado, Gucci y las miserias del capitalismo», *El Rumor de las Multitudes*, 18 de diciembre de 2020, <https://www.elsaltodiario.com/el-rumor-de-las-multitudes/paul-b.-preciado-gucci-y-las-miserias-del-capitalismo>.

127. Paul B. Preciado, *Manifiesto contrasexual*, *op. cit.*, p. 70.

Esta filosofía idealista y voluntarista revela su propia ingenuidad —amén de insignificancia política— al pasar por alto la materialidad corpórea, subjetiva e intersubjetiva que nos constituye como sujetos sexuados cualquiera que sea nuestra orientación sexual, lejos de ser una elección como ponerse una ropa u otra. Aun cuando Preciado trabaja el cuerpo —testosterona, dildo—, de acuerdo con Gerard Coll-Planas, el papel del cuerpo es paradójico. Si, por un lado, está muy presente sustituyendo incluso el término *persona* por *cuerpo parlante*, por otro, está ausente o quizá con una presencia más metafórica y simbólica —«transgresora», *biodrag*, experimental, estética—, que propiamente con su plena materialidad, «con su sudor, con su sangre, con su carne» y «posibles efectos secundarios».[128]

La insignificancia política está en la abstracción que parece hacer Preciado de la complejidad de la identidad de género y lo alejado que está de los problemas reales de las personas trans, para las cuales «hormonarse no es un experimento, sino un proceso en el que algunos sienten que les va la vida». Como dice Coll-Planas: «El intento de provocación [de Preciado] me lleva a pensar que esta forma de aproximarse al cuerpo está a años luz de los sufrimientos de los cuerpos vulnerables, los cuerpos que mueren, que sangran, que son apaleados, que son violados. De repente —continúa Coll-Planas—, el piso de París donde Preciado explica que se siente tan transgresor tomando testosterona, me parece como una torre de marfil desde la que experimenta encerrado en sí mismo y lejos, demasiado lejos, de sufrimientos, compromisos y resistencias muy carnales».[129]

Preciado mismo epitomiza el solipsismo de su planteamiento, demasiado idealista y voluntarista como para servir a causas generales. En particular, su transgresión contra todo como modelo del activismo queer deja de lado la ética y los valores que, por lo pronto, otros activismos consideran. La conversión de lo contrasexual y abyecto según las convenciones en nueva norma,

128. Gerard Coll-Planas, *La carne y la metáfora. Una reflexión sobre el cuerpo en la teoría queer*, pp. 79-82, Egales, Barcelona/Madrid, 2012.

129. Ibídem, p. 86.

¿dónde deja por ejemplo el abuso de menores, la necrofilia o la violación?, ¿son queer?, se pregunta Coll-Planas. «Desde mi punto de vista —dice Coll-Planas—, resultan mucho más potentes las propuestas dentro del mismo universo queer que abren el debate sobre los límites que acotan esta propuesta de subversión de lo establecido para que no suponga la justificación de situaciones opresivas. En este sentido, coincido con Judith Butler» en la necesidad de establecer límites. Y concluye: «Tomar la transgresión como un estandarte me parece que tiene más que ver con una pose de vivir a contracorriente que con un proyecto político transformador».[130] Para Preciado, al final lo abyecto serían lo hetero y lo homosexual.

Después de todo, uno se podría preguntar, ¿qué cabe esperar del manifiesto contrasexual, la ontología del dildo, el papel emancipador del ano y, en fin, del proyecto político transhumano de Preciado? Nada que valga para transformar la sociedad. Más allá de la salvación personal, de acuerdo con María Binetti, Valentina Cruz y Daniel Alberto Sicerone, la propuesta de Paul B. Preciado «constituye uno de los mejores ejemplos de una posmodernidad entregada a sus propios fantasmas, transustanciaciones y secretas revelaciones». Como continúan estos autores, la «propuesta de Preciado no puede pensarse más allá de la lógica del mercado, donde los deseos personales son comprendidos como epifenómenos sociales. Su prédica política contrasexual no es sino la actualización de la maquinaria capitalista». Al final, su reacción contra la norma establecida es en realidad más reaccionaria que propiamente transformadora.[131] Tocante a su salvación personal, no dejaría de verse como una suerte de salvación religiosa, consuelo místico y narcisismo imaginario como muestran estos autores.[132] De acuerdo con lo dicho, es posible que la transgresión de Preciado sirva poco, si algo, para la causa general de las personas trans.

130. Ibídem, pp. 90-91.

131. María J. Binetti, Valentina Cruz y Daniel Alberto Sicerone, «El transhumanismo de Paul B. Preciado: Sobre las ficciones antirrealistas del *Manifiesto contrasexual*», *Revista de Filosofía, 53*, (2021), pp. 410-441, <doi 10.48102/rdf.v53i151.111, p. 438-9>.

132. Ibídem, pp. 437, 439.

Se ha señalado su lejanía de los problemas reales de las personas. La propuesta de Preciado resulta más idealista, voluntarista, utópica, estética y al final elitista —cosas que puede hacer él— que propiamente práctica para la gente y el cambio social y político. Aunque no está claro en qué medida su obra refleja e influye, y hace visible y promueve los tiempos contrasexuales que vivimos —y ambas cosas pueden darse a la vez—, lo cierto es que Preciado es un referente del movimiento queer. Su vida, incluyendo el enfrentamiento a una sociedad y una época de incomprensión e intolerancia, la transformación personal, la formación académica y el activismo, tiene su mérito.

Con todo, nada impide concluir que, basándonos en lo dicho, la transgresión contrasexual de Preciado puede servir para nada en términos de cambio social y político y de ayuda a las personas más allá de un círculo de disidentes del sexo-género como él mismo, lo que de por sí no carece de interés. Por no hablar de la gilipollez de la «herramienta epistemológica» del dildo.

Preciado y el privilegio del hombre blanco

Reconocida su importancia, y en coherencia con la teoría queer, cabría aplicarle al propio Preciado, no sin ironía, ciertos principios o mantras de la propia teoría. Después de insistir en la descolonización del sexo, Preciado parece dar la bienvenida a la nueva colonización del capitalismo avanzado fármaco-quirúrgico, que se vale de la estética del género fluido, amén de la producción de deseos y productos para su satisfacción. Siendo así, sería hora de que realizara su propia descolonización —capitalista, elitista, privilegiada.

Después de todo, Preciado es ahora un hombre blanco, agraciado inherentemente según la teoría al uso con el privilegio blanco, como varón trans privilegiado respecto de la mujer trans y de las personas trans de otro color. Su autodeclarada disidencia del sistema sexo-género no deja de ser un nuevo privilegio manifiesto en esa superioridad moral que parece arrogarse, por ejemplo, en su reprimenda a los psicoanalistas (*Yo soy el monstruo que os habla*), por más que se lo merecieran. Como todo privilegio, requeriría su examen de conciencia. Finalmente, supuesto que Preciado no está fuera de la historia, cabría aplicarle aquello que él mismo dice a los psicoanalistas acerca de que la diferenciación sexual que sostienen es una epistemología política del cuerpo y, por tanto, algo histórico y cambiante. Siendo todo histórico y cambiante, tampoco habría que tomar la teoría queer —Butler, Preciado— como la última palabra.

El hecho de que Preciado sea el filósofo español más influyente internacionalmente da que pensar no sólo acerca de cómo anda la filosofía española (si realmente fuera el más influyente), sino de cómo anda la filosofía mundial. Afortunadamente, hay más filosofía en la tierra que la soñada en el mundo queer.

6

Cómo hemos llegado hasta aquí y cómo podemos salir

El examen de la teoría queer revela todas las debilidades del constructivismo posmoderno dentro del que se inscribe: empezando por el descreimiento de la ciencia, cuando no su tergiversación, y terminando siempre con el mantra de que todo es construido, como si no hubiera realidad fuera del lenguaje. En el camino, se arroga el discurso verdadero en flagrante contradicción con su descrédito de toda verdad. El constructivismo posmoderno, con la teoría queer a la cabeza, más que una teoría y filosofía capaz de entender el mundo es en realidad un síntoma de los tiempos. Lo cierto es también que no es la única filosofía existente, ni mucho menos la más sólida. Siendo así, ¿cómo hemos llegado hasta aquí? ¿Cómo es que esta teoría campea en los campus universitarios de humanidades? ¿Cómo es que, después de negar la posibilidad de un relato explicativo de nada, el constructivismo posmoderno sea la nueva narrativa de esta época? ¿Cómo es que, después de negar la posibilidad de alcanzar la verdad sobre algo, ofrezca ahora la verdad incuestionable? ¿Cómo es que, siendo un movimiento antirracionalista, parece dar razón de todo? ¿Cómo es que ha llegado a tergiversar las ciencias y enrarecer el debate público?

Se puede entender que no sea fácil responder a estas cuestiones, ni que haya una respuesta única. Muchas condiciones, factores y actores están implicados sin que haya todavía perspectiva histórica para percibirlos y ordenarlos. Por lo que aquí respecta, vamos a apuntar algunas razones, entre ellas, especialmente, la infantilización de la universidad y un peculiar activismo como nueva mutación del constructivismo posmoderno con gran tirón mediático. La buena noticia es que hay salida. De hecho, está ahí. Como decíamos, la filosofía cuenta hoy con alternativas sólidas, más allá del espejismo queer.

Mala conciencia poscolonial y devaluación de la procreación

Una primera razón que no se puede pasar por alto tiene que ver con ciertas teorías de la ciencia propuestas a lo largo del siglo XX: Karl Popper, Thomas Kuhn y Paul Feyerabend. De Popper deriva una concepción negativa de la ciencia, según la cual ésta se caracterizaría por un proceso continuo de conjeturas y refutaciones. No sería la confirmación, sino la refutación o falsación lo que definiría la ciencia. En todo caso, nunca se alcanzaría la verdad, sino meras aproximaciones en el mejor de los casos. De Kuhn viene la famosa teoría de los paradigmas, conforme a los cuales el conocimiento científico se organiza en marcos de referencia donde la verdad es interna a cada uno de ellos, siendo a su vez inconmensurables entre sí. Por su parte, Feyerabend mostró la pluralidad de métodos científicos, a través de una especie de «anarquismo epistemológico», un «todo vale» que acentuaba la variedad de procedimientos y programas de investigación en la actividad de los científicos. Aun cuando estas tres concepciones del conocimiento no ponen en entredicho la ciencia, sino que, por el contrario, revelan aspectos característicos de ella, han influido probablemente en la deriva escéptica y antirracionalista propia del constructivismo posmoderno.

Otra razón tiene que ver con el desencantamiento del mundo destacado por Max Weber y la alienación descrita por la Escuela de Frankfurt, resultantes de la racionalidad moderna, lo que lleva al contrabalance romántico que se pone del lado del sujeto y la subjetividad. Al fin y al cabo, el romanticismo surge como reacción contra la modernidad y constituye el aspecto expresivo, junto con el utilitarista, del individualismo actual. El Romanticismo del siglo XIX se prolonga con el psicoanálisis —no en vano el término *psycho-analytical* fue introducido por Samuel T. Coleridge en 1805, noventa y un años antes de que Freud inventara la palabra *psicoanálisis*— y es explotado hoy por el capitalismo consumista, como hemos mostrado en el capítulo 2, con sus llamadas a «ser especial», «único» y demás.

Razones más específicas en relación con la teoría queer conciernen a una cierta «mala conciencia» poscolonial y a la devaluación de la procreación. La mala conciencia poscolonial se refiere a la conciencia de la explotación y abusos ocurridos en las colonias por parte de las naciones colonizadoras europeas, y de Estados Unidos en particular respecto a los nativos americanos. El despertar de los países colonizados trajo los estudios poscoloniales, y, con ellos, mala conciencia, culpa y resarcimiento. En este contexto, la culpa como acusación y sentimiento es de los «blancos», cuyo privilegio (*white privilege*) perdura y del que hoy se hace examen de conciencia y propósito de enmienda. Como hemos apuntado, la descolonización se toma como modelo para la descolonización también en otros ámbitos, como el sexo y el género, «colonizados» por el patriarcado y la heteronormatividad. El «colonizador» ahora es en particular el «hombre blanco heterosexual».

La devaluación de la procreación, como ya hemos señalado en el capítulo 1, es probablemente la razón de fondo más influyente en el estado de «confusión» actual acerca del sexo, que termina poniendo en entredicho que existan niños y niñas, varones y mujeres. En su lugar se propondría ahora el género fluido. No estamos ante un proyecto político, que sería suicida en sí mismo. La procreación simplemente queda fuera de lugar de las políticas de género, como si los niños los trajeran las cigüeñas, los cuerpos fueran sexuados por casualidad y los futuros defensores de estas políticas se generaran espontáneamente. La cuestión es que, a tenor de la importancia que ostenta el modo en que las sociedades organizan su propia continuidad transgeneracional, no deja de ser llamativa la omisión de la procreación en la política y los discursos del sexo y el género. Es una paradoja del individualismo. Si, por un lado, disponer de un espectro más amplio de potenciales identidades, más allá de «madre» y «padre», es señal del desarrollo de una civilización, por otro, llegar a niveles de natalidad por debajo del reemplazo es señal de estancamiento y decadencia.[133]

Tras el *baby boom* de las décadas de posguerra de los años cincuenta y sesenta, las cosas han ido cambiando debido a una serie de factores, entre los que cabe destacar la píldora anticonceptiva, la creciente superación del papel de «madre de familia» como único desempeño de la mujer y su incorporación al mercado laboral, la difícil conciliación para la mujer entre la carrera profesional y la maternidad, y la precariedad del trabajo. A la par que estas condiciones replantean el papel de la mujer como madre de familia, hacen lo propio con el varón. Se entra así en una situación en la que el papel procreador de varones y mujeres decae en favor de otras identificaciones, como la carrera profesional. A diferencia de lo que ocurría en generaciones precedentes, el tema de la reproducción está prácticamente ausente del horizonte de la vida de buena parte de los veinteañeros y treintañeros. Lástima que las mascotas no paguen impuestos que puedan sufragar las pensiones de jubilación de sus dueños.

Los jóvenes no están haciendo ninguna revolución sexual. Al parecer, tienen menos relaciones sexuales que las generaciones anteriores.[134] «No diga *sexy*, diga *foody*. Admitámoslo: al sexo se le ha acabado el crédito. La verdad ya no se encuentra en él.»[135] Dejando de lado si el gusto por la comida está realmente desbancando el gusto por el sexo, lo cierto es que éste está siendo degra-

133. Ross Douthat, *La sociedad decadente*, *op. cit.*, p. 83.

134. Peter Ueda, Catherine H. Mercer, Cyrus Ghaznavi, y Debby Herbenick, «Trends in Frequency of Sexual Activity and Number of Sexual Partners Among Adults Aged 18 to 44 Years in the US, 2000-2018», *JAMA Network Open*, 3, 6 (2020), e203833, <https://es.jamanetwork.com/journals/jamanetworkopen/fullarticle/2767066>.

135. Eloy Fernández Porta, *Las aventuras de Genitalia y Normativa*, p. 111, Anagrama, Barcelona, 2021.

dado por la pornografía y la «corrección política» en relación con generaciones anteriores. *Tiempos contrasexuales*, reutilizando términos de Preciado. De acuerdo con Byung-Chul Han en *La desaparición de los rituales*: «Tanto la pornografía como la corrección política causan desazón erótica».[136] Mientras que la pornografía acaba con la seducción, la corrección política acaba con las ambigüedades. La seducción y las ambigüedades son esenciales en las relaciones sexuales que se precien de eróticas. Algo no va bien si hay que mantener relaciones sexuales como las que nos muestra la pornografía y a la vez pedir permiso para dar un beso.

Más que avance, el sexo y el género fluidos no son sino aspectos de la «sociedad líquida», como se ha caracterizado a la sociedad actual en referencia a la precariedad, la inestabilidad y la fluidez del trabajo, la economía, la política, las relaciones, las modas y los gustos, donde «todo lo sólido se desvanece en el aire», como Karl Marx caracterizara al capitalismo y el tiempo no ha hecho más que confirmar.[137] En este sentido, «fluido» como opuesto a «sólido» no es un valor por sí mismo, sino más bien falta de valor de aquello que no dura ni tiene solidez, aun dentro de un mundo cambiante y procesual. El género fluido es más un síntoma de la sociedad capitalista que la supuesta liberación de una condición natural que estuviera reprimida por el patriarcado y la heteronormatividad. El género fluido puede ser más que nada un aspecto de la «sociedad líquida», independientemente de que ésa sea o no la autoconcepción de los protagonistas, sin duda, sinceros y fieles a sí mismos. No es faltarles al respeto recordar que las experiencias y prácticas de los sujetos no se explican a sí mismas al margen de condiciones y contextos sociales como los apuntados. Las identidades sentidas, como en general los sentimientos, suponen contextos determinantes, lejos de ser fuentes autooriginarias exentas de las condiciones sociales e ideologías de turno.

136. Byung-Chul Han, *La desaparición de los rituales*, p. 112, Herder, Barcelona, 2020.

137. Marshall Berman, *Todo lo sólido se desvanece en el aire: la experiencia de la modernidad*, Siglo XXI, Madrid, 1988.

Con todo, la devaluación de la procreación, junto con la mala conciencia poscolonial y heterosexual, el individualismo expresivo romántico y las teorías de la ciencia de Popper, Kuhn o Feyerabend, no serían suficientes para explicar el éxito en los últimos tiempos del constructivismo posmoderno como baluarte de la teoría queer y el desbarajuste del sexo. Estas condiciones ya existían antes de que la teoría queer eclosionara como lo hizo a partir de la primera década del siglo XXI. Del resto se encargó la infantilización de la universidad y el activismo abanderado de la justicia social.

La infantilización de la universidad

Ya hemos señalado que el papel de las «estrellas de campus» dentro de la continua innovación intelectual y las pujas entre universidades, según François Cusset, explica la mutación del estructuralismo —que ya estaba acabado en Francia— en la reluciente *French Theory* en Estados Unidos.[138] Sin embargo, hay todavía una razón más profunda que ha ido creciendo en las últimas décadas: la infantilización de la universidad. Los recientes libros *¿Qué está pasando en la universidad?*, de Frank Furedi,[139] *La transformación de la mente moderna*, de Greg Lukianoff y Jonathan Haidt,[140] *El síndrome Woody Allen. Por qué Woody Allen ha pasado de ser inocente a culpable en diez años*, de Edu Galán,[141] y *Morderse la lengua. Corrección política y posverdad*, de Darío Villanueva,[142] dan buena cuenta de este fenómeno.

138. François Cusset, *French Theory*, *op. cit.*, p. 202.

139. Frank Furedi, *Qué está pasando en la universidad. Un análisis de su infantilismo*, Narcea, Madrid, 2018.

140. Jonathan Haidt y Greg Lukianoff, *La transformación de la mente moderna. Cómo las buenas intenciones y las malas ideas están condenando a una generación al fracaso*, Deusto, Barcelona, 2019.

141. Edu Galán, *El síndrome Woody Allen. Por qué Woody Allen ha pasado de ser inocente a culpable en diez años*, Debate, Madrid, 2020.

142. Darío Villanueva, *Morderse la lengua. Corrección política y posverdad*, Espasa, Barcelona, 2021.

La infantilización de la universidad no es un fenómeno únicamente estadounidense, sino que se ha extendido por todo el mundo, incluyendo a las universidades españolas. Tampoco es un fenómeno únicamente universitario, pues su presencia puede reconocerse en la educación familiar y la escolar. Es un fenómeno general que se amplifica en la universidad, infantilización universitaria que resulta especialmente sorprendente, dado que ocurre en un nivel educativo dirigido a población adulta. Afortunadamente, todos los años los profesores nos encontramos con estudiantes que encaran su formación desde una actitud adulta. Sin embargo, cada vez es más habitual encontrar estudiantes que prefieren la validación de sus prejuicios a la adquisición de nuevos conocimientos que les hagan pensar más allá de sí mismos.

La infantilización se observa en la preponderancia que toman los sentimientos sobre el razonamiento y en la fragilidad que se da por supuesta a los estudiantes, en vez de presuponer madurez. Como dice Darío Villanueva: «Una vez que se ha introducido desde las aulas universitarias el mantra de que toda concepción racionalista de un "nosotros" con alcance universal es una añagaza del poder, se impone una mentalidad identitaria por la que cada individuo se fija el objetivo limitado de comprender y afirmar lo que ya es. [...] Se mina así el campo de batalla de cualquier debate de alcance general, omnicomprensivo de una realidad compleja. Cada grupo identificado por su identidad (valga la redundancia) se supone que posee su "epistemología propia"».[143]

Así, en los debates, hoy en día ya no se lleva tanto el «no estoy de acuerdo», como el «me siento ofendido». Mientras que el desacuerdo compromete una discusión razonada, «sentirse ofendido» cancela cualquier debate que implique razonar. La fragilidad supone umbrales cada vez más bajos de tolerancia a la presión y desafíos donde las palabras ya son consideradas violencia, de modo que ciertos temas de estudio pueden ser traumáticos. «Esta actitud infantilizada no sólo es tolerada por las autoridades universitarias, sino que se cultiva. En algunas instituciones,

143. Ibídem, pp. 291-292.

se brindan "salas de relajación" con juguetes blandos y mascotas para los estudiantes que sufren "estrés ante los exámenes" y ansiedades asociadas.»[144] Esta sensibilidad institucional ante la presunta fragilidad adopta la «perspectiva basada en el trauma», según la cual el estudiante se puede traumatizar ante cualquier inconveniente, aunque sólo se trate de la presencia de puntos de vista contrarios al suyo.

La sensibilidad institucional se confirma a sí misma: si tratas a los estudiantes como vulnerables y frágiles, terminan por serlo, impides la antifragilidad que se adquiere en el contacto con las contingencias del mundo real y no viviendo entre algodones. La narrativa clínica que domina este ámbito —vulnerabilidad, trauma— parece ser al final iatrogénica, según crecen los problemas psicológicos —ansiedad, depresión— en la que debería ser una de las mejores edades de la vida. A este respecto, dice Furedi: «Paradójicamente, cuantos más recursos hayan invertido las universidades en la institucionalización de las prácticas terapéuticas, más habrán incitado a los estudiantes a reportar síntomas de sufrimiento psicológico».[145] Baste recordar ciertas prácticas que, por increíble que parezca, se han incorporado ya a la vida universitaria: la universidad como espacio seguro, la teoría de la microagresión y la advertencia de contenido.

La universidad como espacio seguro no se refiere a la prevención de accidentes, ambiente contagioso o delincuencia, sino al cultivo, afirmación y protección de la identidad de los estudiantes, buscando que nada inquiete su confortabilidad. Si un rector de Harvard del siglo XIX estaba preocupado por la seguridad para albergar los libros en la biblioteca, uno se pregunta ¿qué habría hecho con la queja de una estudiante en 2016 gracias a la cual, en nombre del espacio seguro, «se han vetado libros y prohibido temas de conversación»?[146] Un aspecto central del espacio seguro consiste en no tener que exponerse a opiniones contrarias a las propias, sea en lecturas, debates o en clase, no fuera

144. Frank Furedi, *Qué está pasando en la universidad...*, *op. cit.*, p. 15.
145. Ibídem, p. 65.
146. Ibídem, p. 91.

esto a minar la autoestima del estudiante. Lejos quedan los tiempos en los que en la universidad uno aprendía a pensar más allá de sí mismo.

La teoría de la microagresión se refiere a tratos sociales cotidianos que pueden suponer una falta de respeto, vejación o insulto para alguien debido a algún supuesto prejuicio racial, de género o de orientación sexual. Las microagresiones no tienen por qué ser intencionales y, de hecho, a menudo serían inconscientes. Es más, pueden darse sin que nadie se sienta afectado. Los veladores de la microagresión las reconocen independientemente de los actores. Así, algo que parece un cumplido, como preguntar a alguien de dónde es, podría ser una microagresión al suponer que no es nativo del lugar. La cortesía de dar preferencia a una persona al salir o sentarse sería micromachismo si dicha persona fuera una mujer. La culpa estaría ya inscrita en el inconsciente del microagresor. La presunción de culpa precede a los actos de microagresión y micromachismo. En este sentido, la teoría de la microagresión es «una teoría secular del pecado original que ningún varón blanco y heterosexual puede trascender de ninguna manera».[147]

La advertencia de contenido intenta avisar a los estudiantes acerca de la presencia de algún tema que pudiera herir su sensibilidad, a fin de que se prevengan o lo eviten. Aunque no es originario de la universidad, sino de las redes sociales y antes de la televisión, se ha adoptado en la universidad, no sin controversia en este caso. Sus defensores aseguran que la advertencia de contenido protege de palabras, temas o imágenes que podrían traumatizar a estudiantes potencialmente vulnerables. ¿Debería un profesor de Derecho advertir en la clase que va a hablar de la «violación de la ley» por si la palabra *violación* evoca traumas a alguien? ¿Alguien sensibilizado debería saltarse este tema y estar exento de él en los exámenes? ¿Está realmente preparado para estudiar Derecho? ¿Debería un profesor de Psicología advertir acerca de que va a utilizar la metáfora del «sándwich de jamón» por si hay alguien vegano en la clase? Si es así, ¿debería

147. Ibídem, p. 130.

cambiar de metáfora? ¿Cómo advertir siquiera que se trata de la maldita carne sin nombrarla o darlo a entender, con lo que ya estaría hiriendo sensibilidades? ¿Qué hace alguien así estudiando Psicología? ¿No deben antes ir a psicoterapia?

Esta infantilización tan impropia de las edades universitarias y de la universidad se remonta a edades escolares y preescolares. Tendríamos que hablar de cómo la psicología ha contribuido a esta deriva individualista y subjetivista de la educación infantil, por lo demás, acorde con el creciente individualismo. Así, la psicología, sin ser ésta la única alternativa, se ha centrado en el sí mismo, *self* o auto: autoestima, autoconcepto, autoeficacia y autorregulación emocional.[148] Todo parece estar centrado en el «sí mismo», enseñando a los niños que cada uno es el ombligo del mundo, en contra de lo que parece una de las funciones principales de la escuela: enseñar al alumno a descentrarse de su propio punto de vista en favor de la comprensión del mundo, de los demás y del bien común. Tampoco todo depende de la escuela. Los niños ya entran en ella sintiéndose especiales, según vienen de casa acostumbrados a encontrar el camino preparado para ellos, en vez de estar ellos preparados para el camino. El espacio seguro que se espera encontrar en la universidad no es más que la prolongación del que viven en sus casas. La universidad termina actuando *in loco parentis* —en el lugar de los padres.

El activismo queer y la Justicia Social

La mala conciencia poscolonial y heteronormativa —culpa del hombre blanco heterosexual— parece dar superioridad moral al activismo de la justicia social, tanto más en la medida en que tiene un poder coercitivo a través de las acusaciones de transfobia, odio y violencia epistémica para quienes no asuman sus postulados. Aun sin estar claro cuánto se debe a mala conciencia, coerción y causa justa, lo cierto es que el activismo se ha abierto

148. Jack Martin y Ann-Marie McLellan, *The Education of Selves: How Psychology Transformed Students*, Oxford University Press, Oxford, 2013.

paso no sólo en los medios, las redes sociales y el marketing, sino también en las instituciones políticas, educativas y sanitarias. Importa examinar si es oro todo lo que reluce en el activismo de la justicia social.

El activismo es una novedad en relación con la teoría crítica frankfurtiana, el postestructuralismo y el posmodernismo cultivados en departamentos y campus universitarios alrededor de los estudios poscoloniales, culturales, de las mujeres o de género. Ahora estamos hablando del giro aplicado del posmodernismo, definido de acuerdo con los dos principios señalados en el capítulo anterior: el principio del conocimiento —escepticismo radical acerca del conocimiento objetivo y la verdad— y el principio de la política —creencia de que la sociedad está formada por sistemas de poder y jerarquías que deciden lo que se puede conocer y cómo—. El activismo posmoderno incluye grupos de presión con influencia política en cambios legislativos —por ejemplo, leyes para la autodeterminación del género—, influencia institucional universitaria —por ejemplo, la inclusión de la opción de identidad sentida a la par que la de varón y mujer en los formularios— e influencia en los sistemas nacionales de salud —por ejemplo, a través de la imposición de la terapia afirmativa en relación con la identidad trans—, por no hablar de la neolengua con toda esa clasificación de géneros, pronombres y formas de corrección. El enorme peso que los componentes meramente lingüísticos tienen en esta nueva forma de activismo hace que las redes sociales actúen como su vehículo más adecuado. Más en particular, el activismo cuenta con dos conceptos-fuerza que, sin ser nuevos, cobran ahora renovado vigor: la interseccionalidad y la justicia social.

La interseccionalidad es un concepto desarrollado por la teórica feminista y académica estadounidense especializada en el campo de la teoría crítica de la raza Kimberlé Crenshaw.[149] Utili-

149. Kimberlé Crenshaw, «Demarginalizing the Intersection of Race and Sex: A Black Feminist Critique of Antidiscrimination Doctrine, Feminist Theory and Antiracist Politics», *University of Chicago Legal Forum*, art. 5, 1989, pp. 139-168.

za la imagen de un cruce de tráfico donde alguien —por ejemplo, una mujer negra, como ella misma— podría ser golpeada por la confluencia del racismo y el sexismo, y cuya experiencia sería más compleja que la producida por cualquiera de estos prejuicios por separado. Señala que las mujeres negras tienen que lidiar con el racismo como negras y el sexismo como mujeres. Los varones negros y las mujeres blancas deben reconocer que ninguna de sus experiencias de racismo o sexismo cubre la experiencia de la mujer negra, cuya condición merecería un análisis distinto. El concepto de interseccionalidad se refiere a cómo diversos aspectos de la ubicación social se «cruzan» para constituir mutuamente las experiencias vividas de los individuos. La raza, la clase social, la identidad de género, la orientación sexual o el peso corporal son algunas de las ubicaciones sociales que se entrecruzan dando lugar a experiencias particulares de desigualdad y opresión. El concepto de interseccionalidad tiene el mérito de poner de relieve formas incrementadas de discriminación y de cartografiar diferentes marginaciones que concurren en la misma persona o grupo, dándoles una dimensión política y llevándolas al terreno de la justicia social crítica.

Sin embargo, dentro de su aparente sofisticación, la interseccionalidad es un concepto simple y simplista que reduce una complejidad de fenómenos con su historia, dimensiones y problemas particulares a una suerte de prejuicio que iguala y licúa todo. En este sentido, como señalan Helen Pluckrose y James Lindsay, la interseccionalidad es un concepto que nivela e iguala diferentes realidades,[150] un mero concepto lisológico carente de toda su aparente sofisticación.[151]

La justicia social es el tema y el lema del activismo de las políticas identitarias. La política identitaria se refiere a un análisis

150. Helen Pluckrose y James Lindsay, *Cynical Theories: How Universities...*, *op. cit.*, p. 128.

151. Lisológicos son conceptos tomados genéricamente que niegan las especies y especificaciones que muchas veces son contradictorias entre sí. Véase *lisológico* en el *Diccionario filosófico* de Centeno, 2017, <https://sites.google.com/site/diccionariodecenteno/l/lisologico>. [Consulta: 15 de febrero de 2021]

político resurgido en la izquierda universitaria estadounidense que prioriza las experiencias de injusticia compartida por distintos grupos sociales. Ha ganado vigencia con el movimiento de derechos civiles en Estados Unidos, el movimiento poscolonial, el movimiento feminista, el movimiento LGTBIQ+ y los movimientos nacionalistas, entre otros. La política identitaria se destaca por reclamar mayor autodeterminación para grupos marginados sobre la base de sus aspectos distintivos, desafiando caracterizaciones impuestas por terceros. Sin afiliación de partido, ni centrada en condiciones económicas y sociales —sólo en la identidad sentida y la autodeterminación—, la nueva izquierda adopta las causas de minorías oprimidas y abandera para ellas la justicia social.

La justicia social ya formaba parte del liberalismo clásico en el espíritu de la Ilustración, con su defensa de los derechos, la libertad y la igualdad de oportunidades. Frente a esta justicia social basada en la igualdad de derechos y el reconocimiento de la dignidad intrínseca de los seres humanos cualquiera que fuera la pertenencia a uno u otro colectivo o minoría, la justicia social de la política de las identidades no tiene ya un sentido universal inherente a la persona, sino que se basa precisamente en las identidades de diferentes colectivos. Más allá de las visiones tradicionales de la justicia social fundada en la igualdad, la libertad y los derechos de las personas, este nuevo movimiento lo ponemos ahora con mayúsculas: el movimiento posmoderno de la Justicia Social.[152] Las minorías oprimidas son el nuevo proletariado tras la caída del Muro de Berlín; de acuerdo con el exmilitante de izquierda Alejo Schapire, la izquierda se ocupó del «proletariado de sustitución que se había encontrado: las minorías oprimidas, por quien encarnaría al nuevo enemigo designado, el hombre blanco heterosexual».[153]

La Justicia Social tiene su base en el postulado según el cual la sociedad estaría estructurada por sistemas de poder y privile-

152. Pluckrose y Lindsay, *op. cit.*, pp. 181-211.

153. Alejo Schapire, *La traición progresista*, p. 60, Península Atalaya, Barcelona, 2021.

gio basados en identidades específicas que construyen el conocimiento a través de las maneras de hablar, por lo que la injusticia sería tan ubicua como invisible. Estamos ante un activismo lingüístico, centrado en los significantes. A partir de aquí, y en un abrir y cerrar de ojos, la Justicia Social termina por ser un evangelio que asume con plena certeza que todas las personas blancas son racistas y todos los varones sexistas, que el racismo y el sexismo son sistemas que pueden existir y oprimir sin que los opresores lo sepan o tengan intención, que el sexo no es biológico sino un espectro, que el lenguaje puede ser violencia literal, la exploración de las razones de la identidad transgénero puede llevar al suicidio, el deseo de remediar la discapacidad y la obesidad son odiosos, y que todo necesita ser descolonizado. El movimiento de la Justicia Social continuamente afirma que el patriarcado, la supremacía blanca, la cisnormatividad, la heteronormatividad, el capacitismo y la gordofobia están infectando todo. Estas condiciones existirían en un estado de inmanencia en la sociedad, sin que sea fácil percibirlas, salvo que uno sea *woke*, alguien precisamente imbuido de la Justicia Social, bien por haber alcanzado la iluminación o bien por ser víctima de la opresión.[154]

Sin duda, los diferentes colectivos padecen opresión y desigualdad, y la justicia social es un derecho fundamental. El problema de la Justicia Social es que está ya lejos de la tradición liberal o libertaria, y lejos también de la izquierda interesada en las condiciones objetivas y las contradicciones reales de la sociedad. La Justicia Social pierde las referencias de las realidades objetivas con su descreimiento de cualquier posible conocimiento de valor común que no sea su evangelio. En su lugar, asume la creencia en la identidad sentida como criterio de verdad —verdad emocional o posverdad—. Como dice Félix Ovejero, a la hora de abordar el mundo, la izquierda parece haber elegido las opciones más idiotas, las más infantiles, entre ellas el sentimentalismo, donde las emociones suplen a los argumentos.[155] Así, la Justicia Social revierte progresos alcanzados y crea un sistema

154. Pluckrose y Lindsay, *op. cit.*, pp. 182-195.

155. Félix Ovejero, *La deriva reaccionaria de la izquierda*, *op. cit.*, p. 31.

de «castas de Justicia Social» que termina generando nuevas desigualdades sin estar solucionadas aún las anteriores.

La Justicia Social revierte progresos alcanzados de dos maneras.[156] Por un lado, reinscribe estereotipos negativos contra las mujeres y minorías raciales y sexuales debido a la teoría queer en la que se basa. Para empezar, el feminismo trans niega que exista la mujer como entidad corpórea y sujeto político, reducida a estereotipos de género performativos e identidades sentidas independientes del cuerpo biológico. Esto ocurre al sustituir el análisis crítico del feminismo político por el feminismo subjetivista, que ni siquiera se basa en la experiencia de las mujeres, sino en la experiencia de un sujeto transgénero que, de forma inexplicada y sin que concurra ningún criterio de verificación, elige la palabra *mujer* para describirse. El concepto queer de género se basa en estereotipos consistentes en gestos, maneras y *performances*, de acuerdo con la teoría de Butler, reforzando una versión histriónica de la mujer, totalmente opuesta a un planteamiento feminista.[157] Esta reinscripción de estereotipos se hace además de forma impositiva, dictando lo que la gente debe creer acerca del género y de la sexualidad e imponiendo, cómo no, un lenguaje para expresarlo, siempre en nombre de la Justicia Social.

Por otro lado, la Justicia Social fomenta el tribalismo y la hostilidad con su activismo agresivo, consistente en inculcar culpa colectiva a grupos supuestamente dominantes. Así, los blancos son racistas, los varones son sexistas y los heterosexuales son homofóbicos por el mero hecho de serlo, en una suerte de pecado original que queda especialmente afirmado en caso de que se niegue. Dejando de lado que las personas actuales no son las mismas que constituyeron los grupos dominantes fundadores del patriarcado y colonizadores, nada de esto contribuye a la reciprocidad, la reparación y el cambio institucional. Al contrario, fomenta la reacción en contra y no sólo probablemente de la extrema derecha. Si se instaura la patologización de la masculinidad y

156. Pluckrose y Lindsay, *op. cit.*, pp. 259-262.

157. Alicia Miyares, *Distopías patriarcales*, *op. cit.*, p. 135.

el odio a los varones apelando a una «masculinidad tóxica», casi la mitad de la población, así como buena parte de la otra mitad que los aman, es probable que no se lo tomen bien. Si la gente que no usa neolengua trans o tiene una idea del género distinta de la teoría queer es acusada de transfobia, probablemente termine por desarrollar un antagonismo injusto contra la gente trans, muchos de los cuales, por cierto, tampoco comulgan con dicha doctrina.[158] La transfobia termina por ser una profecía autocumplida.

La Justicia Social crea un sistema de castas de Justicia Social en función del estatus de privilegio. El concepto de privilegio (*white privilege*) fue acuñado en 1910 por el historiador, sociólogo y activista de los derechos civiles William E. B. Du Bois y reutilizado en 1989 por la feminista y activista antirracista Peggy McIntosh[159] para referir las ventajas de unos grupos de personas respecto de otros. El examen de los privilegios es el examen de conciencia de hoy en escuelas y universidades estadounidenses, y el privilegio por antonomasia es el privilegio blanco —varones y mujeres— respecto de las personas que no son blancas, debido a su posición de poder y dominancia histórica —segregación racial, colonialismo—. Más en particular, el privilegio lo tendría también el varón blanco respecto de las mujeres debido en este caso al patriarcado. El privilegio se ejerce de modo inconsciente, formando parte de los hábitos y del mundo dado por hecho.

A título más irónico que sistemático, señalamos algunas situaciones en todo caso ya dadas, no meramente hipotéticas.[160] Por ejemplo, varones blancos gais y gente de color que no sean negros —generalmente considerados como grupos marginados— necesitarían reconocer su privilegio respecto de las personas negras, todavía más marginadas. Varones negros de piel más clara tendrían que reconocer su privilegio respecto de varones negros de piel más oscura, ya que, al fin y al cabo, son más blan-

158. Pluckrose y Lindsay, *op. cit.*, p. 261.

159. Peggy McIntosh, «White Privilege: Unpacking the Invisible Knapsack», *Peace and Freedom Magazine*, 1989, pp. 10-12.

160. Pluckrose y Lindsay, *op. cit.*, p. 128.

cos. Varones negros heterosexuales han sido descritos como la «gente blanca entre los negros». Varones transgénero, aunque todavía oprimidos por su condición trans, necesitarían reconocer que han ascendido a la condición de varón, dado que el varón es el privilegiado respecto de la mujer trans, doblemente oprimida por mujer y trans. En este sentido, nos hemos referido irónicamente al «privilegio blanco» de Paul B. Preciado. Gais y lesbianas podrían formar parte de los grupos opresores si no aceptan mantener relaciones sexuales con varones trans o mujeres trans, en una clara muestra de transfobia y discriminación de género. Asiáticos y judíos pueden verse privados de un estatus de marginación debido al éxito económico comparativo que alcanzan en los últimos tiempos o debido acaso a su participación en la «blancura» u otros factores. Se trata pues de nuevas desigualdades que emergen al hilo de la política identitaria y la cultura asociada sin que las desigualdades originales hayan desaparecido. Al contrario, los estereotipos y la hostilidad se han exacerbado en algunos aspectos.

La teoría queer está plagada de contradicciones que repugnan a la razón y al sentido común. Sin embargo, puede que sean coherentes con su teoría, en buena medida ella misma basada en la incoherencia y la desestabilización de la razón, cuya pretensión más obvia es la provocación y el activismo. En realidad, *teoría queer* es una expresión contradictoria, como ya dijimos, poco menos que un oxímoron, en tanto *teoría* sugiere alguna manera ordenada de ver las cosas y *queer* sugiere lo raro y disruptivo que no se aviene a un orden.

El problema es que la teoría queer no es inocua. Algunas de sus incoherencias se pueden formular de la siguiente manera: la teoría dice que el «yo real» es distinto del cuerpo y, sin embargo, el cuerpo es el que ha de sustentar al «yo real» —la identidad sentida como reveladora de la verdadera identidad corporal—; dice que el género es una construcción social y, sin embargo, la persona está atrapada en un cuerpo equivocado; dice que el sexo no es binario y, sin embargo, promueve la transición de un sexo a otro y los estereotipos sexuales asociados; dice que la identidad de género es real y, sin embargo, el cuerpo sexual no es real; dice que la verdad no existe y, sin embargo, la identidad sentida es la verdadera identidad; dice que hay que respetar la expresividad como fuente de autenticidad y, sin embargo, impone una manera de pensar y una neolengua para expresarlo; dice que no se ha de patologizar la disforia de género y, sin embargo, reivindica una terapia afirmativa consistente en un tratamiento farmacológico y quirúrgico. En el capítulo siguiente veremos cómo contradicciones de este tipo se plasman en la infancia.

Con todo, quizá la mayor incoherencia —toda una ironía— aparece al ver cómo una política identitaria que surge de la izquierda universitaria progresista resulta explotada por la derecha neoliberal, terminando por ser reaccionaria. Para empezar, el posmodernismo, con su renuncia a la verdad y su uso de discursos sin referentes reales, está en las antípodas del marxismo —el trasfondo filosófico de la izquierda—, centrado en las contradicciones reales, las condiciones objetivas y la falsa conciencia que pueden albergar las ideologías y las subjetividades individuales. Si algo puede socavar el poder injusto y explotador es la verdad de las condiciones objetivas, por históricas que sean, no la verdad foucaultiana como efecto del poder ni el deslizamiento derridiano de significantes sin significado. Por otra parte, nada más lejos de las reivindicaciones universalistas económicas y sociales de la izquierda propiamente dicha que las políticas identitarias tribalistas basadas en sentimientos, posverdades o identidades sentidas. Una izquierda que renuncia a la verdad y se basa en la identidad sentida viene a ser el mejor socio del neoliberalismo que vive de sujetos deseantes cuyos deseos produce y satisface. La izquierda identitaria trabaja en la producción de sujetos cuyos deseos satisface el capitalismo, más interesado según parece en la Justicia Social basada en las identidades que propiamente en la justicia social basada en las condiciones económicas y sociales.[161]

Aparte de este «colaboracionismo» con la derecha neolibe-

161. Para esta diferencia entre la izquierda marxista interesada en las condiciones reales y la izquierda identitaria (marxismo versus posmodernismo), véase Francisco Erice, *En defensa de la razón*, Siglo XXI, Madrid, 2020.

ral, la izquierda identitaria revive de alguna manera el gnosticismo antiguo y termina por ser una especie de religión secular moderna.

Gnosticismo antiguo redivivo

El posmodernismo, la teoría queer y la Justicia Social recuerdan al gnosticismo antiguo, que renacería ahora como una religión secular de nuestro tiempo. La degradación del cuerpo y su sometimiento a una drástica disciplina performativa y fármaco-quirúrgica de purificación del sexo natal y transformación a un nuevo género sin sexo —fluido, disidente, postidentitario— recuerda al gnosticismo antiguo. Los gnósticos se avergonzaban del cuerpo y lo despreciaban de acuerdo con una concepción dualista espiritualista, según la cual lo que importa es el alma —psique, aliento, *pneuma*— atrapada en el cuerpo, cuya liberación pasa por la toma de conciencia, conocimiento o gnosis. Plotino, neoplatónico del siglo III, «pareció avergonzarse de estar dentro del cuerpo» y llegó a conocer a algunos contemporáneos suyos que estaban animados por un rechazo aún mayor del propio cuerpo, individuos que, en sus palabras, «odian la naturaleza del cuerpo» y «censuran el alma por su asociación con el cuerpo». Estos amigos de Plotino eran «gnósticos», esto es, personas convencidas de la desesperada necesidad por parte del alma de una gnosis revelada sobrenaturalmente, de un «conocimiento» que los rescatase de la inmersión en un mundo extraño y material.[162]

El gnosticismo floreciente en el siglo II es uno de los numerosos movimientos —junto con el estoicismo, el cristianismo y otros— que trata de dar sentido a la vida en una época de confusión, de desorientación intelectual y de inseguridad material y espiritual causada por la «descomposición de las instituciones,

162. Michael A. Williams, «Imagen divina - prisión de la carne: percepciones del cuerpo en el antiguo gnosticismo», en Michel Feher, Ramona Naddaff, y NadiaTazi (eds.), *Fragmentos para una teoría del cuerpo humano*, pp. 129-149, Taurus, Barcelona, 1990, p. 129.

de las civilizaciones y de la cohesión étnica». Es una época en la que muchos parecen tener una experiencia del mundo como un lugar extraño en el que «se ha de encontrar el camino de vuelta a casa, de vuelta a aquel mundo del que se procede».[163] El gnosticismo supone una rebelión contra la creación y el orden establecido, ya que el mundo parece confuso y extraño. La salvación pasa por la gnosis: el conocimiento iluminado, no un conocimiento empírico-racional, ni tampoco meramente basado en la fe. La gnosis es tanto el conocimiento de la caída en la *prisión* del mundo como el medio de escapar de ésta. La salvación puede tomar varios caminos o vías, como la ascética, la mística, la indiferencia del mundo y el uso libertino del cuerpo, pero siempre implica la destrucción del «viejo mundo para inaugurar uno nuevo».[164] La deconstrucción sería la fórmula posmoderna de destrucción del «viejo mundo». Se podría recordar aquí a Paul B. Preciado como posible ejemplo de salvación libertaria sin que le falte su ascética.

La cuestión es cómo un gnosticismo así tiene cabida en la sociedad actual. Dos explicaciones se pueden dar. Por un lado, el relato de la *caída* del hombre en el mundo y su salvación puede tener una versión moderna a través del espíritu absoluto hegeliano, la revolución o la ciencia.[165] Versiones de gnosticismo actual se pueden ver en el transhumanismo y acaso en alguna variante del feminismo,[166] y, en el caso que nos ocupa, en la teoría queer. Aunque no existe explícitamente un mundo armonioso perdido —como no sea el matriarcado o una igualdad paradisíaca en un paraíso sin serpientes difícil de imaginar—, lo cierto es que la teoría queer parece hablar de la *caída* en el cisheteropatriarcado, del que habría que salvar a la humanidad.

Todo empezaría con darnos cuenta (*gnosis*) de cómo el pa-

163. Eric Voegelin, *Las religiones políticas*, p. 82, Trotta, Madrid, 2014.

164. Ibídem, p. 84.

165. Ibídem, cap. «Ciencia, política y gnosticismo».

166. Stefano Abbate, «La destrucción de la naturaleza por parte de la gnosis. Dios, cosmos, hombre», *Espíritu*, LXVI, 154 (2017), pp. 411-425. Álvaro Narva Gil, *Una introducción al modelo gnóstico de Eric Voegelin: entre la omnipotencia y el feminismo*, Ediciones Beers&Politics, Barcelona, 2021.

triarcado y la heteronormatividad constituyen la matriz de dominación de nuestra vida cotidiana según están incrustados en la construcción de la sociedad y en el lenguaje ordinario, machista y opresivo sin que nos demos cuenta. De ahí la necesidad de una deconstrucción del conocimiento, y tanto más del conocimiento científico, así como de la toma de conciencia de esa realidad. Se necesita despertar (*woke*) para alcanzar esta conciencia o gnosis, no accesible a todos debido a que la realidad nos parece natural. Las víctimas de desigualdades serían las personas, minorías o colectivos a quienes mejor se revela la verdad de las cosas, junto con los imbuidos de la Justicia Social: de una u otra manera estarían en posesión de un conocimiento iluminado, revelado o gnosis. Como tal gnosis, este conocimiento no se puede discutir ni podrá cuestionarse cómo se ha alcanzado. El carácter indiscutible es una característica tanto del gnosticismo como de la Justicia Social. Discutir la Justicia Social es estar en su contra: transfobia, odio, violencia epistémica.[167]

Por otro lado, la devaluación actual del cuerpo sexuado reproductor da cabida a los repudios gnósticos antiguos del cuerpo como cárcel del alma que habría que liberar. El alma aquí sería el género como algo separado del sexo corpóreo: la identidad sentida «atrapada» en un cuerpo binario. No se trata ya de una salvación transcendental, fuera del mundo, sino inmanente al mundo, tendente a superar la normatividad binaria heterosexual/homosexual en favor de una normatividad transgénero, fluida, no identitaria o disidente. La salvación estaría en transcender el sexo binario. El cuerpo binario estaría atrapando identidades no binarias, fluidas, que habrán de ser liberadas. Puede entenderse que la devaluación del sexo con connotaciones reproductivas se aviene con el gnosticismo moderno, y éste tiene aquí una nueva causa, por lo demás nada extraña al gnosticismo antiguo.

Con todo, la disciplina y el ascetismo necesarios para doble-

167. Véase la exposición satírica de una guía de la Justicia Social titulada «Woke» del periodista Andrew Doyle bajo el personaje «Titania McGrath»: Titania McGrath, «Woke», Alianza Editorial, Barcelona, 2020.

gar el cuerpo revelan tanto esta posibilidad como la resistencia material natural que se trata de desnaturalizar imponiendo otra normatividad, por ejemplo, la normatividad fluida. Al fin y al cabo, la heteronormatividad, sin dejar de ser normativa —convencional, histórica, revisable y reformable—, no es gratuita y arbitraria. Por ejemplo, la constatación del sexo al nacer, más que la mera «asignación», alcanza un acierto cercano al cien por cien. Por otra parte, la normatividad fluida no deja de ser la normatividad de los tiempos líquidos de nuestra época de incertidumbres,[168] más una deriva de resultado incierto que un logro histórico que merezca ser celebrado.

El posmodernismo, la teoría queer y la Justicia Social como religión secular

Algunas de las características del posmodernismo, la teoría queer y la Justicia Social pueden encontrarse igualmente en las religiones.[169] Aun cuando se señalarán algunos de estos aspectos, el propósito aquí es más irónico que sistemático, con el propósito de mostrar cómo una filosofía que se declara posmoderna, una teoría queer que revoluciona el sexo y el género, y una Justicia Social que se supone progresista vienen a ser más que nada una religión. Lo que nos proponemos no es más que un intento de deconstrucción, queerización y acaso justicia poética de la propia filosofía posmoderna, teoría queer y Justicia Social, en vez de tomarlas como la última palabra. La religión se entiende aquí más en el sentido sociológico de comunidad moral que teológico, sin que falten ideas sacrosantas, pecado original, escrituras, salvación y demás.

Una comunidad moral refiere una colectividad de personas

168. Zygmunt Bauman, *Tiempos líquidos: vivir en una época de incertidumbre*, Tusquets, Barcelona, 2017.

169. James A. Lindsay y Mike Nayna, «Postmodern Religion and the Faith of Social Justice», *Areo*, 18 de febrero de 2018, <https://areomagazine.com/2018/12/18/postmodern-religion-and-the-faith-of-social-justice/>.

congregada en torno a una interpretación del bien y del mal, con sus normas y sanciones en orden a satisfacer necesidades psicológicas y sociales que no resuelven las instituciones básicas de la sociedad —políticas, económicas, jurídicas, educativas, sanitarias y familiares—. No obstante, la Justicia Social tiene influencia y poder institucional conforme está siendo adoptada por instancias políticas. La analogía con la religión no significa que el posmodernismo, la teoría queer y la Justicia Social sean una religión, ni tampoco un sustituto de la religión. Ni la analogía supone algo negativo. Simplemente, la analogía religiosa permite ver aspectos de estas construcciones que las desdicen de su autoconcepción filosófica, científica y política. La analogía religiosa funciona aquí como un tornasol que permite revelar aspectos de otra manera desapercibidos, a riesgo de que el tornasol como reactivo revele también el carácter ácido de la Justicia Social contra quienes no digan amén.

Por lo pronto, la Justicia Social como comunidad y tribu moral cuenta con ideas sacrosantas que no pueden ser cuestionadas, desafiadas o puestas en duda, so pena de excomunión —transfobia, odio, violencia epistémica—. Estas ideas no son otras que la citada inmanencia del patriarcado y la heteronormatividad inherentes, según se supone, a la matriz de dominación que impregna la sociedad. Su carácter inmanente viene a ser el pecado original, cuya forma más sutil es el privilegio blanco sin ser consciente, preconcebido al formar parte de una sociedad patriarcal. Si el pecado original de la religión cristiana viene de haber nacido dentro de la naturaleza humana ya *caída* en el pecado, en la Justicia Social viene de haber nacido dentro de la dominación que impregna la sociedad.

El autoexamen del privilegio blanco realizado con miras a descubrir ventajas inmerecidas por el mero hecho de ser blanco, tomar conciencia de ellas y corregirlas no deja de ser una versión del examen de conciencia, confesión y propósito de la enmienda de la religión tradicional. La pureza o santidad ahora radican en ser *woke*: reconocer los propios privilegios y la opresión que uno puede causar sin saberlo y aceptar que todo el mundo es interseccional de alguna manera, y, por tanto, situado en alguna posición de desventaja. Hasta el hombre blanco tendría su desventaja debida a la ignorancia de los agravios que causa. Si la ignorancia es una desventaja, ser *woke* es un privilegio. Siendo así, el deber moral de uno es buscar en su interior las infinitas formas de ofensa, ya no a Dios como antaño, sino a los demás en el día a día.[170]

El examen de conciencia forma parte del currículo escolar de estudiantes universitarios de muchas universidades estadounidenses mediante la realización de seminarios y cursos para revisar el privilegio y la opresión, buscando dentro de uno agravios y microagresiones.[171] Los seminarios y cursos incluyen lecturas de gurús de la interseccionalidad y del privilegio blanco —Patric Hill Collins, Kinmberlé Creanshaw, Peggy McIntosh— que ya parecen tener un uso más doctrinal que académico. La Justicia Social cuenta, pues, con sus escrituras consagradas y mandamientos, en este caso, la corrección política con miras a evitar ofensas a personas pertenecientes a grupos particulares. Quizá ya sea hora de añadir el undécimo mandamiento: no criticarás la Justicia Social.

La Justicia Social cuenta igualmente con su relato creacionista: los poderosos y privilegiados hombres blancos, quienes tratan de que su poder y privilegio perdure por los siglos. Las universidades son sus templos y los seminarios de investigación sus seminarios de formación. En este sentido, no deja de ser una particular ironía que el *seminario* como antigua institución para la formación sacerdotal dé nombre también a actividades académicas como la búsqueda de agravios. Puestos a ello, no dejaría de ser un agravio usar seminarios para el desagravio de ofensas y opresiones machistas si se considera la etimología de *seminario*, relacionada con *semen* y *semilla*. Asimismo, ser *woke* no dejaría de ser un privilegio, por lo que acaso también merecería el examen de esa ventaja.

La salvación de la caída en el patriarcado heteronormativo implica una doble transformación política e individual. La trans-

170. Un examen así por encima como el que hizo Peggy McIntosh en su día le reveló veintiséis privilegios, entre ellos las tiritas color carne para blancos.

171. Lindsay y Nayna, *op. cit.*

formación política está a cargo del activismo de la Justicia Social como encarnación aplicada del posmodernismo y de la teoría queer, en vías de convertirse en religión de Estado a tenor de su influencia y poder institucional. La transformación individual consiste en un protocolo científico-técnico —social, fármaco-quirúrgico— que no deja de tener su aspecto de «conversión», «sacrificio», «ritual» y «transformación». Así, Paul B. Preciado habla de su propia transformación en términos cuasi místicos. Refiriéndose a *Testo yonqui*, escrito tras la muerte de un amigo, dice: «Buena parte del libro está escrito en segunda persona: es una carta enviada a alguien que ya no puede leerla. Y al mismo tiempo, como todo relato de duelo, es un contrato de conversión: mi esfuerzo por devenir el amigo perdido, por darle vida en mi cuerpo. En este caso la conversión era material. El protocolo de autointoxicación a la testosterona no era sólo un ejercicio de experimentación con mi propia subjetividad. Era también un "sacrificio" en el sentido de un tributo o un homenaje en el que se trasmuta la vida y la muerte. Él había desaparecido, pero seguía presente, y yo de algún modo seguiría presente aun desapareciendo. Mi transición de género se convertía así en un ritual de duelo. Alguien muere para que alguien pueda vivir».[172]

La bandera de la Justicia Social parece dar la superioridad moral que se arroga el activismo y que también, según parece, se le otorga sin más miramiento. Esta aparente superioridad moral encaja con la mala conciencia del hombre blanco poscolonial y heterosexual que se ha ido instalando en la cultura occidental. Se da la paradoja de que un movimiento de izquierda y anticapitalista es explotado por la derecha neoliberal a costa de la producción de deseos e identidades sentidas. Como señalan James A. Lindsay y Mike Nayna, el movimiento de la Justicia Social suena bien, como esas emisoras que sintonizas en la radio del coche por su buena música para ver después que es una emisora evangélica

172. Entrevista con Carolina Meloni González, «Paul B. Preciado y la sonrisa de los cocodrilos: una entrevista desde Urano. Parte I», 11 de junio de 2019, <https://www.elsaltodiario.com/el-rumor-de-las-multitudes/paul-b-preciado-y-la-sonrisa-de-los-cocodrilos-una-entrevista-desde-urano-parte-i>.

diciendo que «Jesús es la luz» y cosas por el estilo.[173] Sin duda, el posmodernismo, la teoría queer y la Justicia Social son movimientos sinceros, sentidos y bien intencionados, sólo que eso no garantiza nada.

Vida y filosofía más allá del espejismo queer

Así como hemos señalado las líneas del camino que nos ha traído hasta aquí, señalamos también las líneas que nos pueden sacar de este atasco. Se equivocan quienes crean que estas corrientes son la última palabra en filosofía, por más que campeen en campus universitarios y redes sociales. Lo cierto es que, lejos de ser la última palabra, esta amalgama filosófica ya está siendo ella misma deconstruida y puesta en su sitio, muy lejos de la arrogancia con la que quiso ser tomada como algo definitivo e incontrovertible. De hecho, como ya hemos apuntado, la *French Theory* ya estaría acabada si no hubiera sido por la mutación que experimentó en los campus universitarios estadounidenses, donde cobró nuevos vuelos que culminaron en la teoría queer bajo la influencia de Butler y compañía.[174] Por más que se haya propagado y creado su propio universo de discurso, la *French Theory* ya tenía su recambio en la fenomenología —hemos visto en el capítulo anterior cómo la teoría de la performatividad de Butler surge de un malentendido de la fenomenología— y en la filosofía de Paul Ricoeur. En particular, la filosofía de Ricoeur «supo preservar, a contracorriente, las dimensiones rechazadas del sujeto, de la acción, del referente, de la ética», rechazando el cierre del lenguaje sobre sí mismo. Así, Ricoeur elabora «una tercera vía entre el idealismo del *cogito* cartesiano y las prácticas deconstructivistas, que pasa por una reinterpretación de la dialéctica del *Sí mismo* y del *Otro*».[175]

Además de ser alternativas filosóficas al constructivismo posmoderno, la fenomenología y la filosofía de Ricoeur proporcio-

173. Lindsay y Nayna, *op. cit.*

174. François Cusset, *French Theory*, *op. cit.*

175. François Dosse, *Historia del estructuralismo*, *op. cit.*, p. 321.

narían una comprensión no patologizadora de la discordancia de género. Mientras que la fenomenología se caracteriza por la comprensión del mundo vivido de las personas, la teoría del «sí mismo como otro» de Ricoeur es un enfoque único en plantear la relación entre la permanencia y la alteridad, cómo lo otro irrumpe, altera y de qué manera se integra en la propia identidad personal o funda una nueva identidad.[176] Lejos de esa visión abstracta e ideológica de la teoría queer al servicio de un proyecto político, no centrada en las personas y sus circunstancias, la fenomenología y la filosofía de Ricoeur parten del sujeto corpóreo y de la persona situada en el mundo. Puede verse que la noción de «sí mismo como otro», con su dialéctica entre la permanencia y la alteridad, supone un enfoque que podría encajar con mucha precisión en la problemática transgénero si no se estuviera imponiendo dogmáticamente el enfoque afirmativo del que hablaremos en el próximo capítulo.

Por otra parte, el constructivismo ya no es la filosofía del momento más que en el universo queer. Más allá de la trivialidad de afirmar que el conocimiento humano es construido históricamente —¿cómo si no?—, el constructivismo posmoderno incurre en un relativismo, escepticismo y subjetivismo que no se compadece con el pensamiento filosófico, capaz de pensar el relativismo, el escepticismo y la subjetividad sin reducirse a estas categorías ni derretirse en ellas. El constructivismo tampoco se compadece con el desarrollo de las ciencias que, al fin y al cabo, ofrecen conocimientos metódicos y fundados mejor construidos que otros sin método ni fundamento. Ni se compadece con las construcciones histórico-culturales; después de todo, las cosas no pueden ser de cualquier manera. El hecho de que algo sea construido no implica que no sea objetivo ni carezca de verdad. Los conocimientos y prácticas sociales son construidos, pero no por ello arbitrarios. La constatación del sexo niño/niña al nacer no es arbitraria, por más que sea convencional.

176. Marino Pérez Álvarez, *Ciencia y pseudociencia en psicología y psiquiatría: más allá de la corriente principal*, pp. 347-357, Alianza Editorial, Madrid, 2021.

El espejismo del constructivismo, por el que se ve a sí mismo reflejado y confirmado tautológicamente donde quiera que se aplica, se sustenta en dos pilares de barro: el sentimentalismo y una particular concepción del lenguaje sin referentes fuera de sí mismo.

El sentimentalismo se refiere a la preponderancia de los sentimientos como criterio de verdad frente al razonamiento y el conocimiento metódico. El ascenso del sentimentalismo por encima del razonamiento y del interés por la objetividad guarda relación con el romanticismo, con una particular forma de sinceridad y con la charlatanería. El romanticismo forma parte del sujeto moderno como «mundo interior», supuesta fuente autooriginaria de sentimientos, deseos y autenticidad de uno más allá de las convenciones. En un mundo confuso, cambiante, poco fiable, donde la verdad está en entredicho, lo que se siente parece lo más confiable y verdadero. Surge así una peculiar forma de sinceridad consistente en ser fiel a sí mismo, a lo que a uno le parece y cree. De la sinceridad vive la charlatanería, como muestra Harry Frankfurt en su célebre ensayo *On Bullshit: sobre la manipulación de la verdad*. En lugar de tratar primordialmente de lograr representaciones precisas de un mundo común a todos, el individuo se dedica a tratar de obtener representaciones sinceras de sí mismo. Convencido de que la realidad no posee naturaleza alguna inherente que uno pudiera confiar en determinar como la verdad fiel de las cosas, se consagra a ser fiel a su propia naturaleza individual. La charlatanería es peor que la mentira. Ésta, al fin y al cabo, supone la verdad que trata de ocultar.[177] El charlatán no miente ni tampoco está preocupado por la verdad de nada, simplemente es fiel a sí mismo en su burbuja y cámara de eco.[178]

La particular concepción del lenguaje sin referentes reales fuera de sí mismo concierne a la primacía que toma la epistemología —como teoría del conocimiento— sobre la ontología —como teoría del ser—. La primacía epistemológica se refiere

177. Harry G. Frankfurt, *On Bullshit: sobre la manipulación de la verdad*, p. 52, Paidós, Barcelona, 2006.

178. Pérez Álvarez, *op. cit.*, pp. 208-213.

aquí a la preponderancia del lenguaje sobre las realidades, como si los conocimientos científicos no fueran más que discursos que se remiten unos a otros sin ninguna realidad fuera de ellos mismos —«nada fuera del texto», recuérdese—. Sin menoscabo de la crítica del conocimiento científico, el constructivismo posmoderno no es más que una peculiar y ya vieja teoría de la ciencia, no la última palabra sobre la ciencia. Es una teoría del conocimiento o epistemología subsidiaria del idealismo filosófico tradicional, según la cual el lenguaje, las palabras y los discursos constituyen el conocimiento, sin que exista otra realidad y verdad que los discursos mismos como juegos de la verdad. Pero lo cierto es que hay realidades más allá de los discursos. No hay ciencia sin teorías, discursos y lenguaje, que son componentes formales de toda ciencia. Pero tampoco hay ciencia sin componentes materiales, realidades, referentes y campos de estudio. La cuestión es cómo se entienden las relaciones entre los componentes formales y materiales sin reducir los unos a los otros, ni tampoco limitarse a yuxtaponerlos. Curiosamente, es el propio constructivismo posmoderno el que queda enredado en lo que supone que son las ciencias: discursos y significantes sin significado fuera de sí mismos.

Sin embargo, hay realidades más allá de los discursos, realidades que se imponen de forma objetiva por muy construidas que estén, y que es necesario conocer. Siete más cinco es igual a doce para cualquiera que sepa sumar, y la condición de constructo social de una farola no impide chocar con ella si se va por la calle distraído. Una enfermedad, por ejemplo, proporciona ejemplos de cómo la realidad se impone y cómo la condición de construcción social que tiene la medicina no la invalida para intervenir sobre la realidad y alterarla de formas indiscutibles. Frente el constructivismo posmoderno, se ha dado el giro ontológico hacia un nuevo realismo, en el que la ontología recobra la primacía sobre la epistemología.[179] De acuerdo con esta ontolo-

179. María Binetti, «La queerización posfeminista: del constructivismo trans/genérico a la eliminación de las mujeres», *La Aljaba*, 23 (2019), pp. 59-79. Pérez Álvarez, *op. cit.*, cap. 1.

gía realista, hay distintas realidades con distinto género de materialidad, tanto si son cuerpos humanos, palabras como normas. Se trata de realidades que se relacionan entre sí sin reducirse unas a otras, que se relacionan de formas diferentes con los sujetos de conocimiento y de las que se tienen distintos tipos de conocimiento —práctico, de sentido común, ideológico, filosófico, científico—. Asimismo, muchas realidades son resistentes a nuestra voluntad como quiera que las nombremos. Así, el fuego nos puede quemar y los virus nos pueden infectar, no importan los discursos que se hagan sobre ellos.

Permítase un mínimo de realismo referente al cuerpo humano. Por lo pronto, el cuerpo se nos presenta diferenciado en dos sexos, sin menoscabo de casos difíciles de diferenciar a la vista, que han sido comentados en el capítulo 1, y que la biología podrá aclarar mejor que la ideología. Los dos sexos, masculino y femenino, constituyen realidades mutuamente relacionadas, coevolutivamente construidas, no entidades ontológicamente separadas y autosubsistentes. El cuerpo humano —masculino o femenino— no es una esencia subsistente ni inteligible por sí misma, sino sólo en relación con el otro sexo respecto del cual es como es, biológica y reproductivamente hablando. Más allá del cuerpo biológico, pero sin sustraerse de él, los varones y mujeres son como son en función de sus relaciones mutuas, según una compleja dialéctica de dominación y complementación. Siendo adaptable y modificable, el cuerpo humano es también resistente al cambio a voluntad por lo que se refiere, por ejemplo, al sexo, la edad, la enfermedad y la muerte.

El párrafo anterior pretende únicamente apuntar una ontología materialista, pluralista y relacional como alternativa a la pretendida desontologización de la teoría queer que en realidad supone una ontología implícita: idealista, monista-dualista y esencialista. Idealista, donde los significantes, el lenguaje y los discursos suplantan la realidad; monista, donde todo serían discursos, cuando no dualista —sentirse atrapado en un cuerpo equivocado, como veremos en el próximo capítulo—; y esencialista, donde la esencia parece residir ahora en esos modelos prefabricados *drag-queen* y *biodrag* que se sobreponen a los cuerpos y les insuflan nuevas identidades o los desproveen de identidad. Ambos modelos, *drag-queen* y *biodrag*, trabajan el cuerpo, pero ya se trata de un cuerpo degradado de sexo, asexuado, a cuenta de la declaración metafísica, propia de la teología dogmática, de que el sexo binario masculino y femenino no existe, siendo su obstinada presencia en toda época y lugar culpa de la cisheteronormatividad que todo lo impregna —el maligno.

7

Infancias trans: ¿nacido en un cuerpo equivocado?

Un nuevo problema amenaza cada vez más la infancia y la adolescencia de cientos de miles de individuos en los últimos diez años: la disforia de género. De entrada, ya debería sorprender la presencia de la disforia de género en la infancia, dado que tradicionalmente era un problema adulto. Aun cuando el descontento con el propio cuerpo viniera de antes, no solía empezar a los cuatro, seis u ocho años, parece ahora más frecuente. Además del citado crecimiento cada vez más temprano, destaca la inversión de la relación entre niños y niñas que quieren cambiar el género asignado de nacimiento, en el sentido de que ahora son más las niñas que quieren ser niños, o en su caso chicos, que al revés, como ocurría antes. Las clínicas de género de todo el mundo informan de un aumento en el número de derivaciones con edades más tempranas y, en particular, de niñas.[180] Así, por ejemplo, referido al Reino Unido, mientras que hace nueve años sólo se derivaron 40 niñas para el tratamiento de transición de sexo, esa cifra es ahora de 1.806, un aumento del 4.515 por cien-

180. Nastasja de Graaf, Peggy Cohen-Kettenis, Polly Carmichael, *et al.*, «Psychological functioning in adolescents referred to specialist gender identity clinics across Europe: a clinical comparison study between four clinics», *European Child & Adolescent Psychiatry*, 27 (2018), pp. 909-919, <https://doi.org/10.1007/s00787-017-1098-4>.

to.[181] Por su lado, el número de niños aumentó de 56 a 713 en ese mismo tiempo. Una referencia de Suecia habla del 1.500 por ciento de incidencia incrementada.[182] España sigue tendencias similares.[183]

Varias explicaciones, probablemente interconectadas, se han ofrecido para dar cuenta de este aumento: 1) la visibilidad dada a cuestiones transgénero en los medios, 2) internet, con sus innumerables sitios sobre la disforia de género, 3) la paulatina despatologización y reducción del estigma con respecto a la disforia de género y la identidad transgénero, 4) la disponibilidad de tratamiento biomédico, empezando por la supresión del desarrollo puberal, y 5) el enfoque «afirmativo» de atención adoptado por muchas clínicas y equipos de identidad de género.[184] Algo está pasando en la infancia.

181. Cioran McGrath, «Investigation as number of girls seeking gender transition treatment rises 4,515 percent», *Express*, 16 de septiembre de 2018, <https://www.express.co.uk/news/uk/1018407/gender-transition-treatment-investigation-penny-mordaunt>. [Consulta: 16 de abril de 2021]; Gordon Rayner, «Minister orders inquiry into 4,000 per cent rise in children wanting to change», *The Telegraph*, 16 de septiembre de 2018, <https://www.telegraph.co.uk/politics/2018/09/16/minister-orders-inquiry-4000-per-cent-rise-children-wanting/>. [Consulta: 16 de abril de 2021]

182. Richard Orange, «Teenage transgender row splits Sweden as dysphoria diagnoses soar by 1,500%», *The Guardian*, 22 de febrero de 2020, <https://www.theguardian.com/society/2020/feb/22/ssweden-teenage-transgender-row-dysphoria-diagnoses-soar>. [Consulta: 16 de abril de 2021]

183. Antonio Becerra Fernández, «Disforia de género/incongruencia de género: Transición y detransición, persistencia y desistencia», *Endocrinología, Diabetes y Nutrición*, 67, 9 (2020), pp. 559-561, <https://doi.org/10.1016/j.endinu.2020.03.011>. María Fernández Rodríguez, Patricia Guerra Mora, Ana Isabel Revuelta Fernández, y Ana Villaverde González, «Ratio sexo/género de los adolescentes con disforia de género de la Unidad de Tratamiento de Identidad de Género de Asturias», *Revista Internacional de Andrología*, 19, 3 (2020), pp. 195-200, <https://doi.org/10.1016/j.androl.2020.03.003>.

184. Kenneth Zucker, «Adolescents with Gender Dysphoria: Reflections on Some Contemporary Clinical and Research Issues», *Archives of Sexual Behavior*, 48, 7 (2019), pp. 1983-1992, <https://doi.org/10.1007/s10508-019-01518-8>, p. 1983.

¿Qué está pasando en la infancia?

Dentro de esta tendencia de creciente disforia de género de comienzo temprano con predomino de las niñas y chicas, destaca la llamada «disforia de género de comienzo rápido» (ROGD, por sus siglas en inglés, *rapid-onset of gender dysphoria*). Consiste básicamente en que, de pronto y a menudo para sorpresa de los padres, un niño o un chico dice que es y se siente una niña o una chica, y una niña o una chica dice que es y se siente un niño o un chico. La ROGD fue descrita por la ginecóloga estadounidense Lisa Littman en un estudio publicado en 2018, en el que entrevistó a 256 padres de adolescentes que se habían declarado trans sin que los propios padres apreciaran antecedentes en tal sentido, de los que el 82,8 por ciento eran chicas que querían ser chicos.[185] Clínicas de todo el mundo especializadas en identidad de género venían observando este fenómeno en los últimos años.

Littman identificó varios factores asociados con la ROGD, concretamente, una inmersión intensa en las redes sociales, dentro de lo que se podría llamar «subcultura del transgénero», y que la autora caracterizó como «contagio social», una alta tasa de diagnósticos de salud mental y varios factores estresantes psicosociales que precedieron al inicio de la disforia de género, así como un empeoramiento del funcionamiento psicosocial y las relaciones entre padres e hijos después de «salir del armario» como transgénero.

La ROGD describe un fenómeno nuevo que no está recogido en los sistemas diagnósticos, y esperamos que nunca lo esté, sea con éste u otro nombre. No consideramos que sea un trastorno, como tampoco debiera considerarse la disforia de género incluida en el DSM-5 (Manual Diagnóstico y Estadístico de la Sociedad Americana de Psiquiatría) o discordancia de género de la CIE-11 (Clasificación Internacional de Enfermedades de la Organización Mundial de la Salud). Las nociones de disforia e incon-

185. Lisa Littman, «Parent reports of adolescents and young adults perceived to show signs of a rapid onset of gender dysphoria», *PLoS ONE*, 13, 8 (2018), e0202330, <https://doi.org/10.1371/journal.pone.0202330>.

gruencia tratan de rebajar el sentido patológico del término *trastorno* usado anteriormente, pero su inclusión en los mismos sistemas diagnósticos implica una condición psicopatológica. Estamos ante distintos collares para el mismo perro. Otra cosa es, lamentablemente, que las ayudas necesarias para las personas con disforia, incongruencia, malestar o descontento con el género asignado de nacimiento tengan que pasar por un diagnóstico clínico y la consiguiente patologización de un problema. Entendemos que la llamada disforia o incongruencia supone un problema —malestar y descontento— para las personas, pero un problema no es una enfermedad, sin que ello no suponga que implique un gran sufrimiento en la vida de la persona.

Todo parece indicar que la ROGD es un fenómeno social, no un trastorno mental. La propia Littman apunta este carácter social cuando señala precisamente el «contagio social» como factor implicado. Sin embargo, a partir de aquí empiezan otros problemas de índole ideológica debidos a la agenda política del activismo queer, que abandera todo lo que tiene que ver con el transgenerismo, en contra, por cierto, de otras posiciones dentro del mismo colectivo.[186] La agenda política queer incluye la institucionalización del enfoque afirmativo, según el cual no cabe más que afirmar la identidad sentida en orden a la transición de género sin más consideraciones. Se entiende que la identidad sentida revela la verdadera condición natural del género de uno, independientemente del género asignado al nacimiento. Cualquier alusión a la influencia social en la identidad de género, como el citado «contagio social» al que se refiere Littman, sería anatema. De hecho, esta autora y su artículo fueron acusados de una actitud antitrans. Así, la promoción del artículo fue retirada de la página web de la universidad de la autora (Brown Univer-

186. De acuerdo con Miquel Missé, *Transexualidades. Otras miradas posibles*, EGALES, Barcelona/Madrid, 2014, «hay muchas perspectivas más allá de la nuestra (biologicistas, constructivistas, etc.) [...]. Sin ir más lejos, hablar de personas trans y no de personas transexuales tiene fuertes implicaciones en el colectivo: algunas personas se sentirán incluidas, y otras sentirán que el término *trans* las asocia a personas que no tienen nada que ver con la transexualidad», p. 91.

sity) y el artículo fue revisado por segunda vez y publicado de nuevo en 2019 con la adenda de una corrección. Al final, la corrección no hace más que precisar y resumir el artículo original sin que los resultados varíen.[187]

Esta supuesta actitud antitrans de la que se intenta acusar a Littman se centra en su propuesta del «contagio social» como posible explicación del fenómeno. El problema de esta hipótesis, por más que razonable y en todo caso digna de estudio, es que va en contra de la asunción por parte del activismo trans de que el testimonio de los niños revela una verdad natural que no cabe más que afirmar. Así pues, aquí están mezclados dos asuntos: uno científico, relativo al estudio de un fenómeno social, y otro ideológico. Puede que lo que es correcto científicamente choque con lo que pretende ser políticamente correcto. Al parecer, lo políticamente correcto sería afirmar sin más lo que dicen y sienten los niños y adolescentes como evidencia de una incongruencia de género natural, ya que, según se dice, habrían «nacido en un cuerpo equivocado». Sin embargo, lo científicamente correcto sería estudiar lo que pasa y ofrecer las ayudas que fueran necesarias en cada caso. Como muestra Pablo Expósito Campos de forma documentada y razonada, las objeciones a la disforia de género de inicio rápido están políticamente motivadas, más que basadas en una actitud científica.[188]

Tenemos pues que analizar el fenómeno de la disforia de género de la infancia y la adolescencia dirimiendo entre lo científico y lo ideológico, partiendo de que lo ideológico ya está inmiscuido en lo científico, empezando por la manera de pensar de las insti-

187. Lisa Littman, «Correction: Parent reports of adolescents and young adults perceived to show signs of a rapid onset of gender dysphoria», *PLoS ONE*, 14, 3 (2019), e0214157, <https://doi.org/10.1371/journal.pone.0214157>. Lisa Littman, «The use of methodologies in Littman (2018) is consistent with the use of methodologies in other studies contributing to the field of gender dysphoria research: Response to Restar», *Archives of Sexual Behavior*, 49 (2020), pp. 67-77, <https://doi.org/10.1007/s10508-020-01631-z>.

188. Pablo Expósito Campos, *Ciencia y valores: La politización de la ciencia en el contexto de investigación y tratamiento de la disforia de género*, Trabajo Fin de Máster, UNED, 2020.

tuciones, de los clínicos, de los académicos y de las asociaciones profesionales y científicas. No se trata de que nosotros seamos *woke*, sino simplemente de razonar más allá de las afirmaciones ideológicas. Al final, es posible que terminemos por decir en voz alta lo que muchos piensan: que todo esto es una locura —dicho «locura» en un sentido técnico-sociológico, no clínico ni peyorativo, referido a una tendencia que se extiende hasta ser dominante sin apenas permitir ver su posible construcción social—. Curiosamente, el constructivismo social posmoderno que afirma que todo es construido, niega que la disforia de género lo sea y en su lugar afirma que es un hecho natural.

Por nuestra parte, no estamos negando que la disforia de género «declarada y sentida» por los niños y adolescentes sea un hecho *real*. Lo que planteamos es cómo se ha *hecho* real. Tampoco negamos para nada la experiencia de transgénero firme y persistente, para la que reclamamos todos los derechos y apoyos necesarios. Lo que analizamos es la locura que implica esta tendencia y la insensatez de su apoyo incondicional sin más miramientos. Parte de esta locura deriva seguramente de las incongruencias de la teoría queer, entre las que cabe señalar al menos tres:

1. Por un lado, la teoría queer no quiere patologizar la incongruencia de género —en lo que coincidimos— y, por otro, sostiene el tratamiento farmacológico-quirúrgico siguiendo a pie juntillas el modelo biomédico. El modelo biomédico está aquí representado al más alto nivel por el supuesto de haber «nacido en un cuerpo equivocado» y por el enfoque de la «terapia afirmativa».
2. Por un lado, la teoría queer se declara no binaria y, por otro, aboga por un tratamiento para cambiar de un sexo a otro, de mujer a varón o de varón a mujer. Después de todo, la identidad de género parece seguir vigente al modo binario más puro y duro: fármaco-quirúrgico.
3. Por un lado, la teoría queer sostiene que el sexo y el género son constructos sociales y, por otro, afirma que la identidad sentida es reveladora de una condición natural. Curiosamente, la identidad sentida estaría albergada en el

> cuerpo —quizá en el cerebro— sin influencias sociales, tan indubitable como la mente cartesiana, «pienso que soy trans, luego lo soy».

Estas flagrantes incongruencias y contradicciones están en la base de la preponderancia que toma lo políticamente correcto sobre lo que sería correcto científicamente. Por lo pronto, algo de lo que pasa en la infancia y la adolescencia tiene que ver con la ideología que se añade a los problemas que ya se dan en estas edades, si es que esta ideología no se aprovecha de ellas y contribuye a crearlas. A continuación, abordamos los problemas normales de la infancia y la adolescencia sobre los que se ciernen la teoría y el activismo queer, para después analizar el mantra según el cual quien tenga disforia de género habría «nacido en un cuerpo equivocado».

Tiempos difíciles para la infancia y la adolescencia

Bastantes problemas tienen los niños y las niñas, y ni que decir los adolescentes y las adolescentes, como para encontrarse ahora en los *campus* escolares y en las redes sociales con que sus cuerpos no son lo que parecen. De modo que un niño podría ser en realidad una niña y una niña, un niño. Es más, podría ser lo que quiera, según se sienta.

Desde edades tempranas, la vida es una continua sucesión de etapas que cada sociedad tiene preestablecidas con sus estándares. Y cada etapa implica una crisis, dejando atrás unas cosas para empezar otras. Entre los estándares y las crisis fácilmente pueden darse desajustes en el desarrollo. Nuestra sociedad, por muy tolerante e inclusiva que dice ser, en realidad no es tan tolerante y acogedora con quienes se salgan de los estándares. Si, por un lado, el sistema «mide» constantemente, por otro, los propios niños ejercitan en la práctica estos valores, hasta el punto de ser incluso «crueles» unos con otros, y el «acoso» sería un ejemplo. Cada niño conoce su «popularidad» en el grupo y en las redes sociales, de modo que vive su particular cielo o infierno.

Una característica de nuestro tiempo un tanto contradictoria en la educación infantil es la crianza de niños y niñas hipercompetentes y a la vez vulnerables.[189] Por un lado, se quiere que sean competentes en todo, en la escuela, los deportes, las artes, los idiomas, y estar atentos por si son superdotados. Por otro, se supone que son vulnerables y frágiles, por lo que están mimados y consentidos, no fueran a tener traumas o perder su autoestima, procurando que nada los contradiga ni desautorice su «ser especial». La hiperinfancia es correlativa de la hiperpaternalidad, con su promoción de la competencia y la vulnerabilidad. Y, en efecto, los niños y las niñas terminan por ser vulnerables y frágiles, en vez de antifrágiles, como muestra la creciente ansiedad y depresión que se constata en la infancia. Particular mención requiere la hipersexualidad de las niñas desde edades infantiles, con sus maquillajes, modas y estilos *sexys*, según ya son objeto de tendencias de revistas y canales especializados, con sus *youtubers* e *influencers* de turno. Puede entenderse que este mundo que se abre a las niñas suponga inquietudes, comparaciones y preocupación por su propio cuerpo, problemas que quizá tienen en menor medida los niños.

Siendo éste el panorama normal, aparte estarían los problemas clínicos debidos a particulares circunstancias familiares —dificultades, tensiones, desestructuración— y vicisitudes de la historia personal —maltrato, traumas, pautas de apego desorganizadas.

Todo lo anterior ocurre antes de llegar a la adolescencia, cuando tiene lugar la crisis del desarrollo por antonomasia: una crisis corporal y existencial. Ya nada es igual en adelante corporal y existencialmente en el chico y la chica. El propio cuerpo revela aspectos desconocidos que, por más que paulatinos, no dejan de sorprender y alterar el modo de estar en el mundo. El doble aspecto del cuerpo como «cuerpo físico» y «cuerpo vivido» experimentan notables alteraciones. El cuerpo físico cobra nueva relevancia, convirtiéndose como nunca hasta ahora en objeto

189. José Ramón Ubieto y Marino Pérez Álvarez, *Niñ@s hiper. Infancias hiperactivas, hipersexualizadas, hiperconectadas*, NED, Barcelona, 2018.

de atención y preocupación, y termina por ser vivido con mayor o menor desavenencia e identificación. Sin ir más lejos, la primera eyaculación y la primera menstruación no dejan indiferente a nadie. Como dice Paul Auster en *Diario de invierno* hablando de la primera eyaculación: «Finalmente, llegó el día en el que cruzaste volando el umbral que separa la infancia de la adolescencia, y ahora que habías tenido esa sensación [...] el mundo en el que vivías se convirtió en un universo diferente».[190] Por su parte, Caitlin Moran, en *Cómo ser mujer*, se refiere a la regla como «nada divertido».[191]

El cuerpo vivido, con su mayor o menor identificación, encarna la crisis existencial del sentido de la vida y de sí mismo. Como tal crisis, el mundo anterior pierde su vigencia y se abre un mundo nuevo tan expansivo y prometedor como incierto y oscuro. Nuevos modelos, por lo común hoy en día encontrados en las redes sociales, héroes y referentes sustituyen a los antiguos —quizá los padres—. Cuestiones existenciales fundamentales como la libertad, la responsabilidad, la soledad y el sentido de la vida están en juego.

Si la libertad supone por un lado liberación y apertura, por otro implica miedo e incertidumbre, sin contar ya con las seguridades que brindaba el mundo anterior de la infancia. La libertad supone también responsabilidad para decidir y asumir las consecuencias de las decisiones. El «miedo a la libertad» refiere esta responsabilidad difícil de asumir que a menudo lleva a nuevas adhesiones —*influencers*, tribus, grupos de identificación, ideologías, «espacios seguros»—. La soledad es una cuestión existencial que tiene su realidad en la adolescencia cuando uno se siente incomprendido, único, especial, solo. Curiosamente, las redes sociales y la conexión continua suplen el sentimiento de soledad y a la vez lo fomentan. Mientras que las redes sociales suponen por lo común relaciones superficiales, impersonales, ficticias con autopresentaciones maquilladas, sin presencia real cara a cara, la conexión continua supone una centrifugación de sí mismo re-

190. Paul Auster, *Diario de invierno*, Anagrama, Barcelona, 2012.
191. Caitlin Moran, *Cómo ser mujer*, p. 15, Anagrama, Barcelona, 2013.

veladora, cuando falta, de la incapacidad de estar a solas. Estar a solas, sin hacer nada más que pensar, ha llegado a ser insoportable, al extremo de preferir infligirse una estimulación eléctrica aversiva si se tiene la oportunidad antes que pensar siquiera durante quince minutos. Para muchos parece ser más insufrible pensar que aplicarse una estimulación aversiva, como muestra un estudio publicado en *Science*.[192] Por lo demás, puede entenderse que mucho tiempo en la red traiga depresión y ansiedad, por no hablar de la envidia.[193]

El sentido de la vida —la dirección que uno quiere tomar y el significado que quiere dar a la vida— resume la crisis existencial que caracteriza la adolescencia. No en vano se ha dicho que la adolescencia es la mejor y la peor edad. Pasar por esta crisis es pasarlo mal, pero no pasar por ella es peor, en la medida en que uno siga en la infancia sin haber comprobado lo que depara la vida.

La crisis de la adolescencia quizá sea más complicada para las chicas que para los chicos en la medida en que el cuerpo se convierte en campo de batalla de la relación con el mundo y consigo misma. Si la mujer no nace, sino que llega a serlo, cómo ser mujer hoy no es nada fácil. De acuerdo con la citada Caitlin Moran: «Hacerse mujer es un poco como hacerse famosa. Pues después de ser amablemente ignorada, como casi todos los niños, una adolescente se vuelve de pronto fascinante para los demás, que empiezan a bombardearla con preguntas: ¿qué talla tienes? ¿Lo has hecho ya? [...] ¿Eres feminista? ¿Sólo estabas coqueteando con ese hombre? ¿Qué quieres hacer? ¿Quién ERES?».

La anorexia y las autolesiones son «síntomas» de estos malestares en la cultura actual. Por más que considerada un trastorno de la alimentación, la anorexia encarna y «concretiza» corporalmente problemas emocionales y sociales, como también las

192. Timothy D. Wilson, David Reinhard, Erin Westgate, *et al.*, «Just think: The challenges of the disengaged mind», *Science*, 345, 6192 (2012), pp. 75-77, <https://www.science.org/lookup/doi/10.1126/science.1250830>.

193. Marino Pérez Álvarez, «Envidia. El pecado capital de las redes sociales», *Anuario de Psicoloxía e Saúde*, 13 (2019), pp. 6-17.

autolesiones. No es por casualidad la cantidad de problemas psicológicos o psiquiátricos que ocurren en la adolescencia, desde la ansiedad y la depresión, pasando por la anorexia y las autolesiones, hasta las adicciones y los trastornos psicóticos. Aun cuando la inmensa mayoría de los adolescentes salen adelante, la mayoría de los problemas psicológicos empiezan en la adolescencia.

De repente, soy trans: el caso de Dagny

Todo esto —la crisis existencial, el cuerpo como campo de batalla particularmente en las chicas y la cantidad de problemas psi— ocurre aun sin entrar en escena la desestabilización del sexo y el género que propone el activismo queer. Supóngase ahora una chica a quien la regla y el protagonismo en torno a su cuerpo no le hacen ninguna gracia que se encuentra con que se define a la mujer como «sangradora» o «persona menstruante» y la vagina se llama «agujero delantero». Probablemente, esta extraña definición del cuerpo femenino no le ayude a entender lo que pasa con su cuerpo ni desde luego a identificarse con él. A la par, ya tiene claro, según se dice por todos lados, que el sexo binario varón/mujer no existe, sino que en su lugar nos hallamos ante un abanico de posibilidades y opciones. Un niño podría ser en realidad una niña, y al revés. Podría ser lo que quiera, ni uno ni lo otro, algo fluido, no binario. La opción no binaria es la opción más socorrida.

Algo así le pasó a Dagny, una chica que a los once o doce años se sentía abrumada por el crecimiento de los pechos, el uso de sujetador y el periodo. A los quince años su disforia se hizo manifiesta. «Fue entonces —dice Dagny— cuando comencé a identificarme como trans. Como tantos otros adolescentes trans, comencé a cortejar mi propia identidad trans debido a dos factores en mi vida: de una parte, tenía amigos trans, dos de ellos mayores que yo y ambos de mujer a varón (FTM, *female to male*), como yo, y, por otra parte, tuve un fuerte aumento en mi uso de las redes sociales. Nunca fui muy activa en las redes sociales antes de cumplir los quince, pero meses después de crear una cuenta en Tumblr y seguir varios blogs de recursos LGTBIQ+, había decidido que no era binaria.

»Esta identidad me pareció un juego —continúa Dagny—. Fue una distracción divertida, una peculiaridad que me hizo especial e interesante, si no para los demás, al menos para mí. Pero eso no fue suficiente y me pregunté: ¿debería llevar esto más lejos? ¿Cuánto de lejos puedo llevarlo? Luego me "gradué" para identificarme por completo como hombre trans y me lancé de lleno al proceso tradicional de ser trans: nuevo nombre, nuevos pronombres, nueva ropa, nueva faja para el pecho. Empecé a tomarme muy muy en serio el inicio de las hormonas. Y dejó de ser un juego.»[194]

Dagny se refiere también al impacto de las redes sociales en una «mente en desarrollo». Como dice: «Me convertí en una persona diferente después de que comencé a usar Tumblr. Es un ambiente insano, perturbador y tóxico en la adolescencia, aunque sólo sea para visitar, y ya no se diga participar. [...] Me volvía paranoica acerca de los motivos de la gente que me rodeaba: veía a mis padres como intolerantes porque Tumblr me lo decía; porque esperaron mucho tiempo para evitar que comenzara a tomar hormonas. Cualquiera que se equivocara y me confundiera era, según Tumblr, un enemigo. Un incidente, un "ella", tenía la capacidad de hacer que odiara absolutamente a alguien. La versión de Tumblr de la moralidad y la justicia me hizo una adolescente impresionable e insegura, sentir que mi único lugar seguro estaba en mi cabeza, donde nunca me confundirían con el género. Tampoco me sentía segura en la red, pero no podía permitirme criticar a mis compañeros en línea. A pesar de que había aprendido de ellos todas estas creencias y comportamientos poco saludables, también me habían dado a entender que tenían una moralidad alta. Así que adopté y repetí los ideales de Tumblr, y mi identidad fue validada incondicionalmente». Dagny se refiere a

194. Dagny, «Dagny on social media, gender dysphoria, "trans youth", and detransitioning», *Feminist Current*, 4 de junio de 2019, <https://www.feministcurrent.com/2019/06/04/dagny-on-social-media-gender-dysphoria-trans-youth-and-detransitioning/>.

creencias como que debes hacer la transición, quien se opone es tránsfobo, si tú mismo dudas entonces sufres de transfobia internalizada. Nada de preguntar por qué quiero cambiar mi cuerpo. La respuesta siempre es que tenía disforia de género. Éste es el ambiente en el que se movía Dagny, como tantos otros. «Así que hice la transición.»

Sin embargo, Dagny ha destransicionado. Arrepentida de la transición emprendida, ha vuelto a su identificación como chica, a pesar de que sigue con disforia de género, aunque menor «en comparación con la que sentía a los dieciséis años». Como dice ahora, a los veintiún años: «No tengo ninguna intención de hacer la transición. Al final, fue un error hacer la transición directamente. Pensé, en ese momento, que no tenía otra opción. Vivir y estar contenta sin una transición médica no se veía como una opción para mí, ni para muchos otros destransicionistas». Dagny, junto con otras chicas destransicionistas, ofrece este testimonio para que nos demos cuenta de cuánto dolor está causando la narrativa de que sólo hay una opción. La experiencia de Dagny ocurrió en 2013, cuando ahora ya están «haciendo la transición niños de ocho años y realizando mastectomías a niñas de trece años. Puedo imaginar la presión que sienten los niños ahora».

Si un chico o una chica de doce o trece años con alguna preocupación acerca de su identidad de género consulta en internet, como seguramente hará, se encuentra con que la transición es la única opción. Como ha mostrado Abigail Shrier en su obra no en vano titulada *Un daño irreversible*, concretamente se encontrará con los siguientes mensajes:[195]

- Si crees que puedes ser trans, lo eres (pienso, luego soy trans).
- ¿Probando trans? Fajas (*binders*), una buena manera de empezar.
- ¿Testosterona, o T? Es asombrosa. Puede que resuelva todos tus problemas.

195. Abigail Shrier, *Un daño irreversible: La locura transgénero que seduce a nuestras hijas*, cap. 3, Deusto, Barcelona, 2021.

- Si tus padres te quieren, deberían apoyar tu identidad trans.
- Si no recibes apoyo en tu identidad trans, probablemente te suicidarás.
- Engañar a los padres y doctores está justificado si esto te ayuda.
- No tienes que identificarte con el sexo opuesto (se trata de ser fluido).

Como dice Dagny, es hora de parar esto. «Existe la creencia de que decirles a los adolescentes que su disforia puede ser pasajera está mal, desde el punto de vista ético y práctico, y sólo quiero saber por qué. ¿Qué tiene de malo decirle a un adolescente: "Un día te sentirás mejor"? No hay nada de malo en eso. Creo que si el activismo que impulsó la capacidad de los adolescentes para realizar una transición médica realmente se preocupara por los niños afectados por la disforia de género, permitiría una discusión que no manipulara a los adolescentes, eso no haría que los niños impresionables, inseguros e infelices se sintieran como que tienen que hacer la transición ya [o de lo contrario se suicidarían, como suele ser la narrativa].»

La experiencia de Dagny y de tantos destransicionistas no se puede generalizar, como tampoco se puede generalizar la narrativa que promueve la transición como única opción. Al fin y al cabo, como en el género, las opciones ante la disforia de género son diversas, no «monarias». Nada más anticientífico, antiético y antiayuda, y acaso nocivo, que la propagación dogmática de la transición universal como única salida aceptable. Por lo pronto, ahí está la mala experiencia de los destransicionistas, tan respetable como la buena de los transicionistas. Sería como proponer un traje de la misma talla para todo el mundo. (Véase el artículo periodístico titulado «El drama de los trans arrepentidos».)[196]

De acuerdo con lo dicho, se entiende que diversos problemas

196. Lorena G. Maldonado y Ainhoa Iriberri, «El drama de los trans arrepentidos: "Me engañaron, caes en un bucle de cirugías"», *El Español*, 24 de octubre de 2021, <https://www.elespanol.com/porfolio/actualidad/20211024/

característicos de la infancia y la adolescencia pueden estar involucrados en la disforia de género, de modo que sería prudente considerar cada caso antes de emprender la transición como única salida. El creciente número de personas arrepentidas que emprenden la destransición sugiere que la transición no parece que sea siempre la mejor opción, tanto más si ya implica cambios irreversibles. No es prudente, ni científicamente correcto, tomar sin más la disforia de género *sentida* como evidencia de una «llamada de la naturaleza», al margen de las vicisitudes de la infancia y la adolescencia, que hubiera que atender sin más contemplaciones. La socorrida explicación según la cual alguien habría «nacido en un cuerpo equivocado» puede que no tenga el fundamento que se supone.

El nuevo dualismo del alma atrapada en el cuerpo

La expresión *nacido en un cuerpo equivocado* es la narrativa más socorrida por la que se trata de explicar la disforia de género. La encontramos continuamente en los medios de comunicación, donde no suele faltar en cualquier reportaje sobre la disforia y entrevista con alguna persona trans. También es usual entre los padres de niños con disforia de género y tampoco falta en la literatura científica. Ciertamente, parece una explicación convincente, e irrebatible cuando alguien nos dice que tiene esa experiencia. Y tanto más cuando la valida el experto de turno —neurocientífico, endocrinólogo, psicólogo—. Es la explicación preferida de los medios, de las propias personas con disforia de género y de los expertos. Aun cuando no se refiera, la idea de un cuerpo equivocado está implícita en la disforia de género. ¿Dónde está el problema?

El problema está en que resulta enteramente engañosa, sin menoscabo para nada de la experiencia de sentirse atrapado en el propio cuerpo con el que uno no se acaba de identificar, de la

drama-trans-arrepentidos-enganaron-caes-bucle-cirugias/621438970_0.html>.

sinceridad con la que se dice y de la honestidad con la que se usa. La cuestión no es el sentimiento, la sinceridad y la honestidad de los usuarios de la expresión, que damos por descontado. Lo que se discute es el concepto mismo de «nacido o sentirse atrapado en un cuerpo equivocado». El concepto representa dos cosas de las que seguramente renegarían sus usuarios sin pensaran más allá del mantra narrativo como ya funciona. Por un lado, representa una versión del dualismo más rancio del alma en la cárcel del cuerpo y, por otro, representa también la mayor versión biomédica patológica por más declaraciones de despatologización de la disforia que se hacen.

El dualismo alma-cuerpo —que ya hemos comentado a propósito del gnosticismo de la teoría queer— tiene implicaciones prácticas en la medida en que fundamenta intervenciones fármaco-quirúrgicas para «liberar» la identidad transgénero sentida del supuesto cuerpo equivocado. La identidad sentida viene a ser el alma innata con la que uno nace y que permanece atrapada en ese cuerpo incorrecto. Como dijimos, para nada esto supone dudar de la realidad de la experiencia sentida. Otra cosa es de dónde viene la experiencia sentida: si viene de dentro del cuerpo, donde estaría la identidad trans atrapada, o viene de *dentro* de la sociedad, donde los individuos están atrapados en discursos sobre sus cuerpos. Visto de otra manera, sería el cuerpo el que en realidad estaría atrapado en el alma de la sociedad: una normatividad de género binaria demasiado rígida para los tiempos líquidos y fluidos que corren, así como la propia narrativa biomédica —«atrapado en un cuerpo equivocado»— y neoliberal de producción de subjetividades —«identidades sentidas».

La identidad transgénero como equivalente del alma viene de su concepción como expresión de un sentimiento revelador de una condición natural innata no condicionada por las influencias sociales. Así, la propia identidad sentida se toma como criterio definitorio —autodiagnóstico— y hablar de influencias sociales sería anatema —transfobia—. Después de tanta insistencia en la construcción social del género y del sexo, nos encontramos aquí con que la identidad transgénero sería una entidad natural no construida que, sin embargo, se puede reconstruir fármaco-quirúrgicamente.

Otra versión de este dualismo se encuentra en el supuesto cerebro diferente del varón y la mujer, como si los varones y las mujeres fueran de planetas diferentes, con un cerebro azul o rosa según otra imagen al uso. Las supuestas diferencias podrían entenderse al hilo y en la medida de la diferente fisiología hormonal y cableado neuronal, como una hipótesis empírica. El supuesto cerebro diferente se prestaría a decir que alguien tiene un cerebro de mujer atrapado en un cuerpo de varón o al revés. Dejando de lado el flagrante binarismo que implica, el diferente cerebro del varón y de la mujer para nada está establecido. Después de tantos estudios y de datos aducidos para uno y otro lado, las revisiones más sistemáticas y confiables muestran de forma clara que no hay tal diferencia.

Un estudio que sintetiza tres décadas de investigación llega a la siguiente conclusión: «A pesar de las claras diferencias de comportamiento entre varones y mujeres, las diferencias sexo-género en el cerebro son pequeñas e inconsistentes, una vez que se tiene en cuenta el tamaño del cerebro individual. La mayoría de los neurocientíficos asumen que esta ambigüedad se resolverá mediante mejoras técnicas: que estudios más grandes, que utilicen imágenes de mayor resolución y mejores canales de procesamiento, descubrirán las diferencias "reales" o de toda la especie entre la estructura del cerebro masculino y femenino y los patrones de conectividad. Sin embargo, la presente síntesis indica que tal diferencia "real" o universal relacionada con el sexo no existe. O, en el mejor de los casos, es tan pequeña que queda enterrada bajo otras fuentes de variación individual que surgen de innumerables factores genéticos, epigenéticos y experienciales».[197]

De acuerdo con Gina Rippon, hay cuatro aspectos que acon-

197. Lise Eliot, Adnan Ahmed, Hiba Khan, y Julie Patel, «Dump the "dimorphism": Comprehensive synthesis of human brain studies reveals few male-female differences beyond size», *Neuroscience & Biobehavioral Reviews*, 125 (2021), pp. 667-697, <https://doi.org/10.1016/j.neubiorev.2021.02.026>, p. 690.

sejan abandonar la división simplista entre cerebro masculino y femenino: las técnicas de neuroimagen cada vez más avanzadas no permiten establecer diferencias, la cantidad de factores psicoculturales implicados en cualquier medida de la estructura y función cerebral, el carácter de instantánea del momento que tiene cualquier patrón de actividad neuronal, y, en fin, la variabilidad de cada cerebro individual.[198]

«Podemos concluir —de acuerdo con Daphna Joel y Luba Vikhanski— que el cerebro humano no es ni de mujer ni de varón. Más bien es un mosaico de aspectos, algunos más comunes en mujeres, otros más comunes en varones. Este mosaico cambia continuamente a lo largo de nuestras vidas, como el patrón siempre cambiante de las piezas coloreadas en un caleidoscopio.»[199] Como recuerdan estas autoras, la lógica que es familiar para los genitales no se aplica al cerebro: 1) mientras que los genitales permanecen fijos en sus formas a lo largo de la vida, los cerebros no, 2) los órganos genitales casi siempre tienen dos versiones distintas, varón o mujer, mientras que el cerebro presenta más de dos formas, y 3) mientras que los genitales típicamente constituyen un conjunto, sólo órganos femeninos o sólo órganos masculinos, la mayoría de los cerebros son un mosaico de aspectos de «mujer» o de «varón».[200]

La alternativa filosófica al dualismo alma/cuerpo, o, en su caso, cerebro/cuerpo, representado por el ya mantra del cuerpo equivocado se encuentra en la fenomenología. Ésta ofrece otra explicación del llamado «cuerpo equivocado» en términos del cuerpo vivido: el cuerpo situado en un contexto sociocultural. El concepto de «cuerpo vivido» supone las influencias que las condiciones culturales —normas, prácticas sociales, significados, interpretaciones, valores— tienen para las experiencias corporales, incluyendo la identidad de género. La experiencia corporal se

198. Gina Rippon, *El género y nuestros cerebros. La nueva neurociencia que rompe el mito del cerebro femenino*, p. 390, Galaxia Gutenberg, Barcelona, 2020.

199. Daphna Joel y Luba Vikhanski, *Gender Mosaic: Beyond the Myth of the Male and Female Brain*, p. 58, Little, Brown Spark, Nueva York, 2019.

200. Ibídem, pp. 41-42.

entiende a través del entrelazamiento de la discursividad, la materialidad y la subjetividad.[201]

Con todo, el mayor problema del dualismo y del modelo biomédico, convergentes en la fórmula de sentirse atrapado en un cuerpo equivocado, está en que impide ver el tinglado de la disforia de género de otra manera que no sea considerar el ajuste fármaco-quirúrgico del cuerpo a la identidad sentida.

No se trata ahora de ajustar la identidad sentida al cuerpo, sino de ver de dónde viene esa incongruencia entre la identidad sentida y el cuerpo dado, descartado que no viene de una identidad preconcebida ni de un cerebro de mujer atrapado en un cuerpo de varón o al revés. Entonces, ¿de dónde viene la incongruencia o disforia de género? De acuerdo con el planteamiento de Miquel Missé, él mismo una persona transgénero y activista trans, otras miradas son posibles, como muestra en su libro ya citado *Transexualidades*, de 2013, y en este otro titulado *A la conquista del cuerpo equivocado*, de 2018.[202] Su condición de sociólogo le permite repensar la disforia de género de una forma crítica con la normatividad, sin incurrir en las explicaciones biomédicas como «nacido en un cuerpo equivocado». En su lugar, la mirada se dirige a la rigidez de las «categorías hombre y mujer» que «acaban expulsando a muchas personas».

En realidad, nadie nace en un cuerpo equivocado

Sobre la base de su propia experiencia trans y del análisis sociológico, Missé cuenta la «historia de un robo»: cómo el «imagina-

201. Gayle Salamon, *Assuming a body. Transgender and rhetoric of materality*, p. 5 y cap. 2, Columbia University Press, Nueva York, 2010. Talia Mae Bettcher, «Trapped in the Wrong Theory: Rethinking Trans Oppression and Resistance», *Signs: Journal of Women in Culture and Society*, 39 (2014), pp. 383-406. Ulrica Engdahl, «Wrong Body», *Transgender Studies Quarterly*, 1, 1-2 (2014), pp. 267-269.

202. Miquel Missé, *Transexualidades. Otras miradas posibles*, Egales, Barcelona/Madrid, 2013. Miquel Missé, *A la conquista del cuerpo equivocado*, Egales, Barcelona/Madrid, 2018.

rio colectivo», según el cual «las personas trans están atrapadas en el cuerpo equivocado», les ha robado el cuerpo. Los ladrones, dice Missé, no son otros que «todas las ideas y discursos que se han construido socialmente sobre la transexualidad y que colectivamente alimentamos, también las personas trans». A este respecto, Missé señala «cuatro ejes principales que movilizan esta idea: el paradigma médico, la narrativa de las personas trans, la respuesta del mercado y el imaginario popular.

El modelo médico, a pesar de las típicas declaraciones políticas conforme a las cuales la disforia de género no sería algo patológico, en la práctica sostiene que es una «enfermedad incurable» que requiere «tratamiento crónico», nada menos que tratamiento hormonal y cirugía de reasignación sexual. «Resumiendo: el malestar que genera la transexualidad se restaura modificando el cuerpo [...]. ¿Por qué nadie me dijo —se pregunta Missé— que una sexualidad era posible en ese cuerpo?» Nadie le obligó, pero como dice: «Siento que me robaron la posibilidad de vivir mi cuerpo de otra manera». Los «discursos médicos sobre el tratamiento de la transexualidad nos propusieron soluciones que pagamos muy muy caras y que aún seguimos pagando».[203]

Por su parte, la narrativa de las personas trans tiene incorporado el modelo biomédico: la explicación del cuerpo equivocado como algo innato y el diagnóstico o evaluación como acceso al tratamiento. Por el contrario, de acuerdo con Missé, «rechazar el cuerpo no tiene en esencia nada de biológico o innato, no tiene que ver con identificarse con un género u otro». Es una problemática moderna, del siglo XX, que tiene que ver con la susodicha rigidez. De hecho, sentir malestar con el propio cuerpo no es algo extraño. La cuestión es qué se hace con el malestar: a veces se doméstica, a veces se resignifica y a veces se gestiona con una transición de género. «No podemos pensar en las personas trans de forma aislada y tratar de entender por qué han decidido iniciar transiciones sin entender que forman parte de un grupo mucho más grande de gente que es la que ha sentido profundos ma-

203. Miquel Missé, *A la conquista del cuerpo equivocado*, *op. cit.*, pp. 25-27.

lestares con la rigidez de género. La experiencia trans es una solución posible frente a un malestar y la clave es fijarnos en el malestar. Ése es el enemigo que batir: si logramos reducir el malestar, se reducirá también la necesidad de transición. Es decir, que una sociedad en la que existen personas trans no es precisamente mi ideal utópico; cuando hay transexualidad es porque hay malestar, es un síntoma de la rigidez de las categorías de género.»[204]

Sin embargo, como dice Missé: «La idea de pensar que el malestar corporal tiene que ver con las presiones sociales es un argumento muy impopular dentro de la comunidad trans». Por dos razones: porque cuestiona el discurso del cuerpo equivocado y porque vivimos en una sociedad extremadamente individualista. Una sociedad extremadamente individualista considera que «dejarse influenciar por la sociedad es un sacrilegio, que las mejores personas son aquellas que no se dejan influenciar por nada ni por nadie, las que siguen su instinto, su deseo, su intuición, sin prestar atención a las modas, tendencias o normas sociales». No dejaríamos de recordar aquí el romanticismo y sentimentalismo que hemos señalado —«soy especial», «soy único», «soy diferente»— que la sociedad neoliberal ha capitalizado. Por eso, dice Missé, las ciencias sociales tienen mucho que decir en una problemática de la que se han apropiado el discurso biomédico y el mercado.[205]

La respuesta del mercado se refiere a la popularización de las cirugías: cómo estas tecnologías abren la puerta a nuevas subjetividades trans. «Nos dicen que tenemos un cuerpo equivocado y encima pagamos... Hay que reconocer que ese modelo es brillante [...]. En ese sentido —explica Missé—, las mujeres trans son un negocio mucho más interesante que las mujeres cis (aquellas que no son trans) porque a las primeras les hemos dicho que la modificación corporal es el tratamiento crónico de una enfermedad incurable y a las segundas que son unas frívolas. La trampa del cuerpo equivocado es que no se especifica cuándo acaba el

204. Ibídem, p. 53.
205. Ibídem, pp. 29-33.

tratamiento, y la realidad es que el tratamiento no acaba nunca [...]. No sólo somos un nicho de mercado, sino que somos un mercado ilimitado. Un agujero negro, un pozo sin fondo.» Lo realmente impactante, concluye Missé, es que «a mí me han enseñado a odiar algunas partes de mi cuerpo, mientras que hay personas que viven literalmente de ese odio, que viven de realizar tratamientos para modificar nuestros cuerpos».[206]

El imaginario popular son todas esas ideas y creencias que se han constituido en torno a la transexualidad y la disforia de género, alimentadas por los medios, los expertos y los propios trans, con una narrativa considerada políticamente correcta, pero hipócrita y coercitiva bajo pena de transfobia y linchamiento.

De acuerdo con Missé, nadie nace transexual. «Si la identidad de género no es un hecho biológico, la transexualidad tampoco. No se nace hombre o mujer, se nace en un cuerpo que tiene características sexuales diversas, pero de ahí a sentirse hombre o mujer no existe una relación innata. Así que tampoco se nace transexual [...]. El cuerpo es el lugar en el que se expresa el malestar, pero no es la fuente del malestar trans.»[207]

Miquel Missé hace en particular una crítica de las políticas trans en la infancia, las cuales ya han producido la emergencia de la categoría «menores trans». El problema de esta categoría es triple: convierte la infancia en el campo de batalla de la transexualidad —que es un concepto adulto—, mete en un mismo saco malestares diferentes a lo largo del desarrollo y genera una nueva identidad por la que se hacen ahora diferentes unos niños y niñas de los demás niños y niñas. Más interesante sería —dice Missé— llevar una perspectiva crítica con las normas de género, como, por cierto, ya estaba en curso. Desde la perspectiva crítica se trata de pensar las experiencias en relación con el género en un abanico de posibilidades, en evolución constante, en vez de una nueva identidad que establece fronteras. Lo que han hecho las nuevas políticas trans —que nosotros vinculamos con la teoría y el activismo queer— es generar problemas donde no los ha-

206. Ibídem, pp. 37, 39, 40.
207. Ibídem, pp. 51, 118.

bía. «Antes de que llegaran unas personas con una pizarra y nos dijeran que había unas cositas con piernecitas y bracitos que se llaman menores transexuales no nos habíamos enterado de nada. El relato oficial presupone que antes estaba la nada, el silencio, que estábamos cieg*s y no veíamos que había unas personitas con derechos que no sólo no estábamos sabiendo escuchar e interpretar, sino que no dejábamos de pisotearlas.»[208]

Las nuevas políticas suponen una colonización de la infancia que expropia la vida anterior donde ya había una perspectiva crítica, así como «familias gestionando la diversidad de género como podían, y personitas que crecían y se ubicaban en alguna identidad disponible». Entre las reacciones de las familias a los malestares de género de sus hijos e hijas, dejando de lado el rechazo, estaba también la espera y la gestión de la incertidumbre, de modo que «la identidad posible se proyectaba en el futuro, sin más certeza que unas prudentes intuiciones», y sin empujar a la transición sin más. Por el contrario, las nuevas políticas emprenden la transición cuanto antes, cuando lo más prudente sería un «contexto más abierto en relación con los itinerarios vitales de sus hijos, y más positivo, en relación con su propio cuerpo y su sexualidad, de lo que sucede hoy».[209]

Irónicamente, las nuevas políticas parecerían progresistas y liberadoras, cuando en realidad son retrógradas, opresoras y represoras. Son retrógradas en el sentido de naturalizar y patologizar los malestares de género, dejándolos en manos de los clínicos. Como dice Missé: «Parecía que habíamos logrado instaurar que las personas expertas en la cuestión trans no podían ser de ningún modo psiquiatras, endocrinólog*s y cirujan*s. De eso básicamente trataba la lucha por la despatologización trans. Con la llegada de la categoría "menor transexual" llegaron de nuevo los expertos médicos, los discursos en torno al sexo en el cerebro y el innatismo de la transexualidad». De acuerdo con Missé, la despatologización no es simplemente decir de palabra que la transexualidad no es una enfermedad. «Es también dejar de entender

208. Ibídem, pp. 103, 105.
209. Ibídem, p. 108.

la cuestión trans como algo biológico y como algo que requiere de soluciones médicas y empezar a pensarla como algo social, cultural y político. [...] Nos equivocamos: ahora el concepto de despatologización ha sido reinventado por discursos medicalizadores. Se puede tener una propuesta despatologizadora profundamente medicalizadora, esencialista y biologicista. Y es que sólo desde el marco biologicista se puede ser trans con dos años, entendiendo que la identidad de género es algo innato que se expresa en la más tierna infancia y, por lo tanto, puede tratarse desde esa edad. Antes la transexualidad era una enfermedad, ahora es una condición natural de nacimiento, pero, al fin y al cabo, algo biológico.»[210]

Son opresoras en el sentido de que imponen un relato afirmativo, según el cual será mejor cuanto antes se emprenda la transición. Por lo pronto, puede que esto no sea lo mejor para todos y por lo demás reduce opciones. La idea de anticiparse con bloqueadores hormonales para frenar la pubertad y así evitar características sexuales en el cuerpo que pudieran dificultar la transición más adelante aboca a la transición. Más que meramente servir de *standby*, parecen servir como antesala de la transición. «Cuando las familias de menores transexuales hablan de estos tratamientos [bloqueadores de la pubertad], parece más bien como si se tratara de la antesala de los tratamientos hormonales y las cirugías, y no de algo preventivo por si más adelante la persona quiere modificar su cuerpo en el marco de una transición de género.»[211] Por otra parte, este relato biomédico no cuenta la verdad. Por bien elegida y necesaria que sea la transición, no necesariamente soluciona todos los malestares de género que se tuvieran antes. «Por mucho que uno se esfuerce modificando el cuerpo, siempre habrá en él diferencias con respecto a las personas cis: no tendrá la regla, no podrá quedarse embarazada, podrá quedarse embarazado, no tendrá una estatura determinada, tendrá algunas cicatrices, etc.»[212] Si un hom-

210. Ibídem, pp, 111-112.
211. Ibídem, p. 113.
212. Ibídem, p. 114.

bre está embarazado es porque es una mujer biológica. Y una mujer trans, nacida varón, no se quedará embarazada. Obviamente, la vida no se agota en eso, ni por ello deja de ser plena. Pero, mejor hablar claro.

Forma parte también de la opresión de las nuevas políticas de género el chantaje a las familias con la posibilidad del suicidio si no se emprende la transición, poniéndolas en el dilema de si prefieren un hijo trans o un hijo muerto. «No se puede chantajear a las familias con estas amenazas: la decisión es mucho más compleja y requiere de espacio para dialogar, para dudar, para pensar. Pero sobre todo es preocupante porque todo este tipo de argumentos que se utilizan también los leen y escuchan est*s niñ*s y adolescentes, que aprenden la misma narrativa. Si no me dejan pasar por este camino quizá me suicide, porque lo pasaré muy mal.»[213]

Las nuevas políticas son represoras en el sentido de que reprenden y reprimen cualquier discusión de su enfoque con la socorrida acusación de transfobia y ofensa, cuando no de linchamiento. «Me sorprende que cuando digo "Cuando un chico va a comenzar el tránsito para ser chica, hay que explicarle que no será una mujer, sino una mujer trans", la respuesta que recibo sea: "Si hablamos de alguien que va a hacer el tránsito social para que se le reconozca como chica, ese alguien es una chica. No es un chico, y me parece ofensivo tratarle como tal". ¿Decir que una persona es una mujer trans es decir que es un chico?, ¿es ofensivo decirle a una persona que ha hecho la transición de género a chica que es una mujer trans? ¡Vaya!»,[214] concluye Missé.

Nadie está atrapado en un cuerpo equivocado. Para empezar, éste es un concepto él mismo equivocado, «atrapado» en el dualismo alma-cuerpo. Tampoco es sostenible en su versión cerebro-cuerpo cuando se habla por ejemplo de un cerebro de mujer en un cuerpo de varón o al revés. No existe un tal cerebro de varón o mujer, si acaso un mosaico de aspectos convencionalmente considerados masculinos y femeninos. La expresión *atrapado en*

213. Ibídem, p. 118.
214. Ibídem, p. 115.

un cuerpo equivocado no es un hallazgo científico, ni un concepto propiamente clínico. Tampoco es progresista. Es en realidad un eslogan, ahora ya un mantra, ciertamente efectista, aunque engañoso, que forma parte ya del imaginario colectivo alimentado por los medios, donde se presta, y esto sería lo peor, a una concepción biomédica patológica. En realidad, donde están atrapados los niños y los adolescentes con malestares de género es en discursos como éste del cuerpo equivocado, que abocan al enfoque afirmativo sin más miramientos.

8

Desmontaje del enfoque afirmativo: abrir alternativas

El enfoque de la terapia afirmativa se refiere básicamente, por lo que aquí importa destacar, a la política consistente en ofrecer la transición fármaco-quirúrgica como única salida aceptable a la incongruencia de género que presentan niños y adolescentes, sin explorar si acaso otros problemas pudieran estar implicados y otras alternativas pudieran ser también satisfactorias. El enfoque afirmativo incluye una serie de transiciones: *transición social*, que implica el cambio de nombre, el uso de nuevos pronombres y un nuevo aspecto; *transición farmacológica* a base de bloqueadores de la pubertad mediante medicamentos análogos a la hormona liberadora de gonadotropina y hormonación cruzada que contrarreste las hormonas ligadas al sexo de nacimiento; *transición quirúrgica*, consistente en la reconstrucción de los genitales y en el caso de las chicas también la mastectomía, así como otras intervenciones más o menos cosméticas; y *transición legal* gracias a la reinscripción de la nueva identidad en el correspondiente registro civil. La transición farmacológica y la quirúrgica son las que entrañan decisiones y consecuencias tan comprometidas como para cuestionar su afirmación sin más consideraciones.

En la base del enfoque afirmativo está la concepción del cuerpo equivocado, según la cual lo que habría que hacer sería alinear el cuerpo a la identidad sentida. Típicamente, si una chica se siente chico, más allá de la afirmación social —que no debería suponer mayor problema—, se emprenderían todos o algunos de estos pasos: bloqueo de la pubertad, hormonación masculinizante a base de testosterona, ablación de los pechos y reconstrucción genital. Como hemos comentado, el bloqueo de la pubertad, lejos de ser un simple «modo de espera», funciona en la práctica como antesala de la hormonación cruzada. Por no hablar de que los bloqueadores no son inocuos, y están lejos de la reversibilidad indemne con la que se han presentado. La concepción del cuerpo equivocado se complementa con la identidad sentida supuestamente reveladora de su propia condición natural innata, por lo que ya sirve de «autodiagnóstico» que no cabría más que afirmar. El acompañamiento y asesoramiento de la transición sería todo lo que corresponde hacer.

Para nada estamos poniendo en cuestión la realidad de la identidad sentida. La cuestión es cómo se hace real. Lo hace en el contexto señalado de los tiempos difíciles de la infancia y la adolescencia, cuando el cuerpo viene a ser el lugar de los malestares, más que su origen. El caso de Dagny presentado antes y el de Keira Bell, que citaremos después, serían ejemplos de esto. El enfoque afirmativo, por bien intencionado que sea, no está exento de problemas. Para empezar, no todos los casos son iguales como para ofrecerles una «talla única».[215] Por otra parte, puede ocasionar daños irreversibles para quienes quieran volver atrás, un fenómeno cada vez más frecuente.[216] Finalmente, no resuelve todos los problemas, incluso a aquellos para quienes sea la opción más adecuada.[217] En realidad, el enfoque afirmativo es más políticamente correcto que correcto científicamente.

215. Roberto D'Angelo, Ema Syrulnik, Sasha Ayad, Lisa Marchiano, Dianna T. Kenny, y Patrick Clark, «One Size Does Not Fit All: In Support of Psychotherapy for Gender Dysphoria», *Archives of Sexual Behavior*, 50 (2021), pp. 7-16, <https://doi.org/10.1007/s10508-020-01844-2>.

216. Albigail Shrier, *Un daño irreversible*, op. cit. p. 206.

217. Cecilia Dhejne, Paul Lichtenstein, Marcus Boman, Anna L. V. Johansson, Niklas Långström, y Mikael Landén, «Long-term follow-up of transsexual persons undergoing sex reassignment surgery: cohort study in Sweden»,

La tramposa dicotomía enfoque afirmativo versus terapia de conversión

El enfoque afirmativo se ha adoptado de forma generalizada por los servicios nacionales de identidad de género, al extremo de estar establecido por ley en muchos sitios con exclusión de otras alternativas. Sociedades profesionales y científicas como la Academia Estadounidense de Pediatría (AAP, por sus siglas en inglés), la Asociación Estadounidense de Psicología (APA, por sus siglas en inglés) y la Asociación Estadounidense de Psiquiatría (APA, por sus siglas en inglés) hacen declaraciones tomando posición en favor del enfoque afirmativo. Estas declaraciones no se suelen privar de hacer una proclama en la que niegan que la disforia de género sea una enfermedad o trastorno mental, a la vez que sostienen su concepción biomédica consistente en intervenciones fármaco-quirúrgicas para el ajuste de un supuesto «cuerpo equivocado» respecto de la identidad sentida.[218] Esta proclama parece estar más acorde con la política que con la lógica de lo que sostienen dichas declaraciones. Comoquiera que fuera, ¿cuál es su evidencia? ¿Acaso no hay alternativa?

Aun cuando las declaraciones de la AAP y de la APA psicológica se apuntalan en abundante literatura científica, revisiones más cuidadosas de la evidencia disponible muestran que el enfoque afirmativo no es tan evidente ni otras alternativas se pueden descartar. Por su lado, la declaración de la APA psiquiátrica es un documento de poco más de una página, sin referencias, en favor del tratamiento afirmativo y oponiéndose enfáticamente a todo intento que impidiera el acceso al citado tratamiento. Así

PLoS ONE, 6, 2 (2011), e16885, <https://doi.org/10.1371/journal.pone.0016885>.

218. La Asociación Estadounidense de Psiquiatría (APA), en su *Position Statement on Treatment of Transgender (Trans) and Gender Diverse Youth* de abril de 2020, no hace esta declaración, probablemente porque la disforia de género está en su catálogo de trastornos mentales (DSM-5). En la dicción anterior (DSM-IV) figuraba directamente como *trastorno* de la identidad de género.

pues, procede analizar las declaraciones de dichas academias de pediatría y de psicología.

La declaración de política (*Policy Statement*) de la AAP en favor del enfoque afirmativo[219] no está sostenida por la evidencia de acuerdo con la revisión de James Cantor.[220] Los problemas de esta declaración, de acuerdo con Cantor, se refieren tanto a lo que deja fuera, como a la interpretación parcial de las fuentes que cita. Deja fuera los numerosos estudios —al menos once— de seguimiento de la disforia de género de la infancia y la adolescencia, los cuales muestran invariablemente que la mayoría de quienes presentan disforia desisten, por no hablar del creciente número de destransicionistas. Esto sugiere dos cosas: una es que el enfoque afirmativo «cuanto antes» puede ser precipitado y otra que la espera atenta sería más prudente. La espera atenta (*watchful waiting*) es una práctica de la medicina consistente en esperar y ver el curso de algún malestar antes de emitir un diagnóstico y emprender un tratamiento. Nada parece más prudente también en el caso de la disforia de género en la infancia y la adolescencia, particularmente en relación con la citada disforia de comienzo rápido.

Por su lado, las interpretaciones parciales, cuando no contrafactuales, se refieren precisamente al enfoque de la espera atenta. Su parcialidad, si es que no contravención de la literatura citada, tiende al descrédito de la espera atenta como desfasada y binaria, pese a ser una práctica bien acorde con la historia natural de la disforia y de hecho la más usual hasta la actual implantación del enfoque afirmativo. Asimismo, la declaración de la AAP contrapone el enfoque afirmativo que sostiene con la «tera-

219. Jason Rafferty, AAP Committee on Psychosocial Aspects of Child and Family Health, AAP Committee on Adolescence, AAP Section on Lesbian, Gay, Bisexual, and Transgender Health and Wellness, «Ensuring Comprehensive Care and Support for Transgender and Gender Diverse Children and Adolescents», *Pediatrics*, 142, 4 (2018), e20182162.

220. James M. Cantor, «Transgender and Gender Diverse Children and Adolescents: Fact-Checking of AAP Policy», *Journal of Sex & Marital Therapy*, 46, 4 (2020), pp. 307-313, <https://doi.org/10.1080/0092623X.2019.1698481>.

pia de conversión» en otros tiempos usada para «corregir» la orientación sexual en adultos. En realidad, la llamada «terapia de conversión» no tiene un uso reconocido en la disforia infantil y adolescente, ni debería tenerlo. La terapia de conversión —coercitiva, con un fin prefijado— se ha aplicado más que nada a la orientación sexual, no a la identidad de género. La terapia de conversión se considera una terapia dañina, no ética. Sin embargo, su nombre se usa para etiquetar todo lo que no sea el enfoque afirmativo, incluyendo la citada espera atenta. Nótese la artimaña consistente en empaquetar todo lo que no sea el enfoque afirmativo como si fuera la denigrada terapia de conversión.

Como concluye Cantor: «En su declaración de política, la AAP no dice la verdad ni toda la verdad, cometiendo pecados tanto por comisión como por omisión, haciendo afirmaciones fácilmente desmentidas por cualquiera que se preocupe por verificar los hechos». La AAP afirma: «Esta declaración de política se centra específicamente en los niños y jóvenes que se identifican como TGD [transgénero y diversidad de género] en lugar de la población LGTBQ más amplia»; sin embargo, gran parte de esa evidencia que maneja se refiere a la orientación sexual, no a la identidad de género. Como es sabido, orientación sexual —hetero, homo, bi— no es igual que identidad de género —binaria, no binaria, trans—. La AAP afirma: «La investigación actual disponible y la opinión de expertos líderes clínicos y de investigación servirán como base para las recomendaciones»; sin embargo, proporcionan recomendaciones sin apoyo e incluso en contradicción con esa investigación y opinión. El problema, continúa Cantor, «no consiste simplemente en una cita errónea, la interpretación equivocada de una frase ambigua o un par de referencias que faltan. La declaración de la AAP es más bien una exclusión sistemática y una tergiversación de toda la literatura. La AAP no sólo no proporciona pruebas convincentes, sino que no proporciona evidencia en absoluto. De hecho, las recomendaciones de la AAP son *a pesar* de la evidencia existente».[221]

La APA, por su parte, en su resolución del 21 de febrero de

221. Ibídem, p. 312.

2021 sobre los «esfuerzos para cambiar la identidad de género», toma posición a favor del enfoque afirmativo, dando a entender que cualquier otro enfoque tendría el objetivo de cambiar la identidad de género para alinearla con el sexo asignado al nacimiento, por lo que sería rechazable. La APA establece así una dicotomía bueno/malo entre el enfoque afirmativo (bueno) y el no afirmativo (malo): todos los demás, que asimila a «terapia de conversión»[222] en coincidencia con la AAP y con la APA psiquiátrica. Esta dicotomía es moneda corriente, como se ve.

La principal fuente para esta dicotomía es el estudio de Jack Turban y colaboradores, según el cual los esfuerzos para el cambio de la identidad de género —que equipara a «conversión»— empeoran la salud mental.[223] Sin embargo, este estudio tiene limitaciones que impiden estas conclusiones, de acuerdo con la revisión de Roberto D'Angelo y colaboradores.[224] Para empezar, la muestra del estudio es sesgada: compuesta de individuos políticamente comprometidos con el enfoque afirmativo, no representativa de la población trans. Por otra parte, el estudio no define la cualidad de los encuentros e interacciones que los profesionales llevan a cabo, metiéndolos en el mismo saco de «conversión». Asimismo, el estudio carece de medidas de la salud mental inicial de los sujetos, lo que impide determinar si en realidad empeoran, están igual o incluso mejoran con los encuentros e interacciones no afirmativas. Con todo, el aspecto más problemático es la visión binaria «afirmación» versus «conversión».

222. APA, «APA RESOLUTION on Gender Identity Change Efforts», febrero de 2021, <https://www.apa.org/about/policy/resolution-gender-identity-change-efforts.pdf>, p. 1.

223. Jack L. Turban, Noor Beckwith, Sari L. Reisner, y Alex S. Keuroghlian, «Association Between Recalled Exposure to Gender Identity Conversion Efforts and Psychological Distress and Suicide Attempts Among Transgender Adults», *JAMA Psychiatry*, 77, 1 (2020), pp. 68-76, <https://doi.org/10.1001/jamapsychiatry.2019.2285>.

224. Roberto D'Angelo, Ema Syrulnik, Sasha Ayad, Lisa Marchiano, Dianna T. Kenny, y Patrick Clark, «One Size Does Not Fit All: In Support of Psychotherapy for Gender Dysphoria», *Archives of Sexual Behavior*, 50 (2021), pp. 7-16, <https://doi.org/10.1007/s10508-020-01844-2>.

Más allá de las flaquezas de este estudio, la resolución de la APA no se corresponde con los conocimientos de la psicología. Dentro de un estilo *surfista*, consistente en deslizarse sobre los asuntos importantes sin profundizar en nada, esta resolución sigue la ola políticamente correcta, en detrimento de conocimientos establecidos en psicología que la propia APA sustenta en el resto de los campos.

Pareciera que la psicología no tuviera nada que decir en la disforia de género más que adherirse al enfoque afirmativo, que es en realidad la ausencia de toda consideración psicológica y posibles ayudas también psicológicas. El enfoque afirmativo se reduce al acompañamiento y asesoramiento del proceso de transición «sin juzgar» nada, como si el propio acompañamiento y asesoramiento no implicaran ya juicios de valor en los que se asume que eso es «bueno», «lo correcto» y «lo mejor». Si no fuera así, no lo harían. La resolución pasa por alto conocimientos bien establecidos en psicoterapia que no se reducen a la afirmación —mero acompañamiento— ni a la denostada «conversión», consistentes en la exploración, la clarificación, el significado, el sentido de la vida y el análisis funcional de la conducta, por citar algunos de estos conocimientos y procedimientos, como se puede ver por ejemplo en las divisiones 5 (evaluación, medida y estadística) y 29 (psicoterapia) de la APA, así como en sus publicaciones. ¿Qué se pensaría si un enfoque afirmativo se aplicara a las conductas autolesivas, la anorexia y las ideas suicidas, que, por cierto, no son ajenas a la disforia de género? ¿Cómo sería aquí el acompañamiento? ¿En qué consistiría el asesoramiento? ¿Por qué la disforia de género es distinta? ¿Es algo en lo que los niños y adolescentes son clarividentes?

Por otra parte, la resolución de la APA toma como diagnóstico o evaluación de la disforia de género el autodiagnóstico del niño o adolescente: la identidad sentida como la última palabra que no cabe más que acompañar. Al menos tres conocimientos establecidos en psicología se pasan por alto aquí: la importancia de la evaluación, la influenciabilidad social y la inestabilidad de los sentimientos.

La evaluación psicológica es fundamental para entender

cualquier problema, porque no siempre, si es que alguna vez, los problemas son obvios y transparentes para la propia persona. La psicología dispone de numerosos enfoques y procedimientos que, junto con el usuario o consultante, colaborativamente, permiten entender lo que pasa y clarificar sus causas, motivos, razones y circunstancias. Uno de estos enfoques es el análisis funcional de la conducta. Como también otras evaluaciones psicológicas —sistémicas, psicodinámicas, constructivistas—, este análisis no implica un diagnóstico ni una concepción psicopatológica, sino una clarificación y conocimiento que no se tenía de entrada.

Por su lado, la influenciabilidad social es inherente a los seres humanos, empezando por los niños y los adolescentes, tanto más en situaciones de crisis y problemáticas. ¿Cómo podría ser que, en un ambiente repleto de temáticas transgénero, cuando no educación expresa y hasta presión, la disforia de género en la infancia y la adolescencia estuviera exenta de influencia social y en su lugar fuera un reflejo prístino de la naturaleza recóndita dentro de uno? Más allá de la influencia, cuando vemos niños trans de corta edad —como en el caso de los gatos veganos, permítase la comparación—, cabe preguntarse quién ha tomado la decisión. Finalmente, la inestabilidad de los sentimientos no es buena base sobre la que tomar decisiones que pueden ser irreversibles. Aunque los sentimientos son experiencias reales, su realidad se constituye en nuestras relaciones con el mundo según nos van las cosas. Los sentimientos tienen sus razones, pero no suplen al razonamiento.

En sus directrices de 2015 para la práctica psicológica con personas transgénero, la APA parecía admitir dos enfoques: el afirmativo y el que, en sus palabras, «anima a los niños a abrazar sus cuerpos y a alinearse con los roles de género asignados», a la espera de lo que diga la investigación futura. No obstante, sin esperar, la APA adopta a renglón seguido el criterio de la Asociación Mundial de Profesionales para la Atención de la Salud Transgénero, según el cual el segundo enfoque sería «poco ético».[225] Pero ¿cuál es la evidencia de uno y otro enfoque que ha

225. American Psychological Association, «Guidelines for psychological

traído el futuro hoy por hoy? Por lo pronto, el enfoque afirmativo no es tan bueno como se presenta, según se van conociendo cada vez más sus limitaciones, cuando no sus daños irreversibles. Por su parte, los enfoques no afirmativos no son dañinos conforme se pintan para prohibirlos indiscriminadamente como si fueran una terapia de conversión.

El enfoque afirmativo, no tan evidente

Revisiones sistemáticas recientes de los bloqueadores de la pubertad y las hormonas de sexo cruzado realizadas por el Instituto Británico para la Salud y la Excelencia Clínica muestran una «indudable baja evidencia». Los escasos datos derivan de estudios sin grupos de comparación que permitan certeza en los resultados. Aun cuando se observan beneficios a corto plazo, no está claro, a falta de grupos de control, si en realidad se deben a las intervenciones o a otros factores. En todo caso, los posibles beneficios iniciales no están contrabalanceados en términos de riesgos y beneficios a largo plazo. En opinión de la Sociedad para la Medicina de Género Basada en la Evidencia, «la baja confianza en el balance de riesgos y beneficios de las intervenciones hormonales requiere extrema precaución cuando se trabaja con jóvenes con disforia de género, que se encuentran en medio de una fase de exploración y consolidación de identidad apropiada para el desarrollo. Si bien puede haber beneficios psicológicos a corto plazo asociados con la administración de intervenciones hormonales a los jóvenes, deben sopesarse frente a los riesgos a largo plazo para la salud ósea, la fertilidad y otros riesgos aún desconocidos de la suplementación hormonal de por vida».[226]

Estudios de seguimiento de personas transexuales que han

practice with transgender and gender nonconforming people», *American Psychologist*, 70, 9 (2015), pp. 832-864, <https://doi.org/10.1037/a0039906>, p. 842.

226. SEGM, «New Systematic Reviews of Puberty Blockers and Cross-Sex Hormones Published by NICE», 31 de marzo de 2021, <https://segm.org/NICE_gender_medicine_systematic_review_finds_poor_quality_evidence>.

pasado por la cirugía de reasignación de sexo no muestran, desafortunadamente, los beneficios con los que se presenta el enfoque afirmativo. Un estudio de seguimiento de más de diez años realizado en 2011 —no citado en el informe de la APA— indica que «aun cuando la reasignación de sexo alivia la disforia de género, es necesario identificar y tratar la morbilidad psiquiátrica concurrente no sólo antes, sino después de la reasignación».[227] Un estudio publicado en el *American Journal of Psychiatry*, y difundido a bombo y platillo debido a que aparentemente mostraba mejoras en salud mental asociadas a cirugías de reasignación de sexo,[228] en realidad no permitía llegar a tales conclusiones. La revista se vio obligada a publicar una corrección tras la revisión de los datos en la que ahora dice: «Los resultados [del reanálisis] no demostraron ninguna ventaja de la cirugía en relación con las visitas posteriores de atención médica relacionadas con el trastorno de ansiedad o el estado de ánimo, o con recetas u hospitalizaciones debidas a intentos de suicidio».[229]

Aun cuando estos estudios no demuestran beneficios para la salud mental, no quiere decir que sean dañinos ni que no puedan ser de ayuda para otras personas. La cuestión es que la terapia afirmativa fármaco-quirúrgica no cuenta con la evidencia que se le supone en mejorar la salud mental asociada a la incongruencia de género. De hecho, hay cada vez más personas arrepentidas de haber emprendido la transición hormonal y quirúrgica, que quieren ahora reemprender la destransición cuando quizá ya ha-

227. Cecilia Dhejne, Paul Lichtenstein, Marcus Boman, Anna L. V. Johansson, Niklas Långström, y Mikael Landén, «Long-term follow-up of transsexual persons undergoing sex reassignment surgery: cohort study in Sweden», *PLoS ONE*, 6, 2 (2011), e16885, <https://doi.org/10.1371/journal.pone.0016885>, p. 6.

228. Richard Bränström y John E. Pachankis, «Reduction in Mental Health Treatment Utilization Among Transgender Individuals After Gender-Affirming Surgeries: A Total Population Study», *American Journal of Psychiatry*, 177, 8 (2019), pp. 727-734, <https://doi.org/10.1176/appi.ajp.2019.19010080>.

229. «Correction to Bränström and Pachankis», *American Journal of Psychiatry*, 177, 8 (2020), pp. 734-734, <https://doi.org/10.1176/appi.ajp.2020.1778correction>.

yan sufrido cambios y daños irreversibles. Se trata de personas arrepentidas y quejosas de haber entrado en la transición no sólo sin la debida explicación, sino entusiastamente empujadas por los clínicos, según muestra Alexander Yoo en sus entrevistas a destransicionistas.[230] Como continúa este autor, el modelo de tratamiento «afirmativo», aunque beneficioso para muchas personas, ha llevado a clínicos y familias a influir tendenciosamente en sus clientes y seres queridos hacia la transición. En particular, padres que aceptan esta visión del género han empujado a la transición de sus hijos en un esfuerzo por parecer tan apoyadores como fuera posible. «Esto es tan malo (o peor) que los padres o familias que niegan los sentimientos y la identidad de sus niños como personas trans.»[231] Los destransicionistas se sienten ahora abandonados, como «traidores» a la causa, lo que sugiere ciertamente una causa política en la política del enfoque afirmativo, más que una preocupación por las personas.

La destransición es un fenómeno emergente que pone de relieve dos cosas: las secuelas del enfoque afirmativo y los problemas añadidos de lidiar con la propia destransición, entre ellos, el sentimiento de arrepentimiento, el abandono, la soledad, la vergüenza y los cambios físicos y sociales llevados a cabo.[232] Aunque se desconoce la prevalencia de la destransición, es probable que esté subestimada. Lo cierto es que no existe una narrativa única para explicar las experiencias de todos los que la emprenden. Algunos destransicionistas vuelven a identificarse con su sexo de nacimiento, otros asumen (o mantienen) una identificación no binaria, y algunos continúan identificándose como transgénero. Asimismo, algunos destransicionistas lamentan haber realizado la transición y otros no. Otros refieren experiencias que apoyan la hipótesis de

230. Alexander Yoo, «Transition regret and detransition», en Chuck Stewart (ed.), *Lesbian, gay, bisexual, and transgender Americans at risk: Problems and solutions. Adults, Generation X, and Generation Y*, vol. 2, pp. 181-192, Praeger, Westport, CT, 2018, p. 185.

231. Ibídem, p. 187.

232. Elie Vandenbussche, «Detransition-Related Needs and Support: A Cross-Sectional Online Survey», *Journal of Homosexuality*, 2021, <https://doi.org/10.1080/00918369.2021.1919479>.

la disforia de comienzo rápido, según la cual su disforia de género comenzó durante o después de la pubertad y que problemas de salud mental, traumas, compañeros, redes sociales, comunidades en línea y dificultades para aceptarse a sí mismos como lesbianas, gais o bisexuales estaban relacionados con su disforia de género y su deseo de transición.[233]

Consiguientemente, la destransición tiene importantes implicaciones para los servicios de salud, como el ofrecimiento de alternativas al enfoque afirmativo y la disponibilidad de guías para el proceso de destransición.[234] Mientras que las guías para la destransición son una necesidad generada por el enfoque afirmativo, el ofrecimiento de alternativas es lo que se debiera hacer desde el principio. Las alternativas no afirmativas no son equivalentes a conversión, como venimos diciendo. De acuerdo con los citados D'Angelo y colaboradores: «Dada la ausencia de evidencia sólida a largo plazo de que los beneficios de las intervenciones biomédicas superen el daño potencial, especialmente entre los jóvenes, es evidente que se deben buscar opciones de tratamiento menos invasivas antes de las intervenciones más arriesgadas e irreversibles. En la medida en que los tratamientos psicológicos puedan ayudar a un individuo a obtener alivio de la disforia de género sin someterse a intervenciones que alteren el cuerpo, garantizar el acceso a estas intervenciones no sólo es ético y prudente, sino también esencial».[235]

Llegados aquí, uno puede estar perplejo de ver cómo asociaciones científicas y profesionales como las citadas, entre otras muchas, han adoptado el enfoque afirmativo y el discurso queer. Se podría pensar en intereses ante el negocio de la transición

233. Lisa Littman, *Individuals Treated for Gender Dysphoria with Medical and/or Surgical Transition Who Subsequently Detransitioned: A Survey of 100 Detransitioners*. Archives of Sexual Behavior (2021), <https://doi.org/10.1007/s10508-021-02163-w>.

234. Pablo Expósito-Campos, «A Typology of Gender Detransition and Its Implications for Healthcare Providers», *Journal of Sex & Marital Therapy*, 47, 3 (2021), pp. 270-280, <https://doi.org/10.1080/0092623X.2020.1869126>.

235. Robert D'Angelo *et al.*, *op. cit.*, p. 12.

fármaco-quirúrgica. Algo de esto pudiera estar ocurriendo en las asociaciones médicas, pero no en las psicológicas, donde no está el «negocio». Esto es más sorprendente en la APA psicológica que en la APA psiquiátrica, si se considera la tradicional oposición de aquélla al modelo biomédico —que encarna el enfoque afirmativo— para problemas psicológicos como los que pueden estar involucrados en la incongruencia de género. También se podría buscar la explicación en la confusión, dados los tiempos confusos de la posverdad, y en la desidia intelectual, creyendo que el enfoque afirmativo y el discurso queer son progresistas o algo así. Pero, sobre todo, el enfoque afirmativo se defiende seguramente por miedo a las acusaciones de transfobia y odio: un terror que los activistas han logrado implantar no sólo a través de las redes sociales, sino como *lobby* capaz de influir en políticas estatales. Como quiera que fuera, sería de esperar que asociaciones científicas y colegios profesionales antepusieran los conocimientos científicos y las cuestiones éticas a las declaraciones ideológicas y a sus prevenciones corporativas. En particular, las organizaciones médicas y psicológicas deberían empezar por cuestionar el enfoque afirmativo que, en realidad, supone saltarse la prudencia y el principio de no hacer daños irreversibles consistentes en abocar a intervenciones fármaco-quirúrgicas que no siempre parecen justificadas en vista de los resultados.

En este ambiente hostil y condenatorio tienen que operar las asociaciones científicas y profesionales, así como las instituciones educativas y sanitarias, y al parecer todo el mundo. No en vano se trata de una agenda política contrasexual de desestabilización del género binario, tanto heteronormativo como también ahora homonormativo. De acuerdo con Stephanie Davies-Arai, «organizaciones como Allsorts, Mermaids, Stonewall, Gender Identity Research and Education Society (GIRES) y Gendered Intelligence en el Reino Unido no son grupos de apoyo a niños y jóvenes en un sentido no partidista, sino organizaciones activistas al frente de la remodelación de la política pública y la legislación gubernamental».[236]

236. Stephanie Davies-Arai, «"Gender identity": the rise of ideology in the

Abrir alternativas

Las alternativas empiezan por la libertad para pensar,[237] dado el ambiente hostil y condenatorio creado por el activismo queer a costa de la evidencia científica y de las personas, todo en aras de una agenda política.

En este contexto, no es poco reivindicar y asumir la libertad para pensar y abrir alternativas más allá del enfoque afirmativo, sin descartarlo. Las alternativas no son otras que las ya dadas, si no estuvieran condenadas. En primer lugar, la espera atenta y la psicoterapia exploratoria, como el psicólogo canadiense Kenneth Zucker venía ofreciendo hasta 2015 en Toronto, cuando el enfoque afirmativo arrasó Canadá. Habiendo sido una referencia mundial en disforia de género, como sigue siendo, que incluso había contribuido a la redacción de las guías de la Sociedad Profesional Mundial para la Salud Transgénero, Zucker fue acusado de aplicar terapia de conversión, «linchado», y su clínica cerrada, aunque luego fuera resarcido por ello. Su enfoque no es ciertamente afirmativo, sin descartarlo llegado el momento. Empieza por la espera atenta y la exploración de problemas asociados y circunstancias de cada caso, y, por qué no, la ayuda a los niños a sentirse confortables con sus cuerpos. Un enfoque así, no afirmativo de entrada, es acorde con la desistencia en la mayoría de las disforias de género infanto-juveniles que continúan «en su propia piel» sin transición con la orientación sexual que sea.[238]

---

treatment and education of children and Young people», en Michele Moor y Heather Brunskell-Evan (eds.), *Inventing transgender children and young people*, pp. 134-149, Cambridge Scholars Pub., Cambridge, 2020, p. 134.

237. Marcus Evans, «Freedom to think: The need for thorough assessment and treatment of gender dysphoric children», *BJPsych Bulletin*, 45, 5 (2021), pp. 285-290, <https://doi.org/10.1192/bjb.2020.72>.

238. Kenneth J. Zucker, «The myth of persistence: Response to "A critical commentary on follow-up studies and 'desistance' theories about transgender and gender non-conforming children" by Temple Newhook et al. (2018)», *International Journal of Transgenderism*, 19, 2 (2018), pp. 231-245, <https://doi.org/10.1080/15532739.2018.1468293>.

Alguien podría decir que los bloqueadores de la pubertad están cumpliendo esa función de espera y moratoria. Sin embargo, sería ingenuo, quizá estúpido, pensar que el bloqueo químico de la pubertad es la mejor manera de esperar y explorar. En primer lugar, los bloqueadores, por definición, detienen el desarrollo e «infantilizan» en alguna medida, en tanto reducen los niveles de testosterona y estrógeno, componentes del desarrollo y la función sexual. En segundo lugar, no son inocuos, sino que alteran el organismo, y algunos de sus efectos podrían ser irreversibles, como la infertilidad de las chicas. En tercer lugar, como ya hemos dicho, los bloqueadores vienen a ser la antesala de la hormonación cruzada. De hecho, la mayoría de quienes empiezan con bloqueadores continúan con la hormonación cruzada, de alguna manera inducida por aquéllos. Una manera de inducción puede venir dada por el propio protocolo y ritual de la transición, que conlleva una sucesión de etapas. El contexto de los bloqueadores dentro de un enfoque afirmativo supone una «presión» para seguir adelante. Si el chico o la chica no siguen adelante, su disforia parecería «frívola», y, por el contrario, si siguen serían «héroes». Por todo ello, los bloqueadores difícilmente estarían cumpliendo una función de espera y exploración neutral y abierta.

La evaluación psicológica sería otra alternativa complementaria de la exploración, más sistemática, en orden a valorar causas, motivos y funciones de malestares asociados a la disforia de género. Como es sabido, muchos malestares están implicados en la disforia de género, tanto anteriores como resultantes de ella, que importa evaluar. Así, por ejemplo, el 15-20 por ciento de quienes presentan disforia de género en la infancia y la adolescencia se inscribirían en el espectro autista, acaso el problema primario. Para otros el problema primario quizá tendría que ver con la orientación sexual, a tenor de su derivación en gais o lesbianas. Ser gay o lesbiana resulta hoy problemático, y desde luego no parece la «opción» más *cool* en los campus escolares según se ha impuesto la tendencia trans. Como comenta Abigail Shrier: «Más de una chica adolescente que entrevisté dijo que mientras "trans" representa una identidad de alto estatus en la escuela secundaria, "lesbiana" no». De hecho, ser lesbiana «es abiertamente ridiculizado como una identidad menor».[239] Si el espectro autista, la orientación sexual u otros problemas —acoso, trauma, disconformidad con el cuerpo, orientación sexual— estuvieran implicados, el enfoque afirmativo estaría llevando el problema por mal camino.

La disforia de género como canalización de una diversidad de malestares

Las sociedades se organizan en orden al bienestar de los individuos, pero también generan malestares, y cuando es ése el caso, las mismas sociedades organizan igualmente los modos de estar mal. La disforia de género viene a ser hoy una forma de canalizar una diversidad de malestares en torno al cuerpo, el sexo y el género. De acuerdo con Lisa Marchiano, «la noción de que los niños pueden sufrir un estrés extremo como resultado de haber nacido en un cuerpo equivocado» es a principios del siglo XXI uno de esos modos de estar mal.[240] En este sentido, la disforia de género ofrece un conjunto de síntomas (*symptoms pool*) y una narrativa (*cuerpo equivocado*) que canalizan una diversidad de problemas, generados en parte por la desestabilización del género que se ha propuesto el activismo queer. En particular, la llamada disforia de género de comienzo rápido puede que sea más que nada una nueva expresión de malestares de niñas y adolescentes con el propio cuerpo, malestares que hasta ahora encontraban muchas veces en la anorexia su principal canalización.

Todo lo anterior para nada impide el apoyo afirmativo de la transición, que, se comprenderá, no es algo simple ni para emprender a la ligera, sin cautela ni estudio —espera atenta, exploración, evaluación—. No es evidente que niños y niñas de once, doce

239. Albigail Shrier, *Irreversible Damage...*, *op. cit.*, p. 151.

240. Lisa Marchiano, «Transgender children: the making of a modern hysteria», en Michele Moor y Heather Brunskell-Evan (eds.), *Inventing transgender children and young people*, pp. 56-72, Cambridge Scholars Pub., Cambridge, 2020, p. 61.

o dieciséis años estén al cabo de la calle acerca de las implicaciones de la transición fármaco-quirúrgica, tanto menos en el contexto afirmativo y entusiasta como se presenta. Recuérdese el caso Dagny presentado en el capítulo anterior. Considérese ahora el caso de Keira Bell. Ella misma lo cuenta:

> Cuando tenía catorce años comencé a luchar con mi sentido de identidad y en especial con la idea de convertirme en mujer. Creí encontrar la respuesta a mis problemas cuando descubrí la transexualidad y las historias de personas transexuales en internet. Poco después, comencé a seguir este camino. Esto me llevó al GIDS [Gender Identity Development Service], donde me dieron la bienvenida y me afirmaron como un chico. No pasó mucho tiempo antes de que me inyectaran análogos de GnRHa (bloqueadores de la pubertad), después hormonas sexuales cruzadas y a los veinte años mastectomía doble. Para entonces ya me había creído la mentira (que mi problema real era estar atrapado en el cuerpo equivocado) y las mismas personas que estaban destinadas a ayudarme me habían ayudado a creer esa mentira.
>
> Al principio estaba muy feliz con mi decisión y con los resultados de las hormonas cruzadas y la cirugía. Sentí que finalmente podría empezar a vivir en paz como hombre. Sin embargo, algunos años después, esto comenzó a desaparecer y me di cuenta de que la angustia real que estaba experimentando (y había experimentado cuando era niña) estaba relacionada con el trauma y muchos desafíos de mi infancia y adolescencia.
>
> Inicié la «destransición» (detuve el proceso de transición médica) hace más de un año. En mi atormentado estado mental, no pude identificar lo increíblemente destructiva que fue la transición. Como adulto, ahora me doy cuenta de que la transición médica fue innecesaria y algo que desearía haber evitado. Sin embargo, ahora me he quedado con las consecuencias de por vida del tratamiento médico para la disforia de género-sexo (incluida una voz grave, vello facial y ausencia de pechos). Tuve dudas ocasionales durante la transición, pero las superé después de leer los comentarios en la red de otras personas trans que dicen que la duda es normal y de que el equipo clínico que trabajó conmigo me afirmó como un chico. Aho-

> ra rechazo el concepto dañino de la identidad de género (en términos de que tu cerebro y/o alma tengan un género) y la idea de que alguien puede nacer con el cuerpo equivocado.[241]

Keira, ahora con veintitrés años, demandó al Servicio Nacional de Salud británico y ganó el juicio por acceder a su transición sin la debida información, otra que no fuera la susodicha «terapia afirmativa». De acuerdo con el tribunal, es muy improbable que a los quince años alguien tenga la suficiente comprensión de las implicaciones de la transición como para dar un consentimiento informado, tanto más de un tratamiento experimental del que ni los científicos y clínicos tienen todavía suficiente conocimiento de su evolución a largo plazo. Keira emprendió este proceso a fin de permitir que los médicos proporcionen el tratamiento adecuado, de limitar el daño que probablemente van a sufrir los niños con el tratamiento médico experimental y de proteger a los jóvenes de la «terapia de conversión», como él entiende que es en realidad la terapia afirmativa. Al final, la auténtica terapia de conversión parece más que nada el propio enfoque afirmativo.

La resolución del tribunal británico a favor de la demanda de Keira Bell da un giro al enfoque afirmativo. Aunque el activismo queer las ha emprendido contra Keira en las redes sociales por la causa abierta contra el enfoque afirmativo, acusándola, cómo no, de defender la terapia de conversión —como empaquetan todo lo que no es afirmativo—, su caso está replanteando el estatus de este enfoque. Algunos países están revisando su propia posición «afirmativa» en favor de alternativas no invasivas para mejorar la angustia de los menores, empezando por la evaluación y el

241. Keira Bell, «Protect Gender Dysphoric Children from the Affirmation Model», *Crowd Justice*, 22 de septiembre de 2020, <https://www.crowdjustice.com/case/challenge-innate-gender>. Véase también la entrevista de Raquel Rosario Sánchez a Keira para *Tribuna Femenina*, 30 de noviembre de 2020: «No había nada de malo en mi cuerpo. Yo quiero justicia», <https://tribunafeminista.elplural.com/2020/11/entrevista-exclusiva-a-keira-bell-no-habia-nada-de-malo-en-mi-cuerpo-yo-quiero-justicia/>. [Consulta: 9 de mayo de 2021]

consentimiento debidamente informado.[242] Es de esperar que la ley trans española, con el debido debate y consenso, se centre en los problemas reales de las personas a las que va dirigida.

Sería de esperar también que las resoluciones judiciales, las revisiones de la política y las críticas razonadas contribuyan a poner en su sitio el enfoque afirmativo y a perder el miedo a su cuestionamiento, dado el ambiente hostil y condenatorio creado. No por ello sería de esperar que la disforia de género que se cierne sobre la infancia y la adolescencia vaya a desaparecer de pronto ni en fechas previsibles. Razones generales —sociedad líquida, crisis de la natalidad— y particulares —activismo queer, intereses creados— sustentan el fenómeno más allá de los análisis que pudieran clarificar su naturaleza social. Después de todo, los problemas de disforia de género no dejan de ser hechos reales, por más que su realidad haya sido *hecha* en determinadas condiciones socioculturales, no el descubrimiento de una realidad natural que estuviera ahí dada y que ahora se «libera» o algo así. Aunque haya venido para quedarse, la disforia de género infantojuvenil probablemente no sea eterna. Historiadores venideros quizá la puedan ver como esas «enfermedades mentales transitorias» descritas por Ian Hacking que aparecen en un momento y lugar y luego se desvanecen, como los «viajeros locos» (*mad travelers*) entre 1887 y 1909, o los trastornos de personalidad múltiple de finales del siglo XIX, reaparecidos a finales del siglo XX y ahora en recesión.[243]

Entretanto, bienvenidos son el respeto y los derechos de las personas trans, gracias al activismo, esperando que se traduzcan en tolerancia social para la diversidad de género que acabe con la disforia de transgénero, según entendemos que esta disforia sería debida a la rigidez de las categorías «varón y mujer», no a un «cuerpo equivocado». Es un problema social más que clínico médico-quirúrgico. Tal es la tesis de este libro.

242. SEGM, «Sweden's Karolinska Ends All Use of Puberty Blockers and Cross-Sex Hormones for Minors Outside of Clinical Studies», 5 de mayo de 2021, <https://segm.org/Sweden_ends_use_of_Dutch_protocol>.

243. Ian Hacking, *Mad Travelers: Reflections on the Reality of Transient Mental Illnesses*, University of Virginia Press, Charlottesville, 1998.

De acuerdo con lo que se proponía este capítulo, el enfoque afirmativo no es tan evidente como para ser la única alternativa aceptable a los malestares en los que consiste la disforia de género. El creciente número de destransicionistas muestra que esta solución no es satisfactoria para todas las personas, sin menoscabo de que lo sea para algunas o muchas. Alternativas como la espera atenta, la psicoterapia exploratoria y la evaluación psicológica son satisfactorias para algunas o muchas personas que presentan disforia de género. El alto porcentaje de los que desisten en la infancia y la adolescencia antes de emprender la transición sugiere que otros problemas y circunstancias están implicados en la disforia de género, como el espectro autista, la orientación sexual, desavenencias con el propio cuerpo, traumas, acoso, crisis existencial, etc. Todo parece indicar que la disforia de género se presta a canalizar una diversidad de malestares de la infancia y la adolescencia, debido probablemente a la prestancia de la que goza en los últimos tiempos en los campus escolares y las redes sociales.

Esto sugiere el compromiso ético de disponer de alternativas al enfoque afirmativo como las señaladas. ¿Qué tiene de malo esperar y ver, explorar, evaluar y, si es el caso, reconciliar a uno con el propio cuerpo, antes de embarcarse en transiciones irreversibles de las que uno tal vez quiera volver atrás, sin excluir la transición llegado el momento? Resulta increíble que se traten de impedir estas ayudas sectariamente etiquetadas como «terapia de conversión», en aras de la agenda política de la desestabilización del sexo y el género a costa del bienestar de las personas. Es hora de plantar cara a la expropiación del cuerpo por parte de la teoría y el activismo queer plasmado en la consigna del cuerpo equivocado y el enfoque afirmativo.

9

Neolengua, neogéneros, neoargumentos

Todo es nuevo. Todo hay que crearlo desde cero. Hay que volver a empezar. Una vez que la posmodernidad nos ha desvelado que los seres humanos llevan doscientos mil años, unos quince mil millones de veces, equivocándose al preguntar «¿es niño o niña?» tras el nacimiento de un bebé, no queda más remedio que tirarlo todo a la basura y alumbrar un nuevo orden social. Hasta aquí, la prehistoria de la humanidad. Ahora comienza la historia de los individuos. No hay generación de adolescentes que no crea que es la primera de la historia. No hay generación de ancianos que no crea que es la última. Y ambas llevan equivocándose desde que el *Homo sapiens* acabó con la hegemonía del neandertal. Pero esta vez no, porque nunca jamás hubo tal unanimidad: desde los adolescentes hasta los directivos de las grandes corporaciones transnacionales. Todo es post. Todo es neo. Todo es trans. Todo es ironía, incluso esta presentación del capítulo.

Dado que la realidad es un efecto secundario del lenguaje, un daño colateral que no podemos evitar que aparezca tras las relaciones entre significantes vacíos, habrá que cambiar por completo todo el lenguaje para que éste cree por fin un mundo más justo, un mundo en el que cada persona pueda ser ella misma. Hasta ahora el lenguaje ha sido una herramienta del cisheteropatriarcado blanco creada para perpetuar sus privilegios y el sometimiento de todas las disidencias no normativas. La ciencia occidental, la racionalidad, la democracia, el canon tradicional en el arte y la tecnología han sido artimañas para eternizar el *statu quo*. Todo eso quedará pronto abolido gracias a un nuevo lenguaje que dará como resultado una nueva realidad. Nos apoyan Biden y Harris, el consejo de administración de J. P. Morgan, Los Javis y el claustro de profesores de la UCLA. Eso sí, la renovación del lenguaje deberá ser total, deberá afectar a la semántica, a la gramática y a la sintaxis. Y a la dialéctica. Expondremos en primer lugar algunos rasgos de esta neolengua, y dentro de ella otorgaremos un epígrafe propio al neovocabulario relacionado con los géneros. Finalmente, presentaremos las reglas básicas de la neodialéctica, una vez que las formas cisnormativas tradicionales han quedado reemplazadas por un medio mucho más democrático y adecuado para el debate: Twitter.

Neolengua: terfa, transfobia y leche pectoral

Todo movimiento social que se precie necesita de un lenguaje propio. Esto ha sido así desde el origen de los tiempos, pero en el caso que nos ocupa el vínculo del movimiento queer con una neolengua no es un elemento complementario, sino uno de los núcleos de este activismo por varios motivos. En primer lugar, el movimiento queer se apoya en una filosofía posmoderna que, como se ha comentado, ve en el lenguaje el circuito cerrado y estanco dentro del que ocurren los problemas y, por tanto, donde deberían plantearse las soluciones. No estamos ante una impugnación concreta de la lógica racional occidental respecto de un tema concreto, sino ante una enmienda a la totalidad. Se trata de una teoría penetrante, muy capaz de seducir a estudiantes que acuden a la filosofía y se encuentran con una doctrina iniciática, avalada por el prestigio de la academia, que les ofrece un discurso intencionalmente críptico, del que se deriva como conclusión que todo lo que todo el mundo ha sabido siempre es mentira. «Que todo fueran interpretaciones y que no existieran los hechos era, en aquellos días, una buena noticia [...], cualquier ordenación de la realidad no era más que un trampantojo de normas ilegítimas», le dice Diego Garrocho al destinatario de su «Carta a un joven posmoderno».[244] Un lenguaje propio es fundamental si se va a jugar a un juego nuevo. Dadme una palabra de apoyo y moveré el mundo.

Por otro lado, justamente el arropamiento académico parece ser afín a una nueva terminología que proporcione al activista queer el argot que tiene cualquier disciplina especializada —la química inorgánica, la psicología conductista, la ingeniería de minas—. En la academia, si algo tiene una palabra que lo nombre, entonces existe; y si tiene una sigla, entonces no solamente existe, sino que además se pueden pedir proyectos de investigación sobre el tema. ¿Cómo no va a existir la *panfobia*, si es una palabra con su raíz y sus prefijos? ¿Cómo no van a formar un grupo propio y definido las personas de color que además son queer o transgénero o intersexuales, si han dado lugar a las siglas QTIPOC (Queer, Transgender and Intersex People of Colour) que se escriben con mayúsculas?

Y, finalmente, y esto ya es general a todos los movimientos sociales, el lenguaje propio sirve como marca de distinción para que los pertenecientes a dicho movimiento se reconozcan entre sí. «Ave María Purísima», dice el sacerdote; «Sin pecado concebida», contesta el fiel. El lenguaje, como la ropa, los arreglos personales, las chapas y tantas cosas más, son señas de identidad y, por tanto, se practican hacia los demás. Ningún profesor de secundaria que está solo en su casa preparando la clase de mañana piensa: «Mmm..., ¿esto será demasiado difícil para mis alumnos, mis alumnas y mis alumnes?». El lenguaje queer, justamente por ser identitario, es relacional y no personal.

Los neologismos, de cualquier tipo y en referencia a cualquier tema, cuentan siempre con el viento a favor en las preferencias del hablante. Combaten la monotonía del lenguaje, suponen una novedad que es inherentemente atrayente. De-

244. Diego Garrocho, «Carta a un joven posmoderno», *El Español*, 15 de enero de 2021, <https://www.elespanol.com/opinion/tribunas/20210115/carta-joven-postmoderno/551314865_12.html>.

muestran que el hablante está al día. Casi sin proponérselo, en el último milisegundo, el hablante opta por el neologismo, especialmente si está hablando en un contexto público o mediático al que quiere impresionar favorablemente. Que nadie se crea que *diversidad funcional* es el término definitivo con el que ya nos referiremos para siempre a las personas que fueron primero *tullidos*, después *minusválidos* y luego *discapacitados*. Otra nueva forma aparecerá, ya que, además de la inadecuación que podían presentar las formas antiguas, el neologismo es una marca intrínseca de prestigio a la que no se va a renunciar periódicamente cada ciertos años.

Si alguien dice «los periodistas reclaman mejores condiciones laborales» está hablando sobre los periodistas. Pero si dice «los periodistas y *les periodistes* reclaman mejores condiciones laborales» está hablando sobre los periodistas y sobre él. Está contando que los periodistas quisieran trabajar menos y ganar más dinero, y que él es un tipo sofisticado y en la vanguardia intelectual. Amplía el referente de su discurso, no porque incluya a periodistas no binarios que están perfectamente incluidos en «los periodistas», sino porque se incluye a él. Lenguaje inclusivo, en efecto. De él. ¿Quién va a resistir la tentación narcisista de poder hablar sobre sí mismo incluso cuando no está hablando sobre sí mismo? La diferencia entre decir «los discapacitados visuales» y «las personas funcionalmente neuroalternativas en lo visual» no está en el referente del mensaje, sino en el hablante. Que sean las propias personas con discapacidad las primeras en decir por activa y por pasiva que dejen de referirse a ellas de formas pedantes afectadas y resuelvan los problemas reales a los que se enfrentan cotidianamente no desanima al neohablante en su empeño por poder ser un poquito más cursi cada día.

Y menos aún si el neohablante es político. La revolución queer podrá ser útil o inútil, progresista o reaccionaria, pero nadie pondrá en duda que cambiar el mundo cambiando las palabras es muy barato. Irene Montero, ministra de Igualdad en el momento de escribir estas líneas, publicó en diciembre de 2020 un tuit que terminaba con una frase que podría haber firmado Groucho Marx en *Sopa de ganso*: «Una victoria largamente peleada por las feministas: el Instituto de la Mujer será a partir de ahora el Instituto de las Mujeres».[245] Todas las mujeres que sufren violencia machista durmieron más tranquilas esa noche.

Los lenguajes propios de los movimientos sociales se caracterizan por la presencia de neologismos y por producir un vocabulario identificativo de sus reivindicaciones. Pero pocas veces las innovaciones de los activistas van más allá del límite semántico e invaden otras áreas de la lingüística, como va a ocurrir con la gramática en el activismo queer. La neolengua posmoderna practica al menos tres rasgos gramaticales muy peculiares que llaman inmediatamente la atención.

En primer lugar, resulta desconcertante la predilección que se tiene por el uso del participio pasivo.[246] Algunas lenguas dejan de ser consideradas «minoritarias» y pasan a calificarse como «minorizadas». Se busca que la Dirección General de Igualdad de Trato y Diversidad Étnico Racial recaiga sobre una persona perteneciente a un colectivo «racializado». ¡El mismo libro *La España vacía*, de Sergio del Molino, se cita con frecuencia como «la España vaciada»! No es un detalle banal el que distingue el participio pasivo del participio activo: con el participio pasivo la persona no es responsable de su situación; con el participio activo, sí. Es evidente que una lengua no será minoritaria de forma autogenerada, sino debido a las causas históricas que fueran, pero retorcer el participio pasivo para acentuar esa idea es una aclaración que presupone que el oyente no tiene las mínimas luces necesarias para entender algo tan obvio sin tal giro extravagante. Con el participio activo la persona hace, con el participio pasivo a la persona le hacen. Contra la vida adrede sobre la que

245. Irene Montero [@IreneMontero], 22 de diciembre de 2020, «Y junto a estos presupuestos, una victoria largamente peleada por las feministas: el @Inmujer será a partir de ahora el Instituto de las Mujeres [Tweet]», Twitter, <https://twitter.com/IreneMontero/status/1341482930120634372>.

246. José Errasti, «Individuos mujerizados, animales mascotizados», *El Huffington Post*, 2 de marzo de 2020, <https://www.huffingtonpost.es/entry/individuos-mujerizados-animales-mascotizados_es_5e5d35b8c5b63aaf8f5aed4d>.

escribió Mario Benedetti,[247] esa vida que se define más por su propósito activo que por las posibles dificultades que pueden malograrlo, el discurso queer actual se ha convertido en una retahíla de participios pasivos que sugieren que la vida es más algo que nos viven que algo que vivimos nosotros, menos algo de lo que somos responsables que algo de lo que culpar a la sociedad. Sufro, luego alguien debe ser culpable, dijo Nietzsche.

Una segunda peculiaridad de este neolenguaje es el uso de neomorfemas. ¡Neomorfemas de género gramatical! Hasta donde los autores sabemos, ésta es una línea roja que nunca antes había traspasado ningún activismo. Se crea un nuevo sufijo de género gramatical (*-e* para el singular, *-es* para el plural) para su empleo relativo únicamente a seres vivos que se reproducen sexualmente, con dos posibles usos: en ocasiones, como morfemas sin marca de género totalmente inclusivos —*les niñes cantaban en la excursión*—; otras veces, como morfemas con marca de género no binario —*las niñas, los niños y les niñes cantaban en la excursión*—. Ya pueden desgañitarse lingüistas como María Victoria Escandell-Vidal[248] señalando que el género gramatical es una característica morfológica de algunas categorías de palabras sin relación biunívoca con el sexo, que sirve para marcar su dependencia sintáctica —por ejemplo, en español los sustantivos sí tienen género y los verbos no lo tienen—, y que ya existe una forma gramatical —el masculino genérico— sin marca de género. Da igual. Si una cuchara es más pequeña que un cucharón, ¿un cubierto para tomar la sopa de tamaño intermedio es *une cuchare*?

Por último, un tercer rasgo gramático de la neolengua queer es el problema con el uso de los pronombres. Como veremos, estamos ante un asunto tanto gramático como dramático. Cen-

247. Mario Benedetti, *Vivir adrede*, Alfaguara, Madrid, 2007.

248. María Victoria Escandell-Vidal, «Reflexiones sobre el género como categoría gramatical. Cambio ecológico y tipología lingüística», en M. Ninova (ed.), *De la lingüística a la semiótica: trayectorias y horizontes del estudio de la comunicación*, Universidad San Clemente de Ohrid, Sofía, 2018. María Victoria Escandell-Vidal, «En torno al género inclusivo», *IgualdaES*, 2, 2 (2020), pp. 223-249, Centro de Estudios Políticos y Constitucionales.

trándonos en la lengua inglesa, han aparecido decenas de nuevos pronombres personales para ser usados en función del género de la persona a la que el hablante se esté refiriendo, más allá de los tradicionales *he/him/his/himself*, *she/her/hers/herself* y *they/them/their/theirs/themself*. No hay un único juego de pronombres para incluir a todas las personas no binarias, sino que se busca que haya un juego para cada género nuevo, y así nos encontramos con neopronombres como *fae/faer/faers/faerself*, *per/pers/pers/perself* o *xe/xem/xyr/xyrs/xemself* entre varios otros. En la página web del Centro de Recursos LGTBIQ+ de la Universidad de Wisconsin se puede encontrar la lista completa de estos pronombres, así como una aplicación descargable con un juego para aprender a usarlos.[249] Comentábamos al comienzo del párrafo la dimensión dramática de esta cuestión, debido a que el *misgendering* está comenzando a ser considerado una falta severa en muchos ambientes estadounidenses, punible disciplinariamente, especialmente en los campus universitarios, casi a la altura del *deadnaming*.

¡*Misgendering, deadnaming*! Casi sin pretenderlo hemos chocado con los primeros neologismos. *Misgendering*, claro, alude al error que supone tratar a una persona con los pronombres inadecuados. *Deadname* es el «nombre muerto», el nombre original de la persona que se rechaza una vez hecha la transición y que nadie debe volver a usar jamás para referirse a ella. Las graves faltas que hemos señalado a la teoría y la práctica queer a lo largo de este libro no quitan para que reconozcamos a este activismo la mayor ola de renovación del lenguaje de los últimos cien años. Hay que colocar en un lugar prominente, cómo no, el término *terfa* —proveniente de *Trans-Exclusionary Radical Feminist*, como se dijo en el capítulo 5, de uso extendidísimo en las redes, especialmente en combinación con todo tipo de insultos y de llamadas a reventarle la cabeza contra un bordillo—, el término *transfobia* —al que dedicaremos buena parte del próximo capítulo—, así como todos los derivados de la oposición *cis/trans*, según

249. Universidad de Wisconsin, «Gender Pronoums», <https://uwm.edu/lgbtrc/support/gender-pronouns/>.

la persona se identifique o no con el sexo que le asignaron al nacer —habida cuenta de que venía sin él—, y que determinará si estamos ante alguien *AMAB —assigned male at birth—* o *AFAB —assigned female at birth—*. Es simplemente imposible que estas páginas puedan ofrecer una muestra representativa de la cantidad de neologismos producidos por el movimiento queer en la lengua inglesa, que pasan inmediatamente a ser usados en todo el mundo dado el carácter de lengua franca que en la actualidad tiene dicho idioma.

Junto a las nuevas palabras inventadas, hay que destacar igualmente el nuevo uso que se da a algunas palabras antiguas, en el intento de buscar perífrasis que den un rodeo para esquivar cualquier resto del sexo biológico del lenguaje cotidiano. ¿Por qué hablar de *mujeres* pudiendo referirnos a ellas como *personas no poseedoras de próstata*, tal como hizo la revista *Teen Vogue* en 2019?[250] ¿Por qué hablar de *viudas* teniendo tan a mano en el lenguaje cotidiano el término *cónyuge superstite gestante* que propone Unidas Podemos en el borrador de la ley LGBTI+? *Vulva portante, progenitor gestante, leche pectoral* —suponemos que por oposición a *leche dorsal*—. Mientras el lenguaje se renueva mediante la incorporación de cientos de nuevos términos, otras palabras —especialmente *mujer* y *madre*— se evitan en todo tipo de contextos con una tirria que haría las delicias de un psicoanalista. No nos resistimos a incluir aquí un pequeño fragmento de la edición española de la guía *Sexo más seguro para cuerpos trans*, editada en 2017 por la Human Rights Campaign Foundation y Whitman-Walker Health,[251] con algunas definiciones que no dejarán indiferente al lector:

> *Pene*: usamos esta palabra para describir los genitales externos. Los penes vienen en todas las formas y tamaños, y personas de todos los géneros pueden tenerlos.

250. Gigi Engle, «Anal sex: safety, how tos, tips, and more», *Teen Vogue*, 12 de noviembre de 2019, <https://www.teenvogue.com/story/anal-sex-what-you-need-to-know/amp>.

251. Whitman-Walker Health, «Sexo más seguro para cuerpos trans», 2017, <https://assets2.hrc.org/files/assets/resources/Trans-Safer-Sex-Guide-Span-2017.pdf>.

Orificio delantero: usamos esta palabra para referirnos a los genitales internos, a veces denominados vagina. El orificio delantero puede autolubricarse, dependiendo de la edad y las hormonas.

Strapless (sin correa): utilizamos esta palabra para describir los genitales de las mujeres trans que no han sido sometidas a reconstrucción genital (o «cirugía inferior»), a veces denominado pene.

Vagina: utilizamos esta palabra para referirnos a los genitales de las mujeres trans que han sido sometidas a cirugía inferior.

Nótese que la palabra *vagina* se reserva para las mujeres trans, mientras que los genitales internos de las mujeres biológicas reciben el nombre de *orificio delantero*.

Durante las últimas páginas hemos evitado intencionalmente referirnos a todos los neologismos relacionados con los nuevos géneros cuya existencia propone el activismo queer, por ser justamente el corazón de la neolengua, sobradamente merecedor de un epígrafe propio. Llegó el momento.

Neogéneros: tantos como personas en el planeta

En la época en la que más se rechazan las etiquetas, más etiquetas aparecen. Cuanto más se insiste en su carácter fluido, no estático, espectral, libre, continuo, indefinido, líquido, borroso, cambiante e inapresable, más banderas pretenden atrapar y cuadricular las identidades alternativas. Cientos de banderas ondeando al viento proclamando estar en contra de las banderas.

En su momento, los teóricos definieron el carácter continuo del género, extendiéndose a lo largo de una línea que tenía la masculinidad y la feminidad en sus extremos. Pero en el *Diccionario de los Neogéneros* no hay unidimensionalidad por ningún lado. Cualquier característica, por banal e imprecisa que sea, puede dar lugar al nombre de un nuevo género que constituya la identidad de una persona no binaria, de forma que el campo de los géneros se expande de forma caótica en un espacio de mil dimensiones. En ocasiones, el género se define por su constancia temporal, otras por la orientación sexual, otras por la importancia que le da la persona, otras por el momento del día en el que la persona siente su identidad de género. Incluso más de un término neogenérico se refiere a las personas cuyo género no puede ser definido por un término.

No exageramos. De hecho, nos quedamos cortos. La Asociación Trans Cuirgénero Estatal (ATCUES) propone en su página web[252] una lista de doscientos cincuenta y uno —¡251!— géneros posibles para la especie humana. He aquí algunos de ellos: «Healgénero: género que trae paz mental a le identificade», «Felinogénero: género correspondiente a gatos. Cuando te sientes peludite y mullide y quieres que te acaricien la barbilla», «Dryagénero: forma de género, pero en conexión con un bosque vacío», «Ekragénero: género que has estallado en un millón de piezas, destruido, o que te gustaría haber destruido», «Aesthetogénero: una experiencia con el género que deriva de, o se construye en, la estética», «Skhizeingénero: género fuertemente conectado con la esquizofrenia, o tener un género difícil de identificar debido a ello. Exclusivo de gente esquizofrénica o con síntomas relacionados», «Elissogénero: persona cuyo género fluye sin que logre identificar entre qué elementos, y sin un patrón claro», «Aerogénero: género que cambia según la atmósfera, nivel de confort, quién está alrededor, la temperatura, la época del año...», «Bahgénero: cuando te da igual cuál es tu experiencia con el género y te parece bien que te traten por cualquier género». A efectos documentales, se incluye a continuación la lista de géneros, ordenados alfabéticamente, como contribución a la Historia Natural de los Géneros:

> Abimegénero, aerogénero, aesthetogénero, aethergénero, afectugénero, agénero, agénerofluide, ageneroflujo, aleatogénero, alexi-

252. ATCUES, «Glosario extenso de géneros no binarios», 2016, <https://atcues.wordpress.com/2016/10/28/glosario-extenso-de-generos-no-binarios/amp/?fbclid=IwAR3jIE8X40TX1cykVI9Pdv7ejJkAkhaoq-sEKsVaO5II8nrXAEDqnNhcBN0&__twitter_impression=true>. [Consulta: 24 de junio de 2021]

género, amaregénero, ambigénero, ambonec, amicagénero, amorgénero, andrógine, anongénero, antiagénero, antiaporagénero, antibigénero, antichica, antichico, antifluide, antigénero, anxiegénero, apagénero, apogénero, aporagénero, apothigénero, aquarigénero, arcaicogénero o historiagénero, argogénero/argogénerofluido, ariegénero, aritmogénero, astergénero, astralgénero, autigénero/autisgénero, bahgénero, biogénero, blizzgénero, boggénero, bordergénero o borderfluide, brujagénero/magogénero, cadensgénero, cadogénero, caedogénero/caedgénero, caelgénero, canisgénero, caosgénero, carmigénero, cassgénero, cavusgénero, cendgénero, cengénero, ciclogénero, circgénero, cocoongénero, cogitogénero, collgénero, colorgénero, commogénero, condigénero, conflictgénero, contigénero, contragénero, corugénero/flashgénero, cosmicogénero, criptogénero/género críptico, crystagénero, daimogénero, deliciagénero, delphigénero, demifluide, demiflujo, digigénero, divigénero, donumgénero, dryagénero, dulcigénero, duragénero, eagénero/enebefluide, effreu, egénero/exgénero, egogénero, ekragénero, elementogénero, elissogénero, endogénero, energénero, entrogénero, epiceno, espigénero, estaticogénero, estratogénero, estrellagénero, ethegénero o delicagénero, evaisgénero/evainsgénero, explorogénero, faegénero, fakegénero, fascigénero, faunagénero, fawngénero/ciervogénero, felinogénero, fisgénero, flirtgénero, flirtgénero/amogénero, floragénero, fluideflujo, freezegénero, frostgénero, fuzzgénero, gasgénero, gemelgénero, gemigénero, gendereaux, género apático, género borroso, género carente, género cosmo, género desordenado, género dormido, género flora, género fluido, género goliath, género mar, género neutro (neutre), género opaco, generoblanco/generoblank, generofae, generoflujo, géneroque, glimragénero, glitchgénero, glitchgénero, grisgénero, gyragénero, healgénero, heliogénero, hidrogénero, horogénero, illusogénero, imnigénero, imperigénero, impesgénero, imprigénero, inciertofluido, inciertoflujo, intergénero, jupitergénero, juxera, kinegénero, kingénero, kronosgénero, kynigénero, lamingénero, leogénero, leukogénero, librafluide, libragénero, libre de género (*gender free*), lichtgénero, lipsigénero, locugénero, ludogénero, lunagénero, maestusgénero, marfluide, margénero, maverique, metagénero, micro/macrogénero, mirrorgénero/género espejo, modogénero, monagénero, multigénero, musagénero, musicagénero, mutegénero, mutogénero, nanogénero, narbesogénero, narkissisgénero, necrogénero, nesciogénero, neurogénero, neutrois, nieblagénero, nocturnalgénero, nologénero, nombregénero, nonpuella, nonpuer/nonvir, noungénero, novagénero o novigénero, nubegénero, nullgénero (género nulo), nulogénero, numerogénero, nyctogénero, oc-género, o-género, c-género, ogligénero, oneirogénero, orbegénero, pangénero, paragénero, pendogénero, personagénero, pivotgénero, plasmagénero, pociogénero, pocket género (géneros «de bolsillo»), poligénero, posigénero o negagénero, pre/postgénero, preterbinarie, primusgénero, proxvir, quantumgénero, schrodigénero, semimujer/semihombre/semichica/o (*demiwoman/man/girl/boy*), sequigénero, skhizeingénero, solidogénero, solverichico/emimasculine, spanogénero, spikegénero, sublimegénero, sychnogénero o sychnogenerofluide, systemfluide, systemgénero, tachigénero, tachigenerofluide, tecnogénero, tierragénero, traumatagénero o trauatgénero, trigénero, ungénero, vaciogénero/voidgénero, vaguegénero, venufluide, virgénero, wintgénero, xenogénero, xumgénero.

¿Estamos siendo exagerados? No, de nuevo nos estamos quedando cortos. La plataforma wikia.org acoge páginas sobre temas diversos en las que los usuarios pueden añadir y editar contenidos. En particular, existe una página LGBTA Wiki dentro de wikia.org en donde se puede encontrar la lista de las identidades de género que han propuesto personas pertenecientes a este colectivo.[253] ¿Les parecen descabellados los 251 géneros que acaban de leer? La lista de LGBTA Wiki supera los cuatro mil. Más de cuatro mil géneros, con sus respectivas más de cuatro mil banderas, que no reproducimos aquí por no duplicar el grosor de este volumen. El administrador de la página confiesa en ella su escepticismo ante la posibilidad de alcanzar algún día un listado completo de las identidades de género: «Esta página wiki es un testamento de mi intento de hacerlo, y, literalmente, no estoy

253. Wikia.org, «Gender», <https://lgbta.wikia.org/wiki/Category:Gender>. [Consulta: 25 de junio de 2021]

más cerca de terminar ahora de lo que lo estaba cuando empecé. Por cada página que se añade, se crean espontáneamente cinco nuevas identidades. Soy Sísifo y ésta es mi roca».

Hace unos años se comentó de forma jocosa la aparición de una lista de ciento doce géneros que presuntamente venía avalada por las Naciones Unidas. No hay pruebas de que este organismo la haya refrendado nunca. A la vista de lo que acabamos de presentar, casi parece una lista represora de la inmensa mayoría de las neoidentidades de los neogéneros, a la que se le podría acusar de miles y miles de fobias. No nos consta que ningún organismo oficial de titularidad pública haya publicado su propia lista de géneros, pero es innegable que cualquiera de las que hemos visto en los párrafos anteriores, incluso la más extensa que propone la LGBTA Wiki, es coherente con las definiciones de identidad de género que encontramos en los textos oficiales, y que coinciden en señalar su carácter subjetivo, autodeterminado, fuera de toda categoría estándar, inclasificable, polimorfo e invalorable.

Así como el 1 por ciento de la humanidad acapara el 99 por ciento de la riqueza del planeta, el 1 por ciento de la humanidad pertenece al 99 por ciento de los géneros humanos que existen. Las combinaciones de las rayas horizontales de las banderas no dan para distinguirlas, y hay que empezar a poner triángulos laterales, líneas diagonales, lo que sea para representar simbólicamente tanta diversidad. Nótese que los miles de neogéneros presentados no son mutuamente excluyentes, siendo perfectamente posible que un individuo performe en varios a la vez, por lo que las posibilidades son prácticamente infinitas y, desde luego, superan el número de personas que componen actualmente la humanidad. Fíjense: ahí, escondido en la lista de la ATCUES, entre los otros doscientos cincuenta, yace el nombregénero, el género de aquellas personas cuyo género es su nombre. Cabe la posibilidad de que usted sea *alejandrogénero* o *verónicagénero* o *aliciagénero*. Irracionalidad e individualismo siempre van de la mano.

Neoargumentos en 280 caracteres

Contrasta de forma muy notable la furiosa presencia que el tema de la identidad de género tiene en las redes sociales con su ausencia en las conversaciones cotidianas que tenemos en la calle y los bares. Tumblr, TikTok o Instagram rebosan de contenidos trans, testimonios de personas felices que han resuelto todos sus problemas gracias a haber transicionado, trucos, pistas, consejos para los adolescentes que se inician en ese mundo tan fascinante y tan proveedor de apoyo social. Twitter, por el contrario, es el lugar de las tortas. Un extraterrestre que sólo conociera a los humanos por el contenido de Twitter pensaría que vamos caminando por la ciudad mirándonos con odio, que aprovechamos las paradas en los semáforos para agarrarnos por la pechera y amenazarnos, que en cualquier terraza la menor chispa hace saltar un disturbio multitudinario en el que miles de personas rompen una silla del bar en la cabeza del vecino.

La brevedad —obligada tanto en Twitter como en las intervenciones en los medios de comunicación audiovisuales— ayuda a los que tienen el viento de los prejuicios a favor, que no necesitan explicar en cada tuit todos los presupuestos individualistas y metafísicos sobre los que apoyan sus afirmaciones, ya que están disueltos en el aire social y mediático que respiran todos los tuiteros. Limitar a 280 caracteres la extensión de los mensajes supone atar una mano a la espalda durante la pelea a los que proponen una enmienda a la totalidad de la lógica que sustenta la visión queer de la identidad de género, tal como se expuso en capítulos anteriores, de manera que el propio formato del debate ya concede a los transactivistas la ventaja de jugar en casa. El texto «las mujeres trans son mujeres» tiene 29 caracteres; pero el texto «decir que las mujeres trans son mujeres no es más que una tautología. Es discutible que un varón biológico, que por procesos de aprendizaje sociocultural nombra como "me siento mujer" a ciertas experiencias íntimas, sea un tipo de varón o un tipo de mujer. Pero justamente eso es lo que está en discusión y lo que enfrenta visiones materialistas o idealistas de la condición humana. Decir que las mujeres trans son mujeres ya coloca como premisa del argumento su conclusión. Y eso es hacer trampas con silogismos» tiene 512 caracteres. Pero es mucho más acertado que la vacuidad tautológica del eslogan trans.

En el siguiente capítulo, al hilo del uso de términos acabados en *-fobia*, se expondrá cómo el propio vocabulario del debate queer lo aboca irremediablemente a convertirse en una discusión personal completamente frívola y alejada de la lógica racional. Esto está marcado igualmente por las reglas del juego del cuadrilátero que es Twitter. En una amplia mayoría de casos no se trata de argumentar, sino de humillar al rival de la forma más cruel que uno pueda encontrar. Y da igual que se trate de un político que tiene serias responsabilidades en los temas sobre los que legisla, que un adolescente recién llegado que escribe inocentemente su opinión en un tuit sobre el tema que sea. La ironía es más la norma que la excepción, y más de la mitad de los tuits sobre temas polémicos sólo buscan el *like* de la propia parroquia con la que celebrar lo mucho que hemos destrozado al rival.

De ahí que Twitter no se conciba en la actualidad sin los emojis y los gifs, elementos que teóricamente pretendían enfatizar o matizar el significado del tuit, pero que de hecho sólo se usan para expresar las emociones que el tuitero está sintiendo al escribir el tuit o el ¡tachán! de la batería que marca el remate del chiste con el que nos hemos reído del interlocutor. ¿Habrá algo más irrelevante? Cuando Baruch Spinoza contesta a René Descartes en el siglo XVII que «pensamiento y extensión no son dos sustancias diferentes, sino dos atributos de la sustancia» —¡qué extraordinario tuit!—, Descartes no le contestó con emojis de asco ni con el gif de la chica que rompe a reír y escupe el refresco que estaba bebiendo. Y la causa tiene menos que ver con que Descartes ya hubiera muerto cuando Spinoza formuló su tesis materialista que con que Descartes entendía la diferencia entre un debate racional y una reyerta macarra de bar.

Es por ello, aun a sabiendas de que somos corredores de fondo obligados a competir en pruebas de velocidad, que queremos terminar este capítulo ofreciendo a los lectores un curso rapidísimo de dialéctica tuitera sobre el follón trans: algunos ejemplos de posibles respuestas en menos de 280 caracteres que se pueden dar ante algunas de las mil falacias que frecuentemente se lanzan en Twitter sobre este tema. Vamos al lío.

Gracias a la nueva ley se facilitará notablemente el cambio del sexo registral, y las personas trans podrán ajustar su sexo registral a su sexo real:

«No existe el sexo registral. Existe el registro del sexo. La M de mi DNI es un tipo de registro, no un tipo de sexo. Cambiar el registro no cambia lo registrado. Sólo hay un tipo de sexo: el sexo. Tomar características de las cosas como cosas en sí mismas se llama "metafísica".»

Si no estás de acuerdo en lo que digo me estás negando mi derecho a existir. Yo soy lo que yo digo que soy, y si lo niegas estás diciendo que yo no existo:

«No. Si yo digo que soy chino y tú lo niegas no estás negando mi derecho a existir. Tampoco niegas que yo exista. Sólo niegas que yo sea chino. Proclamo solemnemente que las personas tienen derecho a existir por muy errónea que sea su autopercepción.»

Las mujeres trans son mujeres. Los derechos trans son derechos humanos:

«Estamos ante dos tautologías que afirman en las premisas la conclusión a la que después llegan. Todos los derechos son humanos. Todas las mujeres son mujeres. Lo que se discute es si las reivindicaciones queer son derechos y las personas ya son mujeres por sentir que lo son.»

I am who I say I am. (Éste es un tuit auténtico que colgó Amnistía Internacional el 21 de noviembre de 2020):

«Señores de @amnistiaespana, soy el director supremo general absoluto plenipotenciario de @amnistia y les ordeno que retiren la campaña "Soy el que digo que soy".» (Ésta es la respuesta auténtica que uno de los autores de este libro dio al tuit de Amnistía Internacional. En flagrante autocontradicción, no retiraron la campaña.)

Las mismas retrógradas que en su día se opusieron al divorcio, al aborto o al matrimonio homosexual son las que se oponen ahora a que se permita que las personas puedan ser ellas mismas:

«¡Todas las feministas históricas españolas, las que lucharon por el divorcio, el aborto o el matrimonio homosexual, son las que encabezan la oposición a la ley trans! ¿De verdad de pronto todas se han vuelto idiotas y no entienden lo que Elsa Ruiz les quiere explicar?»

Biológicamente no existe el binarismo. Hay un espectro continuo de posibilidades. No hay que imponer la visión binaria, porque se despreciaría a otros seres humanos, aunque sólo fuese uno:

«Biológicamente los humanos no tenemos cinco dedos, ni cuatro cavidades en el corazón. Biológicamente no tenemos piernas ni ojos. Si sólo se pueden afirmar características en las que no haya ni una sola excepción, dime qué se puede decir biológicamente sobre el ser humano.»

Está demostrado que los estereotipos de género están presentes desde antes de nacer el bebé:

«Efectivamente lo están. Concretamente, en la sociedad en la que va a nacer el bebé.»

No tienes derecho a contar a tus alumnes tus puntos de vista sobre estos temas, molestando a les alumnes que no opinan como tú. La universidad ha de ser un espacio seguro para les alumnes:

«Justo enfrente de la facultad en donde doy clase hay una iglesia. Siempre les digo que han venido voluntariamente a la facultad, un lugar que es inseguro para sus opiniones y creencias. Y también para las mías. Si buscan un lugar seguro pueden cruzar la calle.»

Me ha conmovido el reportaje que vi en la tele sobre Fulanito, un joven no binario de Menorca, que sólo intenta ser él mismo contra la incomprensión de todo el mundo:

«Respecto del sexo, Fulanito es más binario que un bit. Como todo el mundo. Respecto del género, Fulanito es no binario. Como todo el mundo. Fulanito es una persona normal y corriente.»

Es usted un señor transodiante, y no entiendo cómo se le permite publicar en ningún periódico:

«No odio a las personas trans. Es más, debato con algunas de ellas porque las respeto y trato como adultos racionales. Con otras estoy de acuerdo. Pero sí odio la ignorancia, las mentiras, el machismo, el maltrato a la infancia y a las mujeres que defienden los que odian la verdad.»

Persona gestante se utiliza para que dejen ir a los hombres trans a ginecología. Los ordenadores dicen a veces «Si no es mujer, no puede ir». Por eso hay que cambiarlo a *persona gestante*:

«Pero habrá también que cambiar el nombre a la ginecología, porque *gineco-* es "mujer" en griego. Habrá que empezar a llamarlo *gestantología* o como quiera que se diga *gestar* en griego, ¿no?»

¡Basta de discursos excluyentes!:

«Excluir es tan necesario como incluir. ¿De verdad incluir es bueno y excluir es malo? ¿Incluir a los niños en el sistema de pensiones es bueno? ¿Excluir a los trabajadores de las prestaciones por desempleo es malo? Cualquier definición de cualquier concepto incluye y excluye.»

Si alguien me dice que es una mujer, ¿quién soy yo para discutírselo?:

«Un ser humano dotado de juicio racional y moral que vive en sociedad y la construye conjuntamente entre todos. ¿Hace falta ser algo más?»

Basta de binarismos. El sexo es no binario:

«La distinción binario/no binario es binaria.»

Déjate de excusas y habla claro. ¿Estás a favor de que se prohíban las operaciones de cambio de sexo?:

«No se puede cambiar el sexo, como tampoco se puede cambiar la edad o la etnia. No tengo nada en contra de que un adulto se haga operaciones quirúrgicas para imitar anatómicamente un sexo u otro. Pero eso cambia tu sexo tanto como un *lifting* cambia tu edad.»

Os apoya Vox. Sois fachas:

> «Cuando era joven era objetor de conciencia. Íbamos a las manifestaciones contra la mili junto a los testigos de Jehová, que también se oponían a la mili. No sé... ¿Estábamos haciendo algo mal ya que los testigos de Jehová —hiperextrema derecha— nos apoyaban?»

No es que sienta que soy mujer. Es que lo soy porque sé que lo soy:

> «Curso rápido de teoría queer: lo sé porque lo soy; lo soy porque lo siento; lo siento porque lo sé; no lo siento, lo sé; no lo sé, lo soy; no lo soy, lo siento; sé que lo siento porque lo soy; siento que lo soy porque lo sé; soy lo que sé que siento; siento lo que sé que soy.»

O sea, que la Organización Mundial de la Salud está equivocada, ¿no? O sea, que la Unión Europea está equivocada, ¿no?:

> «La OMS, la UE, las cátedras de Biología, el Colegio de Abogados de Murcia, el Vaticano, Amazon, el BBVA, el Ministerio de Vivienda de Japón, los queer, los antiqueer, tú, yo y todo hijo de vecino ha estado, está y estará sumergido en ideología. No se puede no estarlo.»

Vamos a crear una lista con todas las personas (políticos, periodistas, *influencers*) que estáis promoviendo el odio contra las personas trans. Algún día pagaréis por ello:

«Discrepar no es odiar. Discrepar sobre el análisis que algunas personas trans hacen de su condición no es odiarlas. Nos acusáis falsamente de odio porque sabéis que no podéis rebatir nuestros argumentos. La censura es la única esperanza que tenéis para imponer vuestra irracionalidad.»

10

Transfobofobia e *inqueersición*

Una nueva forma de refutar opiniones ha aparecido hace pocos años en nuestra sociedad. Es rápida, contundente, muy efectiva. No requiere saber nada acerca del tema del que se habla. Es irrebatible. Basta con saber usar una sola palabra, pronunciarla constantemente como respuesta ante cualquier cosa que esté diciendo el oponente, y éste caerá fulminado como Superman ante la kriptonita. De hecho, si alguien tenía pensado intervenir en el debate y apoyar la postura del rival, se lo pensará dos veces y probablemente declinará el uso de la palabra que había pedido. Su eficacia sólo es comparable a su simpleza: únicamente se ha de tomar la palabra clave, o un mero prefijo, de la idea que se está defendiendo y añadirle el sufijo *-fobo*. A continuación, láncese dicha palabra contra el oponente. *Boom*.

Fobofilia: el gusto por reducir los argumentos a fobias

Pero ¿qué es una fobia? Hasta hace pocas décadas, el uso de la palabra *fobia* en nuestra lengua se encontraba limitado al ámbito médico, referido a un trastorno psiquiátrico en el que la persona presenta una reacción de miedo y aversión insuperable a estímulos y situaciones que no provocan tal rechazo en la mayoría de las personas. El sufijo *-fobia* dio lugar a una gran cantidad de términos psiquiátricos, especialmente dentro de los enfoques más descripcionistas, en los que simplemente se tomaba la raíz griega de la palabra que designa el estímulo temido y se le añadía el apéndice griego *-fobia*. ¿Terror al fuego?, pirofobia. ¿A las arañas?, aracnofobia. ¿A la sangre?, hematofobia. Claustrofobia, agorafobia, nictofobia, acrofobia, necrofobia, fagofobia.

La formación de neologismos en español distingue entre la aversión que produce el miedo y aquella otra producida por el odio. Mientras que el sufijo *-fobia* se refiere a la respuesta de terror en el ámbito de los trastornos mentales, el prefijo *mis-* indica un sentimiento de inquina y antipatía por la raíz de la palabra en el orden de la conciencia de la persona. De ahí provienen palabras como *misoginia* o *misantropía*. Sentir animadversión hacia el ser humano o hacia las mujeres no ha sido considerado nunca un trastorno médico, sino un rasgo personal de tipo moral. La diferencia entre *-fobia* y *mis-* es muy relevante: si mi aversión, pongamos, al mar es debida a un trastorno mental que padezco, entonces, según la lógica médica tradicional, mi conducta de evitar acercarme a la costa será un mero síntoma mecánico de mi talasofobia —*thalassa*, «mar»—, y no tendrá sentido valorar su significado al margen de mí como persona trastornada; por el contrario, una supuesta misotalasia sí permitiría la confrontación con las personas que aman el mar, al estar dada al nivel de los desarrollos y las elecciones personales normales.

El caso es que desde hace unas décadas se observa un uso confuso de neologismos terminados en *-fobia*, que no hacen ahora referencia a reacciones de pánico insuperable, sino a antipatías y desprecios hacia el objeto de la fobia. El prefijo *mis-* ha desaparecido. Jan Buts[254] hace un repaso a esta tendencia, enmarcada dentro del debate político contemporáneo, y muestra esta evolución —que va desde el miedo hasta el desprecio— a través de su ejemplo más representativo: la homofobia. Hasta

254. Jan Buts, «Phobia: a corpus study of political diagnostics», *Humanities and Social Science Communications*, 7 (2020), p. 101.

finales de la década de los sesenta, el término *homofobia* era usado en un sentido muy diferente del actual. Al margen de un significado minoritario, en donde *homo* no alude a la homosexualidad sino al *Homo sapiens*, homofobia era el nombre de un trastorno clínico en el que el paciente sufre un miedo insuperable a encontrarse en compañía cercana de personas homosexuales, lo que altera significativamente su vida. También aludía a respuestas de ansiedad intensa ante la sospecha de la propia homosexualidad o ante la posibilidad de que socialmente se tuviera esa imagen de uno mismo.

A partir de la década de los setenta se comienza a usar *homofobia* para referirse a los actos de rechazo contra personas en función de su orientación homosexual, y posteriormente al conjunto de prejuicios negativos que pueden existir contra las personas homosexuales. Algunos autores propusieron otros términos etimológicamente más adecuados, como *homoprejuicios*, pero finalmente fueron rechazados al carecer de la fuerza descalificatoria que supone enmarcar las actitudes discriminatorias dentro del ámbito de los trastornos mentales, tal como explica Daniel Wickberg.[255] El caso es que, tras este deslizamiento semántico, alguien que se muere de risa ante un chiste que claramente denigra y desprecia a las personas homosexuales está padeciendo un trastorno fóbico, aunque no tenga palpitaciones, ni temblores ni esté hiperventilando.

La lista de nuevas fobias que han aparecido en los últimos años es muy larga. Al margen de aquellas que no se refieren al tema de la condición sexual —como islamofobia, aporofobia, gordofobia o xenofobia—, nos encontramos con lesbofobia, bifobia, transfobia, putofobia, enebefobia, surrofobia, plumofobia... Un profesor se niega a corregir un examen que está escrito usando el morfema de género *-e* y las redes le acusan de *glotofobia* —¡miedo a la lengua!—. Una lesbiana que no quiera acostarse con una mujer trans podrá ser tildada en Twitter de *pollafóbica*, y de *coñofóbica* una mujer heterosexual que no se sienta sexual-

255. Daniel Wickberg, «Homophobia: on the cultural history of an idea», *Critical Inquiry*, 27, 1 (2000), citado en Jan Buts, *op. cit.*

mente excitada por hombres trans. En ambos casos, por supuesto, la pollafobia y la coñofobia son subvariantes de sus respectivas transfobias. Y cuanto más niegue el acusado su condición de *loqueseafobo*, más *loqueseafobia* tiene, ya que una característica común a todas las neofobias es que la persona no nota que la padece, por lo que el reconocimiento de la fobia la confirma y su negación la confirma más aún. Una vez formulada la acusación, ésta queda confirmada.

Pero hay que decirlo claramente: la acusación de «-fobias» rompe la lógica del debate racional al sustituir la refutación de los argumentos del interlocutor por una apelación a supuestas taras emocionales que le incapacitan para opinar o a una intención malévola al argumentar. Los argumentos en «-fobia» convierten cualquier debate en una disputa personal, y cada vez que se usan cabe preguntarse si el interlocutor conoce la diferencia entre una disputa personal y un debate racional. Como señala Amelia Valcárcel, se pretende ganar en la retórica lo que no se puede ganar en la argumentación.[256] No es una forma de argumentar; es una forma de decir «¡cállate! Tú estás desautorizado para hablar». Se especula sobre supuestos odios del interlocutor para negarle su derecho a opinar y quedar exento de tener que refutar sus razonamientos.

El uso argumentativo de las palabras terminadas en *-fobia* sólo podría haber ocurrido en una sociedad completamente sentimentalizada, individualista y personalista como la nuestra, en la que el propio formato de las redes sociales dificulta el desarrollo del razonamiento y éste se vuelve indistinguible de la expresión de un gusto. Hubiera sido inimaginable en cualquier otra época histórica que el campo de batalla sobre cualquier tema académico se redujera a una acusación mutua de discapacidades mentales. No consta que Thomas Huxley haya llamado «primatófobo» al obispo de Oxford en la polémica mantenida en 1860 sobre la teoría de la evolución. Tampoco se encuentra la palabra

256. Amelia Valcárcel, «Cuidado con las palabras que terminan en "fobia"», *El País*, 20 de julio de 2019, <https://elpais.com/elpais/2019/07/19/ideas/1563530959_927255.html>. [Consulta: 15 de junio de 2021]

comunismofobia en ningún texto escrito por Marx en su polémica con Proudhon. Aquel que no acepte la iluminación posmoderna tiene un problema personal, del que sus opiniones son solamente sus síntomas. Antes la persona era racista debido a que sus opiniones lo eran. Ahora las opiniones son xenófobas porque la persona padece xenofobia. Es completamente diferente.

Transfobia y transfobofobia

Y entre todas las neofobias, ninguna más socorrida que la transfobia. Es la fobia de mayor espectro, aquella cuyas manifestaciones clínicas son más variadas. Es la palabra final —y, a veces, la inicial— de cualquier debate sobre el tema. Cuando las cosas se ponen difíciles argumentativamente, la acusación de transfobia es el comodín que saca al transactivista de cualquier apuro, la bomba de humo con la que desaparecer victorioso. El truco es tan burdo como confundir el rechazo a la interpretación metafísica de lo que le pasa a la persona trans con el rechazo a la persona trans. Se pudo haber llamado «metafísicafobia» o «idiofobia», pero se llamó «transfobia». ¿Es posible que haya colado esta trampa tan cutre? Sí, ha colado.

La lista de síntomas de la transfobia es interminable: creer que las personas que dan a luz a un recién nacido son sus madres, defender que los bebés nacen ya dotados de un sexo, entender que a una mujer lesbiana no le apetezca realizar una felación a una persona con pene aunque ésta sienta que es mujer, negarse a que los profesores de infantil fiscalicen las conductas de sus alumnos en términos de su carácter congruente o incongruente con el género que se les asignó al nacer, torcer el gesto ante la posibilidad de que violadores de mujeres cumplan sus penas en cárceles femeninas si durante el juicio descubren que son también mujeres, pensar que sólo las mujeres menstrúan y sólo los varones eyaculan, preguntar si la expresión *personas trans* se refiere a personas transexuales o transgénero, negarse a llamar a la vagina «el agujero de adelante», creer que ser mujer no es un sentimiento...

Ante uno sólo de estos síntomas, cualquier activista queer tiene competencias para diagnosticar transfobia a la persona afectada y decretar el estricto confinamiento al que debe ser sometido. No hay terapia para la transfobia, que además es un mal muy contagioso, padecido por el 99,999999 por ciento de los seres humanos que existen y han existido, que se transmite por aerosoles al razonar en voz alta y por las teclas del ordenador al escribir en las redes sociales, en la prensa y en las revistas académicas. Será necesario incomunicar al paciente dado el peligro social que supone su odio hacia las personas que presentan hechos puros y naturales, universales y eternos, como son la transexualidad y el transgenerismo. Hay división de opiniones sobre si el tránsfobo ha de ser tratado como un enfermo mental o un delincuente. En lo que hay acuerdo es en que, sea una cosa o la otra, ha de ser tratado como se trataría a un enfermo mental o a un delincuente en el siglo XVIII.

El comodín de la transfobia sólo se entiende en el contexto de la sociedad que describe David Trueba en su opúsculo *La tiranía sin tiranos*,[257] caracterizada por la ternura cosmética, el pánico a la mala reputación y el egoísmo como oportunidad de negocio. Es agudísima la forma en la que el autor explica cómo la ternura nos lleva a veces a la injusticia. Actualmente se da el curioso caso de que el colectivo que tiene mayor influencia social —actores, cantantes, *influencers*, famosos sin oficio conocido— es, a la vez, aquel cuyos ingresos económicos dependen en mayor medida de su buena imagen social. Es decir, gente a la que una campaña crítica en las redes sociales podría arruinarles económicamente es la que decide cuáles van a ser las actitudes y opiniones bien vistas, especialmente entre los jóvenes, y en todo momento van a jurar que tales opiniones son sinceras y sólo están motivadas por su altura moral. Ocurre exactamente lo mismo con los políticos. La demagogia de políticos y famosos se presupone, está tan interiorizada que se practica en automático, como la fe entre los obispos. Y, tal como explicamos en el capítulo 2, otras instancias educativas o sanitarias se pliegan a la tiranía sin tiranos de la

257. David Trueba, *La tiranía sin tiranos*, Anagrama, Barcelona, 2018.

publicidad en un intento de ser influyentes socialmente, cosa que consiguen pagando el precio, eso sí, de sumarse a esta ola insensata.

Así como hay muy pocas posibilidades de que mañana salga el papa Francisco al balcón central de la basílica de San Pedro del Vaticano y declare en tono distendido: «Oye, que lo he pensado mejor y creo que Dios no existe», también podemos apostar a que el ganador del último *talent show* musical, que ha conseguido varios millones de seguidores en Instagram en unas semanas, se va a adherir a la visión queer de la identidad de género. Probablemente lo haga con sinceridad, ya que forma parte de una subcultura frívola e irracionalista en donde lo único que chirría es todo lo que no sea fácil, inmediato y divertido. Pero si no es así, ya tendrá el cuidado propio del que sabe que lleva nitroglicerina en la mochila y un movimiento en falso puede hacer descender su número de *followers* a la misma velocidad a la que ascendió. Refleja la ideología neoliberal del momento y al mismo tiempo la perpetúa, mientras millones de adolescentes miran hipnotizados, riendo excitados ante este macrobotellón de narcisismo. Lo que no se perdona al tránsfobo por encima de cualquier otra cosa es que sea un aguafiestas.

De forma que, jugando con los neologismos, cabría ahora crear una nueva fobia al lado de la transfobia, y considerar un nuevo trastorno, la *transfobofobia*, definida como el miedo insuperable a ser acusado de tránsfobo.[258] Por supuesto, en la inmensa mayoría de los casos el transfobófobo no es tránsfobo: no está en contra, ni teme, ni odia, ni defendería ningún tipo de discriminación o maltrato contra las personas trans. Pero su miedo a que alguien pueda tacharlo en las redes sociales de tránsfobo es tan intenso que le hará callar ante intervenciones farmacológicas sobre menores de edad, piruetas legales en las que el género de un encausado muda caprichosamente, *magufadas* anticientíficas formando parte de los currículos escolares.

258. José Errasti, «Transfobofobia», *El Huffington Post*, 14 de junio de 2020, <https://www.huffingtonpost.es/entry/transfobofobia_es_5ee55b19c5b6d9681c06e30b>. [Consulta: 17 de junio de 2021]

Aterrados ante la posibilidad de que alguien que se presenta como víctima les acuse de provocarles sufrimiento emocional, el transfobófobo no se atreverá a cuestionar ninguna expresión afectiva de ninguna minoría que tenga un aire de familia con las causas clásicas de los derechos humanos, aunque dichas expresiones tengan la consistencia teórica del terraplanismo y el aire de familia sea de familia muy lejana.

Como muchos otros miedos, la transfobofobia puede entenderse como una respuesta condicionada casi refleja a estímulos muy elementales, fundamentalmente de tipo verbal. Diversidad = bien —¿aunque sea de virus?—. Ampliación de derechos = bien —¿aunque sea el derecho al despido libre?—. Odio = mal —¿aunque sea a los violadores en grupo?—. Exclusión = mal —¿aunque sea de la religión en las escuelas?—. ¿Hemos dicho que «diversidad = bien»? Cuidado, la diversidad está bien siempre que no sea diversidad de opiniones. Dado que el ataque a la teoría queer es un ataque a los derechos humanos, no se puede permitir que los que están en contra intervengan en el debate. La teoría queer sólo podrá ser discutida por los que la apoyan. Y como alguien objete a este sinsentido, inmediatamente se recurrirá a una lectura tan ridícula de la paradoja de la tolerancia de Popper que hubiera hecho que el mismísimo sir Karl Popper se alistara en Sendero Luminoso.

La irracionalidad se mueve siempre en el terreno de la inmediatez, y es inmediata la posibilidad de que ahora mismo, en este preciso instante, empiecen a aumentar a toda velocidad las notificaciones de mi cuenta de Twitter referidas a mis tuits citados por una masa enfurecida de ofendiditos. Qué más da si a medio y largo plazo esto disuelve buena parte de los logros del feminismo en el último siglo, qué relevancia tiene que esto suponga un ataque directo, físico e irreversible, a los derechos de la infancia y la juventud. Qué importa comulgar con la apoteosis del individualismo neoliberal cuando hay miles y miles de personas con el índice a un milímetro de distancia del botón del móvil dispuestos a insultarte con la palabra que empieza por T y que muy probablemente pronto esté tipificada como delito.

La transfobofobia puede aparecer a cualquier edad y no distingue entre sexos, clases sociales o niveles formativos. Aun así, podemos encontrar algunos factores de riesgo, fundamentalmente relacionados con tener ingresos económicos vinculados a la aprobación del público, bien a nivel comercial, como político o educativo. Contra todos los que inexplicablemente pudieran tener una visión romántica de la universidad, vinculando tal institución al compromiso y a la lucha contra las falacias intelectuales, es justamente en ella —especialmente en el entorno de los campus privados estadounidenses «de letras»— donde se registran los «pacientes cero» de transfobofobia, y donde las tasas de prevalencia del trastorno son más altas, incluyendo a figuras a las que se les supondría vacunados contra estos miedos irracionales, como catedráticos, decanos, doctores, rectores...

Por todo esto, alcanza un mérito casi heroico el movimiento feminista político o radical, que es el único que está poniendo la cara a diario para que se la partan en las redes sociales y en los medios de comunicación. Mientras tantos intelectuales se ponen de perfil, carraspean y señalan que se trata de un tema muy complejo, miles y miles de feministas están sufriendo despidos o problemas en sus centros laborales, campañas furiosas de difamación y humillación, y demandas por defender una mínima sensatez. Se dejan la piel, trabajan incansablemente, difunden su racionalidad a través de las escasas vías con las que cuentan, con una paciencia y un entusiasmo desaparecido en otros ámbitos del activismo social. Cada vez que abren las redes sociales les entra una avalancha de insultos, día tras día, durante años. Han soportado la traición de muchas otras sedicentes feministas de izquierdas y de derechas completamente complacientes y conformistas con el sucedáneo de transgresión que les ofrece el neoliberalismo queer en el poder. Y se mantienen firmes, en una minoría honrosísima, mientras la Inquisición les recuerda que bastaría una palabra de rendición para ser aceptadas en el pensamiento oficial. Perdón, no quise decir «Inquisición», quise decir *inqueersición*.

La Santa *Inqueersición* vela por los derechos humanos

La locura de la autodeterminación del género y el sexo sólo tiene una posibilidad de triunfar socialmente. No nos referimos al triunfo en TikTok ni al triunfo en los consejos de redacción de la revista universitaria posmoderna *Social Text*. Queremos decir que sólo hay una posibilidad de que la gente que está en este momento comprando en un supermercado, yendo en metro hacia su trabajo o preparando la cena a sus hijos se encoja de hombros o asienta con indiferencia ante los dislates que se han presentado en este libro: la censura. No hay otra. Ya comentamos en el capítulo 3 que el transactivismo es el único movimiento social que intencionalmente busca tener poca presencia en los medios. Se intentará quizá promocionar mediáticamente su casuística, pero es seguro que no veremos en el *prime time* de una gran cadena generalista un debate sobre los detalles de las leyes aprobadas en el que se encuentren representados por igual partidarios y detractores.

Hay que impedir que lleguen a los grandes canales de comunicación las posturas racionalistas que puedan demostrar con tranquilidad y firmeza que el emperador está desnudo. No se les puede permitir el tiempo que siempre es necesario para desmontar el entramado de eslóganes emocionales y frases hechas donde se mece calentita la pereza intelectual. Ya hemos visto en el apartado anterior cómo el recurso a la transfobia ha convertido la polémica entre dos posturas políticas en la batalla final entre el bien y el mal. ¿Alguien de verdad puede proponer en serio que se invite al diablo a un debate? Qué sería de nosotros sin la observación insomne y el incansable ministerio de la Santa Inqueersición, tanto a través de la Subsecretaría de Sanciones Legales como mediante el Negociado de Linchamientos en las Redes.

Se puede aparecer en el programa más visto de la televisión nacional, entrevistado por uno de los periodistas más conocidos, y afirmar que la COVID-19 no existe y las vacunas forman parte de un plan de los Illuminati para controlar a la humanidad con un mando a distancia. Se puede defender el terraplanismo, que Federico García Lorca nació en Vic o que debemos a Francisco Franco que toda Europa no cayera en manos del bolchevismo. Pero el proyecto de ley LGBTI+ que intenta aprobar Unidas Podemos prevé la creación de un comisionado vinculado al colectivo LGBTI+ que pueda interponer sanciones administrativas cuando estime que alguien ha colgado en las redes sociales o en los medios de comunicación un mensaje que discrepe de la teoría queer en aspectos como la inmutabilidad del sexo o la libre autodeterminación del género, ya que gracias a la *falacia ad fobiam* se entiende que dichos mensajes no están movidos por el entendimiento de su autor, sino por el odio que le consume por dentro contra las personas sexualmente divergentes. Y la violencia epistémica que implica razonar cae fuera del ámbito de la libertad de expresión.

Las sanciones previstas por la ley son verdaderamente convincentes de la teoría queer: un simple tuit puede llegar a costar dos mil euros a su autor si alguien declara haberse sentido ofendido en 280 caracteres y el Santo Comisionado estima tal sentimiento sin que la parte demandada pueda aportar una justificación objetiva, razonable y probada de su inocencia; la aplicación de una terapia psicológica que no vaya en la dirección de la terapia afirmativa podrá suponer una pena de ciento cincuenta mil euros y el posible cierre del negocio; contar en las aulas universitarias algunos de los argumentos presentados en este libro puede suponer unas multas de cantidades similares —eh..., esto..., ¡glups!—. ¿Cómo es posible que si estas sanciones son razonables para proteger del odio a las personas trans, no haya reglamentación que aplique multas semejantes para proteger del odio a otros colectivos muchísimo más numerosos, tristemente objetivos habituales de discriminación, como las minorías étnicas o las personas discapacitadas?

A pesar de lo expuesto, el Negociado de Linchamientos en las Redes es todavía más eficaz que la Subsecretaría de Sanciones Legales en el celo con el que sirve a la Santa Inqueersición. ¿Cómo se podría trasladar al lector un panorama realista de lo que ocurre a diario en Twitter sin duplicar el número de páginas que inicialmente tenía previsto ocupar este libro? Son conocidísimos casos como los de J. K. Rowling, sometida a un aluvión de insultos y cancelaciones múltiples tras criticar el uso de la expresión *personas que menstrúan* como alternativa a *mujer*. No quedó nadie en Hogwarts sin defender que se le reventara la cabeza con un ladrillo. Los propios actores que han arreglado su vida para siempre gracias a la escritora propusieron su muerte social y el exilio físico en la Isla del Diablo —bueno, todos no: Noma Dumezweni, actriz que desempeñaba por entonces un papel en un montaje teatral del West End londinense basado en Harry Potter, expresó inicialmente su apoyo a la escritora, si bien reflexionó y cambió de opinión para unirse al linchamiento, coincidiendo casualmente con la aparición de una tonelada de tuits que criticaban su apoyo a Rowling—. Tenía razón Karl Marx al decir que en la historia todo ocurre dos veces, la primera como tragedia y la segunda como comedia: ochenta años después de los actos públicos de quema de libros en la Alemania nazi, Europa volvió a acoger actos organizados de quema de libros... de Harry Potter.

La lista de profesionales que han sufrido las inquinas de la inqueersición ocuparía más páginas que el índice onomástico de este libro. Veamos un ejemplo del montón, uno de intensidad media, ni el más fuerte ni el más débil. Un día cualquiera en el Negociado de Linchamientos. En enero de 2021, una conocida actriz española —decir su nombre sólo puede perjudicarla— dio *like* a un tuit en donde se defendía la existencia de aseos públicos separados por sexos biológicos. No escribió la actriz el tuit ni lo comentó. No lo citó ni lo contestó. Sólo tocó con su índice el corazón que salía debajo del tuit y se perdió entre los miles de tuiteros que habían hecho lo mismo. Se fue a dormir —ninguno de los dos autores de este volumen tenemos la menor idea de si se fue a dormir o no; sólo lo decimos por añadir *tempo* dramático a la narración.

Cuando despertó a la mañana siguiente se había desatado tal furiosa campaña contra la actriz que algunos de los miles de tuits que se referían a ella incluían una foto de un bate de béisbol. Fue conmovedor el de un tuitero anónimo que lamentó no haber sabido unas semanas antes que la actriz era una *terfa* de mierda para haberla escupido cuando se cruzó con ella por la calle. ¡Por dar un *like*! También es cierto que la campaña provocó a su vez una contracampaña, y muchos usuarios de dicha red enviaron mensajes de apoyo. Eso sí, el número de compañeros de profesión artística que defendieron públicamente a la actriz se pudieron contar —con la inolvidable expresión del inolvidable Jaume Perich— con los dedos de una oreja. Que ser superguáis y supercomprometidos con la cultura y el progresismo no es incompatible con quedarse calladitos cuando ves pelar las barbas de tu vecino.

La diputada de Adelante Andalucía, Luzmarina Dorado, intervino en el Parlamento andaluz en noviembre de 2020 vistiendo una camiseta en donde se leía «FCK TRF», guiño sutil que hasta un niño de cuatro años sabría hoy en día que significa «que os jodan, *terfas*». La Asociación Humanista Estadounidense retiró a Richard Dawkins el premio al Humanista del Año que le había concedido ¡veinticinco años atrás! por un tuit crítico con la ideología de género. En abril de 2021, la Mesa del Parlament catalán vetó por tránsfoba una pregunta del PSC, referida a unos dibujos animados de TV3 en los que se decía que hay niños con vulva y niñas con pene. La pregunta era: «¿Cuál es la base científica de presentar la sexualidad humana disociando los órganos sexuales del sexo de las personas?». La Mesa consideró que dicha pregunta contenía expresiones ofensivas para la dignidad de las personas y atacaba sus derechos. Animamos al lector a que relea la pregunta, subraye las expresiones ofensivas y anote al margen la lista de derechos atacados. Un día cualquiera a cualquier hora —por ejemplo, en el preciso instante en el que se escriben estas líneas— alguien acaba de colgar en Twitter un tuit que dice: «He visto una *terfa* en un documental sobre gente trans y me han dado ganas de patearle la puta boca contra un bordillo». Ahora, estimado lector, multiplique esto por un millón. Todavía se ha quedado corto.

Una diputada de Adelante Andalucía, la Asociación Humanista Estadounidense, la Mesa del Parlament catalán y una tuitera anónima que acaba de apagar la tele, sosteniéndose unos a los otros las antorchas durante el mismo linchamiento. Son ejemplos de seres de luz desbordantes de amor en lucha incansable por los derechos humanos y la justicia social. Niñatos que han aprovechado que Milgram ha salido del laboratorio para duplicar la intensidad de las descargas y aplicarlas sin parar. La sentimentalización de los debates se aloja en los argumentos «fóbicos», y éstos en la transfobia, y ésta en la transfobofobia, y ésta en la inqueersición, y ésta en la censura y la cancelación del que se salga del dogma, formando una sucesión de matriuskas grotescas, que paralizan a científicos, medios, *celebrities*, profesores. Muchos no saben lo que está ocurriendo, muchos no quieren saberlo, muchos no querrían haberlo sabido. Volvemos al comienzo de este apartado: el transactivismo sólo tiene una posibilidad de no ser rechazado masivamente por la sociedad, que en su mayoría mantiene todavía contactos con la realidad proveedores de sensatez. Y esa única posibilidad es la censura.

Conclusiones

El movimiento queer no es una locura estrafalaria que aparezca mágicamente de la nada. Por el contrario, parte de un problema real, como es la existencia —cada vez mayor en una sociedad cada vez más abierta como la nuestra— de personas que no encajan o no se identifican con los estereotipos socioculturales de su sexo. A esto es necesario sumar un trato claramente discriminatorio de la sociedad contra estas personas, objeto de maltrato, invisibilización y humillación a lo largo de la historia. Por tanto, de entrada cabe reconocer a este activismo el mérito de haber abordado un tema que exige una solución. La propia reivindicación orgullosa del término *queer*, en contra de su uso peyorativo original, ha de ser valorada como positiva, y no nos cabe duda de que el transactivismo generista puede incluir en su haber algunos logros significativos a favor de las personas discordantes con los estereotipos sexuales que se esperan socialmente de ellos. De ser algo marginal, lo queer ha pasado a estar en el centro de todo lo que tiene que ver con el sexo y la identidad de género, que a su vez han pasado a estar en el centro del debate social y político. Estamos ante un impetuoso —y seguramente necesario— intento de desestabilizar el sistema binario heteronormativo e incluso homonormativo.

Sin embargo, a pesar de su origen plenamente justificado y

del éxito alcanzado, este movimiento no está exento de miserias, debilidades y consecuencias problemáticas, que acaso sobrepasen y empañen las aportaciones. La identificación adecuada de un problema no implica que la solución propuesta sea también adecuada, y podemos señalar al menos cinco aspectos que obligarían a cuestionar muy seriamente los elementos centrales de la teoría queer y su enfoque de la identidad de género.

1. El activismo queer se basa en una filosofía insostenible y ya superada. En la base de sus planteamientos se encuentra una mala filosofía: el constructivismo posmoderno, que, a cuenta del mantra de que todo es «construido», procede como si no hubiera nada real fuera de los discursos —por ejemplo, como si el dimorfismo sexual fuera un mero discurso arbitrario—, olvidando que, a su vez, las construcciones son ellas mismas realidades con distinto grado de objetividad —ciencias, sistema decimal, ideologías, opiniones, *fake news*—. Algo puede ser convencional y, por supuesto, social y lingüístico, como por ejemplo la *constatación* del sexo al nacer, pero no por ello es arbitrario, carente de realidad, de objetividad y de verdad. Al fin y al cabo, la designación del sexo se hace prácticamente con un acierto del cien por cien y con un acuerdo entre observadores semejante. Otra cosa muy diferente es el género.

El constructivismo posmoderno está relacionado con el énfasis que desde el movimiento queer se pone en una neolengua que pueda crear una realidad más justa. Sin embargo, no parece que esta lengua nueva tenga más ventajas que inconvenientes. Está sobradamente demostrado que cambiar las palabras no provoca el cambio consiguiente en el mundo —las sociedades cuyas lenguas no tienen morfemas de género o que utilizan el femenino como genérico no por ello son menos heteronormativas ni machistas—. Por otro lado, la neolengua, con esa retahíla de pronombres e infinidad de géneros, genera más que nada un formalismo insostenible a medida que continúa el discurso o el texto —ellos, ellas, elles—. La neolengua no cambiará la estructura sexual binaria del mundo, pero lo que sí genera es confusión y desestabilización contrasexual, algo que por lo demás se propone el activismo queer. Cabe reconocerles el éxito en este empeño, lo que está por ver es si este éxito es también su *exitus*.

Podría pensarse que la filosofía constructivista posmoderna, junto con un activismo centrado en las identidades sentidas, fuera una posición progresista. Sin embargo, esta posición es más regresiva que progresista en numerosos aspectos. Para empezar, supone una extraña alianza entre una izquierda identitaria —lejos ya de la izquierda interesada en las condiciones objetivas, las contradicciones del capitalismo y los conocimientos científicos— y una derecha neoliberal también interesada en las identidades sentidas. De esta manera, el capitalismo neoliberal como productor de deseos capitaliza las identidades sentidas que la izquierda abandera, siendo un claro ejemplo la solución fármaco-quirúrgica al problema de la identidad. Y, por otra parte, el movimiento queer borra a la mujer como sujeto que el feminismo político había logrado poner en el primer plano de la lucha por la igualdad, diluida ahora en una genérica identidad sentida como «cuerpo parlante», que también podría encarnar un varón biológico.

2. La visión queer del sexo malinterpreta conocimientos biológicos para ponerlos al servicio de su análisis. La tarea de desvincular el género —ciertamente no binario— del sexo binario ha terminado por redefinir el propio sexo dimorfo y binario como si fuera también no binario, continuo. Esto supone tergiversar los conocimientos actuales de la biología de dos maneras diferentes. De un lado, tomando casos anómalos, variantes que existen en todos los ámbitos biológicos y que son consideradas en algunas ocasiones como «síndromes», como si fueran más sexos que sumar a los dos conocidos y situados entre uno y otro. De otro, tomando estas variantes como continuas cuando en realidad son discretas, con patrones identificables separados unos de otros, no fluidos.

La existencia de casos, del orden del 0,018 por ciento, en los que no se puede determinar el sexo no refuta el dimorfismo sexual ni tampoco justifica impugnar la *constatación* del sexo al nacer, que cuenta con un acierto del 99,98 por ciento, como pocas cosas en medicina —el hecho de que una de cada mil personas nazca con un número de dedos distinto de cinco no desmiente la condición pentadáctila de los humanos, ni obliga a cambiar el sistema métrico con base diez, vinculado a los diez dedos de las manos, como herramienta primigenia del cálculo—. El carácter binario del sexo lo determina su función evolutiva, que es claramente binaria, no el recuento estadístico de genitales. La evolución ordena conceptualmente el campo de la biología, y separa la norma de la variante.

3. El movimiento queer y las legislaciones que se inspiran en él abren la puerta a la posibilidad de numerosas intervenciones agresivas e irreversibles, farmacológicas y quirúrgicas, especialmente inquietantes en el caso de jóvenes adolescentes, a consecuencia de la idea difícilmente comprensible de que el cuerpo de una persona puede no encajar con lo que dicha persona siente que es. Paradójicamente, a pesar de que afirman buscar la despatologización de los problemas vinculados al sexo y al género, este movimiento reinstaura el modelo biomédico que el activismo tradicional ya estaba superando, suponiendo ahora que la disforia de género procede de un encierro de la persona dentro de un cuerpo equivocado que hay que corregir mediante tratamiento fármaco-quirúrgico.

El generismo no desbanca la biología, pero sí desestabiliza, con el apoyo de la neolengua, la relación que las personas tienen con sus cuerpos. Esta desestabilización de la relación con el propio cuerpo es particularmente preocupante en la infancia y la adolescencia. Algo no va bien cuando, de pronto y de forma creciente, niños y niñas, incluso de edades tempranas, presentan incongruencia o disforia de género. Si no fuera por el generismo, probablemente algunos y aun muchos de estos malestares no existirían. Pero una vez que existen, son reales y suponen gran sufrimiento. Como hemos dicho, nuestra perspectiva no niega que la disforia infantil y adolescente sea un hecho *real*. Lo que planteamos es cómo se ha *hecho* real. Y es aquí donde se desvela el carácter de profecía autocumplida que tiene la teoría y el activismo queer.

4. Principios ya conocidos por la psicología referidos al moldeamiento y al aprendizaje social y lingüístico pueden explicar más satisfactoriamente los problemas reales a los que se enfrenta la visión queer de la identidad de género. Hemos mostrado igualmente cómo la lógica individualista desde la que se entiende la identidad de género incurre en un espejismo en el que se presenta brotando espontáneamente desde el interior de la persona hacia la sociedad, lo que se podría entender más cabalmente como un aprendizaje social de estereotipos sexuales que la persona interioriza. La inversión propia del espejismo se ve también facilitada por la confusión que ha vuelto a reinar respecto de la relación entre sexo y género, que había sido clarificada por el feminismo de la década de los ochenta, pero que ahora vuelve a enturbiarse. Si hace cuarenta años se potenció el concepto de género para separarlo del sexo y hacer que aquél dejase de estar a la sombra de éste, ahora se intenta volver a unirlos para que sea el sexo el que se sitúe a la sombra del género.

Entre estos principios que la psicología tiene sobradamente establecidos y estudiados, se encuentran procesos de moldeado y modelado, tanto verbal como no verbal, en los que se potencian mutuamente, por un lado, aspectos macrosociales referidos a la presencia seductora de los enfoques queer en los medios de comunicación y en las redes sociales y, por otro, aspectos microsociales referidos al entorno familiar particular en el que vive la persona. Estamos ante explicaciones más fundadas y más prudentes de los fenómenos que ahora se están intentando presentar como una manifestación natural del yo de la persona no contaminada de procesos de aprendizaje. La disforia de género estaría funcionando en realidad como canalización de una diversidad de malestares propios de la adolescencia, que nuestra sociedad incluso facilita que aparezcan en la infancia. De esta manera, se estarían malentendiendo tanto los malestares que se canalizan a título de disforia, como la propia disforia, que, siendo real, quedaría tergiversada al no enfocarse su realidad en el contexto de los discursos de género en los que estarían atrapados los niños y los adolescentes hoy en día.

5. Finalmente, el enfoque queer no parece ir más allá de un mero espíritu de los tiempos, relacionado con el individualismo, el sentimentalismo y el narcisismo que son tan afines a las sociedades actuales. Los complejos problemas que hemos comentado en esta obra no podrían entenderse correctamente al margen de las nuevas formas de relaciones sociales que aparecen en la ciudad moderna, donde la persona se encuentra sumergida cada minuto de su vida en adulación y exaltación individual desde la publicidad. En este nuevo marco, la persona deberá preocuparse de construir ante los demás una presentación pública que en la aldea tradicional ya venía dada. Aparecen nuevos problemas relacionados con el reconocimiento social, y la identidad —siempre de tipo social, relacional, desarrollada hacia los demás— se practica de formas conflictivas y disonantes.

En este nuevo contexto se encuentran disueltos en el aire que respiramos una serie de mitos que exhortan a ser uno mismo, a ser todo lo diferente y especial que se pueda ser, a practicar una distinción frívola como el único camino para el éxito personal en un mundo de relaciones entre semidesconocidos. Otros mitos, por su parte, animarán a priorizar las emociones más básicas e inmediatas por encima de cualquier otro nivel de valoración de la vida, defendiendo que el único criterio de verdad es la intensidad del sentimiento con el que se nos presenta como cierta una idea. Finalmente, el narcisismo se convierte en una epidemia para la que no tenemos vacuna, y las redes sociales consiguen llevarlo al paroxismo.

En referencia a cuatro cuestiones particularmente controvertidas: sexo binario, cuerpo equivocado, enfoque afirmativo y transfobia, hemos tomado posición razonada y documentada.

- Frente a lo que parece una concepción superada del *sexo binario* en favor de un continuo no binario, lo cierto es que el dimorfismo sexual binario sigue en pie. Otra cosa es el género, ciertamente no binario, que formaría un continuo más o menos fluido. La redefinición del sexo por el género solamente es sostenible por el constructivismo posmoderno, según el cual todo es «construido», menos el propio constructivismo, ya que parece tener su propia gnosis *woke*.

- Frente a la noción de *nacimiento en un cuerpo equivocado* como la explicación más socorrida que justifica la supuesta condición natural de la disforia de género y la intervención biomédica, hemos mostrado que en realidad no es sostenible como explicación científica ni filosófica. Nadie nace en un cuerpo equivocado, sin que esta afirmación suponga negar la realidad de la experiencia expresada de esa manera. No sería el cuerpo equivocado donde uno estaría atrapado, sino en los discursos y normas que regulan y desregulan la identidad de género.
- Frente al *enfoque afirmativo* consistente en la aceptación y afirmación de la identidad de género expresada por el niño y el adolescente, en orden a acompañar y asesorar el proceso de transición sin más miramientos, se ha documentado que no tiene la evidencia que se le supone para mejorar los problemas psicológicos por los que se adopta. También hemos mostrado la estrategia tendenciosa consistente en etiquetar como «terapia de conversión» todo lo que no sea la adherencia al enfoque afirmativo. Las declaraciones de adhesión al enfoque afirmativo que hacen sociedades profesionales y científicas se realizan sobre motivaciones ideológicas, no sobre bases propiamente científicas. Así, por ejemplo, la Asociación Estadounidense de Psicología, así como la Asociación Estadounidense de Psiquiatría, pasan por alto cantidad de conocimientos y procedimientos de sus propias disciplinas que desaconsejarían el enfoque afirmativo como el único aceptable, sin que esto implique excluirlo. Alternativas al enfoque afirmativo como la espera atenta, la exploración psicoterapéutica y la evaluación psicológica pueden ser convenientes en muchos casos, y serían un mejor punto de partida que la «talla única» de la afirmación. Al final, el propio enfoque afirmativo se revela él mismo como una «terapia de conversión», empeñada desde el principio en transiciones irreversibles.

- Frente al recurso a la *transfobia* como descalificación definitiva de los contrarios a las posturas queer, que justifica que se les excluya del debate acerca de estas cuestiones, se ha defendido que apelar a supuestas taras emocionales del interlocutor para quedar excusado de responder a sus argumentos viola las normas más elementales de la discusión racional y académica. No es de recibo esgrimir que alguien se siente ofendido por una idea para reclamar que esa idea no pueda ser expresada en público. La sociedad en su conjunto muestra muchísimo menos odio a las personas trans que el miedo que siente a ser acusada de tránsfoba, y eso está provocando el silencio y la falta de respuesta de una Academia cada vez más centrada en su aprobación social que en su tarea de discusión y crítica de los contenidos científicos e ideológicos que pretenden imponerse como oficiales.

¿Cómo hemos llegado hasta aquí? El libro que ahora concluye ha sido un intento de responder a esta pregunta. Un fenómeno como el movimiento queer, que encarna perfectamente el espíritu de nuestros tiempos —individualista, irracionalista, metafísico, neoliberal— nunca es el fruto de un único factor concreto, sino de la combinación entre problemas reales y una serie de telones de fondo históricos, sociales y antropológicos, condiciones básicas presentes en el aire que respiramos, imbricadas en el aquí y el ahora, que reinterpretan estos problemas sociales de una forma tan acorde con la ideología dominante que los convierten en auténticos arquetipos del momento actual. Habrá que atender a la figura del problema, pero también al fondo en el que ésta se enclava. En nuestro caso, en ese fondo están presentes factores como la culpa poscolonial o la devaluación de la natalidad. Ampliando más aún el gran angular nos encontramos con una sociedad líquida, en donde todo lo sólido se ha desvanecido en el aire, triturado por un sistema económico que convierte en producto de mercado el lenguaje, las relaciones personales, el «yo» de los individuos, la estructura social. Incluso la universidad, con sus alumnos infantilizados y sus cínicos profesores apoltronados en inofensivas transgresiones, deberá figurar en la lista de las condiciones de fondo que nos han traído hasta aquí.

No parece que la visión queer de la identidad de género —y sus numerosísimas derivadas que se han presentado en este libro— sea la única ni la mejor forma de abordar los problemas reales que muchas personas están sufriendo en una sociedad que asiste a un colapso de las relaciones sexuales tradicionales y a un retorcimiento paradójico del género, más negado y más afirmado que nunca. Tampoco parece que estos atascos obliguen inevitablemente a malograr conceptos elementales de la biología, a malentender términos de la lengua que siguen siendo tan funcionales y necesarios como siempre, a hacer excepciones en principios jurídicos bien establecidos o a promover que los intereses económicos del mercado se ceben con la integridad física de los menores. Los derechos de todas las personas habrán de sostenerse en un marco de libertades universalista, sin distinciones ni privilegios de ningún tipo, y necesitarán de un fundamento jurídico más sólido que la intensidad de los deseos que presentan los individuos dentro de una sociedad consumista. Afortunadamente, la visibilidad, el respeto y la aceptación de las personas que disienten de las normas de sexo y de género tradicionales se pueden sostener por sí mismas, con nobleza y rigor, y sin necesidad de tergiversar la ciencia, imponer neolenguas abstrusas, generar tribalismo, ni reinventar la Inquisición. El éxito fulgurante de la retórica sobre la identidad de género no puede deslumbrarnos e impedirnos su análisis crítico con las herramientas sólidas que usamos en otras áreas de la psicología y la filosofía. Por muy a contracorriente que nos coloque este análisis, no podemos dejar de señalar la miseria tanto teórica como aplicada a la que nos aboca esta visión del sexo y el género.

Agradecimientos

Un libro como éste, que aborda un fenómeno tan complejo desde tantos puntos de vista diversos, no puede ser escrito individualmente. Ni siquiera por dos compañeros del mismo departamento universitario. Algunas de las mayores virtudes que podrán encontrar en estas páginas no se deben a los autores, sino al extraordinario equipo de personas que estuvieron en todo momento dispuestas a aclarar cuantas dudas les expresamos sobre sus respectivos campos de especialización. El miedo a olvidar a alguna de ellas en este recuento no nos puede impedir intentarlo.

Marina Pibernat estuvo cuando hizo falta a golpe de WhatsApp con sus siempre medidas y moderadas opiniones sobre cuestiones antropológicas. Todo el mundo conoce los espectaculares hilos en Twitter de Elena Armesto sobre los aspectos legales y económicos del movimiento queer, pero quizá no todo el mundo conozca su amabilidad a la hora de asesorar personalmente sobre estas cuestiones cuando se le pide. Silvia Carrasco es la mayor autoridad nacional acerca de la infiltración de la ideología queer en el mundo educativo, y nos orientó con aportaciones significativas cuando andábamos tejiendo el apartado dedicado a este aspecto.

Éste no es un libro que analiza la identidad de género desde el feminismo. Sin embargo, consideramos ese enfoque completamente hermanado con el que nosotros hemos practicado. La escritura del texto ha implicado aprender multitud de cuestiones sobre feminismo que desconocíamos, mucho más allá de la visión mundana ofrecida por los medios de comunicación sobre este movimiento. Aquí sí que serían decenas y decenas las mujeres que sería justo citar. Permítasenos personificarlo en la figura de Paula Fraga y en el increíble equipo de Contra el Borrado de las Mujeres, cuyo colosal trabajo consultamos innumerables veces durante la preparación del texto. Como colofón, ¡Amelia Valcárcel —que había sido profesora universitaria de filosofía de uno de los autores hace treinta y pico años— aceptó escribir el prólogo! ¿Qué más podíamos pedir?

La publicación de esta obra también debe mucho a Juan Soto Ivars, que, cuando parecía que este asunto se ponía complicado, vino corriendo a la primera petición de ayuda y posibilitó el contacto con Deusto. A partir de ahí todo vino rodado. Y finalmente Marta, claro, Marta Malgor, escuchando el texto una y otra vez, ayudando a pulir las ideas más complejas, sirviendo de contrapunto para una actividad inherentemente dialéctica, como es el complejo arte de escribir un ensayo. Estamos seguros de que la contribución de tanta gente no habrá sido en vano. Muchas gracias.

Índice onomástico